U0148096

万历四大征

WANLI
SIDAZHENG

上

赵恺 著

团结出版社
UNITY PRESS

图书在版编目（ＣＩＰ）数据

万历四大征 / 赵恺著 . 一北京：团结出版社，
2024.3
ISBN 978-7-5234-0486-7

Ⅰ. ①万… Ⅱ. ①赵… Ⅲ. ①军事史 - 中国 - 明代
Ⅳ. ① E294.8

中国版本图书馆 CIP 数据核字（2023）第 196572 号

出　版：团结出版社
　　　　（北京市东城区东皇城根南街 84 号　邮编：100006）
电　话：（010）65228880　65244790（出版社）
　　　　（010）65238766　85113874　65133603（发行部）
　　　　（010）65133603（邮购）
网　址：http://www.tjpress.com
E-mail：zb65244790@vip.163.com
　　　　tjcbsfxb@163.com（发行部邮购）
经　销：全国新华书店
印　装：天津盛辉印刷有限公司

开　本：170mm×240mm　　16 开
印　张：40
字　数：535 千字
版　次：2024 年 3 月　第 1 版
印　次：2024 年 3 月　第 1 次印刷

书　号：978-7-5234-0486-7
定　价：98.00 元（全两册）
　　　　（版权所属，盗版必究）

序一

中国人喜欢读书，尤其喜欢读明史。究其原因，大概是因为明朝距离我们的时间不远不近。既不像汉、唐那般遥不可及，又没有近代史那般的苍凉悲壮。举个不恰当的例子，明史对于当下的中国而言，便如同爷爷辈的传奇，能从其中看到熟悉的场景，却已是逝去的历史。

在拙作《明人的率性生活》中，我曾说过明代是个被严控的朝代，人们的衣食住行都被开国皇帝朱元璋严格控制，整个社会枯燥而压抑。到了明朝中后期，严控渐松，从宫廷到民间都开始打破礼法，肆意穿着，社会呈现出一派开放、多样的态势，一切限制生活的规定，都被打破，人们对美好生活的追求，终究让皇权的禁锢消融。而这个明朝中后期的定义大体始于万历帝的父亲隆庆帝执政时期。

万历帝的爷爷是嘉靖帝，作为明朝第二个入主大内的藩王（第一个是起兵造反的燕王朱棣、第三个就是最后吊死在煤山的崇祯帝），缺乏执政班底的嘉靖帝在朝堂上一度是真正意义上的"孤家寡人"，但通过主动挑起"大礼议"的争端和提拔严嵩等人，嘉靖帝最终还是成功压制了群臣，并假借修习道家秘术，躲藏在幕后，搞起了"黑箱政治"。而被改编为电视剧的小说《大明王朝1566》讲述的正是嘉靖帝晚年操控权术，却被海瑞一顿痛骂的故事。

嘉靖帝当然不是被海瑞骂死的，但海瑞冒死呈上的《治安疏》，却切中了大明王朝此时"吏贪将弱，民不聊生，水旱靡时，盗贼滋炽"的困局。因此在嘉靖帝死后，隆庆帝立马改弦易辙，通过封赏北方鞑靼部首领俺答以及在南方"开关"，平息了嘉靖年间困扰大明的"北虏南倭"的外部边患。同时隆庆帝又任用了高拱、张居正、海瑞等人整顿吏制，一度令大明王朝从风雨飘摇中转危为安。

但明代皇帝极不健康的生活方式最终令隆庆帝英年早逝，其年仅十岁的长子朱翊钧继位，也就是我们所熟悉的万历帝。万历帝执政的前十年，因为年幼不得不倚重于自己的老师张居正。

作为中国历史上最为著名的文臣之一，张居正倡导效率优先的"考成法"，推动实物地租和人头税整合为货币地租的"一条鞭法"都获得了极大的成功。但相权和皇权的固有矛盾，令张居正死后不仅身败名裂，其执政班底也遭到了清算。明朝的国运再度走上了"下坡路"。

从万历二十年（1592年）开始，大明王朝先后在西北、西南边疆和朝鲜展开了三次大规模军事行动，分别为平定哮拜叛乱的宁夏之役；抗击日本丰臣秀吉政权入侵的万历援朝；以平定土司杨应龙叛变的播州之役，是为传统意义上的万历三大征。而赵恺老师独辟蹊径的将发生在万历四十七年（1619年）的萨尔浒之战，也计入其中，以万历四大征为线索串联起了整个张居正死后大明王朝江河日下的众生相。

更为难得的是，赵恺老师跳出传统描写战争的角度，从大明王朝当时经济、政治的大环境入手，以"年鉴学派"的手法将万历四大征的来龙去脉娓娓道来，读来也别有一番风味。

万历四大征，也是中国进入全球化时代大变局后，所面临的前所未有的新挑战，此新挑战中亦有老问题。如壬辰战争，其中即有葡萄牙人来到远东后，所带来的武器革命，如鸟铳、佛朗机火炮等传入远东带来的变动，更有丰臣秀吉欲图建立一个新的朝贡世界的野心。如播州问题，则是中华文明持续数千年，对西南一线开拓的延续。在本书之中，赵恺老师以宏大视野，给读者展示一个新老问题交织的时代中，大明王朝面对的前所未有之挑战。

万历四大征的背后，也埋下了日后明亡的种子。读此书，于军事战争之外，更可了解明廷的中枢决策机制中的各类掣肘，了解明廷的军事运作机制的系列弊端，对了解日后明朝之衰亡亦有帮助。黄仁宇先生曾言他所撰写的《万历十五年》，是意在说明 16 世纪中国社会的历史背景，也就是尚未与世界潮流冲突时的侧面形态。那么，以这个角度来看，这本《万历四大征》所展现的是 16 世纪末 17 世纪初，中国社会在剧烈变革的影响之下所引发的一系列波澜壮阔的画卷。

袁灿兴

2023 年 11 月 23 日

袁灿兴，江苏靖江人，历史学博士，教授，知名历史学者，中央电视台《法律讲堂》主讲嘉宾。

序二

万历二十年（1592）夏季，东线有战事，朝鲜已成一片焦土。

在远东岛国，刚统一日本的"天下人"丰臣秀吉正实施着他野心勃勃的"入唐"计划，经历日本战国烽火历练的精锐日军跨海侵朝，对战承平已久的朝鲜军，不费吹灰之力就势如破竹，一路向北推进，李氏朝鲜兵败如山倒，国王李昖遣使入明求援。这年七月，丰臣秀吉麾下虎将，名列"贱岳七本枪"之一的加藤清正率军至朝鲜最北边的会宁，越过图们江，意味着日军已从朝鲜入侵明帝国的领土。然而日军刚渡江就遭遇抵抗，对手不是明朝正规军，而是女真乌拉一部的武装部队。这场冲突的具体情况已难考证，日军宣称自己取得胜利，加藤清正更是鼓吹麾下军队斩首女真官兵八千余级。在地广人稀的东北边境，一天之内取得这样的战果本就够匪夷所思了，更耐人寻味的是，此役之后日军不进反退，匆匆南撤至安边。

这场边境冲突发生不久，当年八月十日，明帝国朝廷接到一封来自辽东建州的奏章，上奏者是一名三十二岁的青年，他的职位是大明建州卫都督金事，全名爱新觉罗·努尔哈赤。努尔哈赤刚完成建州女真诸部的统一，在给朝廷的奏章中，他乞求朝廷能赏赐给他金顶大帽、服色及龙虎将军职衔。然后他开始控诉日军扰乱边境的暴行，并言其部落已有五十多人遭日军杀害。紧接着他笔锋一转，开始为国请命：日军侵朝，下一个目标就是建州女真，为了更好地为大明朝戍边，我努尔哈赤愿领兵三万，待冬季江水一结冰，就跨过鸭绿江抗日去。努尔哈赤的毛遂自荐的确一度引起了朝廷重视，但这一消息被朝鲜人知道后，立即引起强烈反对，大概因常年受女真抢掠滋扰，李朝右议政尹斗寿甚至直言，如果明朝派努尔哈赤来，那朝鲜就彻底完了。朝鲜人的激烈反应最终导致努尔哈赤的愿望落空。

无独有偶，此时明帝国的西南方也出事了，起因是有人告发播州第二十九代统治者杨应龙图谋造反，川黔两省因对播州的剿抚问题争论不休，后来杨应龙自己到重庆接受勘问。恰在此时，朝鲜战事爆发，朝廷下令大将刘𬘓率五千川军北上抗日。杨应龙抓住这个机会向朝廷上疏，表示愿意戴罪立功，率播州军远征朝鲜。朝廷当时正为调兵入朝之事伤透脑筋，遂将杨应龙放回播州整军。但因不久后中日两国议和，杨应龙也和努尔哈赤一样，没有"如愿"抗日，反而开始修葺工事，厉兵秣马，准备和明帝国大干一场。

杨应龙与努尔哈赤这两位请缨出征的"爱国将领"后来都成为大明帝国的心腹大患。前者发动播州之乱，即万历三大征最后一役，用兵数量、战争烈度和伤亡人数都远高于之前的宁夏之役和朝鲜之役，也对明帝国造成极大内耗。平播战争十六年后，努尔哈赤决心叛明，即大汗位于赫图阿拉城，建元天命，国号后金。明帝国再次征调南北兵马进行会剿，只可惜萨尔浒之战的结果却是明军丧师失地，辽东从此再无宁日。

杨应龙、努尔哈赤等地方势力为何能与朝廷分庭抗礼？这与明帝国卫所制度的崩溃有很大关系。明初朱元璋广设卫所，又实行屯田制以自养，维持了庞大军队的粮食供应，明代自京师到郡县，皆设立卫所，这些卫所外统于都指挥使司，内统于五军都督府。都司下辖若干卫，卫下辖若干千户所和百户所，战时为兵，平时为农，自给自足。朱元璋为此自豪地宣称："吾养兵百万，不费百姓一粒米。"

在边疆地带，卫所多与土司统治地盘犬牙交错，目的是对其进行牵制。而东北之境，洪武时期控制力有限，永乐初年仿唐代羁縻州之制，置建州卫于兴京（今安东新宾县），以当地酋长等土官为指挥。后又置建州左卫于朝鲜咸镜道，其首领猛哥帖木儿即清代追谥的"肇祖"。到明宣宗时期，迁其部落定居于赫图阿拉，到明英宗时又增置右卫，形成最早的建州三卫。明代的卫所皆设于要害之地，所谓"地系一郡者置所，连数郡者置卫"。客观说，卫所制度建立之初，的确给明帝国带来许多益处，这种寓兵于农，屯守结合的军事制度不仅节省了巨额军费，也为帝国边疆的安定起到重要作用。遗憾的是，这一制度带来的福利并非永久保值，明英宗时期的土木堡之变使卫所军伤亡惨重，朝廷不得不再度启用代价高昂的募兵制来补充兵源，这是卫所制度受到的首次巨大冲击。到了明代中晚期，卫所制已弊端百出。

实际上在萨尔浒大战前的万历三大征中，除了朝鲜之役日军是真正的外敌，宁夏之役和播州之役皆为后院起火。宁夏之役爆发于西北，叛乱首领哮拜原为蒙古族人，嘉靖年间投降明朝后，为明代戍边，功升都指挥使。万历年间，西北卫所军士逃亡现象严重，防务空虚，而已任游击将军的哮拜则拼命发展私兵，逐步控制宁夏，最终发动叛乱。为平定宁夏之乱，明廷南兵北调、东军西运，倾各地之兵会剿平息叛乱。西南播州之乱同样与卫所制的崩溃有极大关系，明初朱元璋平定云南梁王之乱后，在西南地区广设卫所，的确有效解决了边患问题，但是到明中期，西南地区的卫所已孱弱不堪。嘉靖年间，地方官员徐问在《议处地方事略》中就向朝廷反映了贵州卫所军人逃兵问题严重，已到"十无三分之一"的地步。处于贵阳府与重庆府之间的播州土司杨氏，本质上虽是汉人政权，但吞地占田的功夫丝毫不亚于土司。尤其是播州第二十九代统治者杨应龙上位后，大肆侵占朝廷屯田，势力一度扩张到四川南部及重庆部分地区，最终举起反旗，弄得明帝国四处调兵遣将，出动高达二十万兵力，兵分八路来平叛。尽管平播战争以明廷的会剿大军获胜告终，但帝国的人力、物力、财力亦受到极大损失。

除了这两次大规模的全面战争，卫所崩溃引起的大小叛乱不计其数，包括嘉靖年间的大倭乱，也是因永宁卫、泉州卫等明初海防重镇军士逃亡严重，形同虚设，以至倭寇一度深入内地，烧杀抢掠，无恶不作。辽东自然也不例外，虽然大家名义上还归属明朝，但随着中央控制力式微，各部落开始互相攻伐兼并，努尔哈赤同样是沿着这个路子一步步坐大，最终与明廷分庭抗礼。

当然，卫所制度的崩溃、地方势力崛起、边疆失控只是明帝国晚期动荡至崩塌的众多主因之一。但如明帝国这样的庞然大物，即使"各器官"开始出现问题，到其彻底坏死也有一个漫长的过程，在这过程中甚至表象上还非常强悍。赵恺兄这本书以《万历四大征》为名，事实上是将宁夏之役、朝鲜之役和播州之役这"万历三大征"与后来的萨尔浒之役合为"四大征"。不同之处在于，前面的三大征皆以明王朝胜利告终，万历皇帝甚至两度在午门举行了声势浩大的献俘典礼，可最后一役萨尔浒大战明军却败得彻底，这一战是划时代的，对于努尔哈赤而言，它是世界范围内冷兵器对热兵器的最后一次大捷；对于明帝国来说，也是大崩溃的开始。这本《万历四大征》以几场大战争为主线，却不仅仅限于战争，其从嘉靖时期明王朝国防态势说起，从"北虏南倭"、隆庆开关、朝廷党争等多个维度出发，不仅展示了四大战役的具体过程，而且分析了战争胜败背后的种种因素，使读者能够知其然亦知其所以然。这部作品的出版，也必然能够带来作者独到的观点以及更多新的研究成果。

周渝

2023 年 12 月 7 日

　　　周渝，青年作家。"人民文学·紫金之星"奖获得者。第三届中国"90 后"作家排行榜第一名。已出版《原色三国志》《中国甲胄史图鉴》《卫国岁月》《战殇》等著作。策划并主笔《汉服之始：汉晋服饰的考古与复原》《盛世霓裳：隋唐服饰的考古与复原》等论文。多次在 CCTV-1、CCTV-7、CCTV-9、CCTV-15、北京卫视、江苏卫视等频道文史类节目以主讲嘉宾、青年代表、汉服模特等身份出镜。

目录

上 部

楔子：万历　　　　　　　　　　　　　　　　　　　　　002

第一章：北虏与南倭——嘉靖年间的大明国防态势　　005

第二章：和议与开关——隆庆年间大明对外政策的转变与成效　　034

第三章：天子与内阁——隆庆末年至万历初年的大明中枢及
　　　　边境风云　　　　　　　　　　　　　　　063

第四章："九边"与"六部"——张居正的军事和政治改革　　095

第五章：权相与枭将——张居正的黯然落幕与边军的蜕变　　120

第六章：巡抚与总兵——宁夏兵变的深层次诱因及其最终爆发　　155

第七章：叛军与"虏骑"——哱拜叛乱引发的西北边防恶化　　193

第八章：信长与秀吉——日本战国的风云激荡与两代霸主的别样
　　　　人生　　　　　　　　　　　　　　　213

第九章：太阁与国王——丰臣秀吉的人生巅峰及日本与朝鲜的
　　　　历史纠葛　　　　　　　　　　　　　247

第十章：铁骑与火铳——朝鲜王国军队的全面溃败及明军首次
　　　　援朝的失利　　　　　　　　　　　278

下　部

楔子：神宗　　　　　　　　　　　　　　　　　　　312

第一章：和议与破城——沈惟敬其人与中、日平壤之战　　321

第二章：碧血与铁蹄——碧蹄馆血战的台前幕后　　　　346

第三章：碧血与铁蹄——惊心动魄的碧蹄馆血战　　　　369

第四章：博弈与亮牌——日军全线后撤与明、日的全面议和　394

第五章：封贡与屠戮——明、日正式停战和随即而来的内部调整　418

第六章：再征与再援——明、日在朝鲜半岛的第二轮较量　448

第七章：野战与围困——大明援军的力挽狂澜及对日军据点的

　　　　　　　围攻　　　　　　　　　　　　　　　478

第八章：露梁和关原——万历援朝的结束和德川幕府的开始　502

第九章：布局与绝杀——明帝国对播州杨氏叛军的全面围剿　541

第十章：天恩与大恨——建州女真的叛乱和抚清之战　　566

第十一章：合剿和破围——功亏一篑的萨尔浒之战与明帝国的

　　　　　　　衰弱　　　　　　　　　　　　　　592

尾声：定陵　　　　　　　　　　　　　　　　　　　617

上

部

楔子：万历

年号，作为记录东亚古代君主统治周期的纪元。自它诞生之日起，历代封建王朝的大儒重臣都要为那区区两字费尽心思，力求赋予其祥瑞寓意，来讨取上位者的欢心。

这样的局面一直延续到了明代才略有好转。一方面，除了二度登基的明英宗朱祁镇，先后使用过"正统、天顺"两个年号之外，其余的十几位皇帝均为一帝一（年）号，极大减少了如汉、唐般频繁改元而造成词汇枯竭的现象。另一方面，或许是受明太祖朱元璋文化程度不高的影响，明代的年号大多通俗浅显，自然也就省去了一番搜肠、引经据典的手脚。

作为大明皇朝的第十三任统治者，明神宗朱翊钧登基之时年仅十岁，在选定年号的问题上自然更没有什么发言权。于是最终经群臣商定，草拟了一个不见于任何典籍之上，喻指大明与世长存、皇帝万寿无疆的新生词汇——万历，作为这个新时代的编年。

单纯从时间上来看，长达四十八年的万历朝的确在大明皇朝的历史中最为绵长。但也正是在这段近半个世纪的光阴中，大明皇朝经历了一段犹如"过山车"般的急速兴衰，并最终未能触底反弹，明神宗朱翊钧驾崩后短短二十四年，李自成率领的农民起义军便攻入北京，逼迫明思宗朱由检煤山自缢。此后又过了十八年，随着明昭宗朱由榔在昆明篦子坡被吴三桂命亲信用弓弦勒死，大明皇朝终告覆灭。

万历年间大明国力的急转直下，自然令人对明神宗朱翊钧的执政能力产生了严重的怀疑。清高宗弘历、清仁宗颙琰父子，曾先后发表过："明之亡非亡于流寇，而亡于神宗之荒唐""明之亡，不亡于崇祯之失德，而亡于万历之怠惰"这般高论，以张廷玉为首的清朝学者在编撰《明史》之时自然也秉承上意，将"明之亡，实亡于神宗"这样的话语写入了《明史·神宗本纪》。

有趣的是，口口声声批评明神宗朱翊钧荒唐的清高宗弘历，其统治的乾隆年间在后世眼中也同样是清朝由盛转衰的分水岭。至于清仁宗颙琰虽自诩勤政，但也未能扭转其统治时期吏治腐败、国力衰退的局面。可见一国之兴亡，并不单纯以统治者的能力和意愿为转移。

而近代学者之中亦有不少人延续这两位清朝皇帝的思路，进一步提出了所谓"明之亡，非亡于崇祯，而亡于天启，实亡于万历，始亡于嘉靖"的说法，此后更不断有人将大明皇朝的灭亡线索前推，出现了"明亡于正德""明亡于成化""明亡于土木堡""明亡于永乐迁都""明亡于朱元璋废相"等诸多见解。

现存于故宫博物院的明神宗朱翊钧御容像

皇朝兴亡本是历史规律，上述这些说法看似颇有道理，但仔细分析都不过是倒果为因的哗众取宠而已。

鲁迅先生在短文《立论》曾说："一家人家生了一个男孩，合家高兴透顶了。满月的时候，抱出来给客人看，——大概自然是想得一点好兆头。一个说：'这孩子将来要发财的。'他于是得到一番感谢。一个说：'这孩子将来是要死的。'他于是得到一顿大家合力的痛打。"

而同样事情放到分析历史之中却大体要反其道而行之了。如若不能从蛛丝马迹中看出一个已经灭亡的皇朝存在的隐忧，似乎便不能称之为高屋建瓴、鞭辟入里了。先贤有云："失败者做的任何事都可以是他失败的缘由，而成功者的每一个举动都让他更接近成功。"而本书便尝试着跳出那些带有主观色彩的固有认定，通过最原始的史料，尝试着为读者还原一个真实的万历皇朝、还原那改变一个皇朝命运的"四大征"。

作为中国历史上最后一个由汉族建立的封建皇朝，大明皇朝覆灭的历史至今读来仍不免令人唏嘘。其中关于明神宗朱翊钧执政的万历年间更被视为其由盛转衰的关键时期。各类相关著作可谓汗牛充栋。但此前的学者多从政治、经济领域入手，鲜有完整总结万历中后期几次大规模军事行动内外联系的著作。

本书将从万历二十年（1592）入手，以西方年鉴学派的理论，完整展现"万历四大征"：宁夏、援朝、播州、萨尔浒战役的前因后果。为读者揭秘明帝国走向全面衰败之前的军事巅峰，以及内外战争对国家政治、经济的深刻影响。

第一章：北虏与南倭

——嘉靖年间的大明国防态势

一、攻守

自定鼎中原之后，大明皇朝便始终将龟缩至长城以北的残元势力视为心腹大患。朱元璋在世之时便于洪武三年（1370）至洪武二十九年（1396）间，组织了十三次大规模的北伐。在大明远征军的不断打压之下，以元顺帝孛儿只斤·妥懽帖睦尔及其子孙为尊的残元势力屡遭重创，奄奄一息。

建文四年（1402），蒙古鞑靼部首领鬼力赤起兵袭杀元顺帝曾孙坤帖木儿，残元政权至此正式覆灭。蒙古草原更随即陷入了西部的卫拉特部和东部的蒙古本部分庭抗礼、相互攻杀的局面。

蒙古诸部的内讧本是大明一举解决北方边荒的良机。但刚刚通过"靖难之役"篡夺帝位的明成祖朱棣无力大举北伐，只能分别遣使告谕，希望通过外交手段将其收服。有趣的是，

起兵袭杀残元末代皇帝的
蒙古鞑靼部首领鬼力赤

对于蒙古本部，大明侮辱性地唤之为"鞑靼"，而对于卫拉特部则以其音译，称之为"瓦剌"。或许也正因如此，鞑靼部权臣阿鲁台对于大明伸出的橄榄枝置若罔闻，甚至多次扣押来使。而瓦剌部表现积极，甚至主动向明廷贡马请封。

永乐七年（1409），明成祖朱棣命心腹干将淇国公丘福率十万大军北伐鞑靼。但这次声势浩大的远征，却因丘福的轻敌冒进而落败。不得已，朱棣不得不于次年调动五十万大军御驾亲征，并最终在斡难河畔一战成功，逼迫阿鲁台向大明称臣。

但此次军事行动却并未换来边境地区的长治久安，此后瓦剌、鞑靼此消彼长，不断袭扰大明北方。明成祖朱棣虽于永乐十四年（1416）、永乐二十年（1422）、永乐二十一年（1423）、永乐二十二年（1424）先后四次亲征漠北，却始终未能给予对手以决定性打击。

朱棣病故于第五次亲征漠北的回师途之后，明仁宗朱高炽和明宣宗朱瞻基鉴于国力的衰弱，只能一边寄希望于扶植日益衰弱的鞑靼，以牵制日益强大的瓦剌，一边逐渐收缩明军在长城以北的活动范围，全面采取守势。然而，随着正统三年（1438），瓦剌首领脱懽于母纳山击杀鞑靼部首领阿鲁台，进而拥立成吉思汗后裔脱脱不花为大汗。至此，一盘散沙的蒙古诸部不可避免地重归统一。

脱懽死后，其子也先继承了其人马、牧场和政治地位。在一番营聚之后，也先不断扩张势力，骚扰大明北方边境。正统十四年（1449），也先以脱脱不花的名义召集诸部，出动四路大军倾巢南下。明英宗朱祁镇不谙军事，在司礼监掌印太监王振的怂恿下，率领仓促集结的五十万大军御驾亲征，最终于"土木堡之役"中全军覆没。

尽管在兵部尚书于谦的主持之下，大明皇朝艰难地抵挡住了也先对北京的围攻，不久之后被俘的明英宗朱祁镇亦被放回，但经过此轮的攻防之后，大明皇朝的北方边防形势却呈现全面恶化的趋势。除了自诩"固若金汤"的长城防线被捅开了一个窟窿之外，在也先击溃明英宗朱祁镇亲率的明军主力的同时，蒙古诸部亦攻入西北的甘州和东北的辽河流域。其中景泰元年（1450）脱脱不花亲率三万骑兵深入辽东，扫荡沿途的海西女真部族，其中被杀的明廷册封的部族首领达数百人之多。

景泰五年（1454），驱逐脱脱不花自立为汗的也先被部下阿喇所杀，蒙古诸部随即陷入了连年的内战之中。但随后的景泰八年（1457）正月北京亦发生了明英宗朱祁镇复辟的"夺门之变"，在中枢政治局势持续动荡、各地民变四起的情况之下，大明皇朝虽然在宁夏等地多次击败了新近崛起的鞑靼部首领孛来，却也无力征伐漠北。

天顺八年（1464），明英宗朱祁镇病逝之后，其子明宪宗朱见深、其孙明孝宗朱祐樘通过革新吏治、轻徭薄赋，缓解了大明皇朝内部尖锐的社会矛盾，稳定了辽东和西北的统治秩序。但在对蒙古诸部的军事行动中依旧是败多胜少。特别是在河套地区，明军与鞑靼诸部反复拉锯，却始终不能将对手彻底驱逐，以至于不得不在宁夏、延绥地区修筑新的长城。

弘治十八年（1505），十五岁的明武宗朱厚照正式即位。这位活泼好动的少年虽有满腔血勇，甚至易名为"朱寿"，于正德十二年（1517）亲赴山西与统一了蒙古高原东部的"达延汗"巴图蒙克展开恶斗，并战而胜之。而这场被《明史》一笔带过

景泰元年（1450）脱脱不花所部对辽东的侵袭，彻底改变了海西、建州女真的政治生态

的"应州之战"更开启了鞑靼部的进一步分裂。

在败于明武宗朱厚照之手，"达延汗"巴图蒙克便病故于回师途中，由于其长子、次子此前皆已离世。因此"达延汗"遗命传位于长孙博迪。然而在推崇实力的草原之上，这样一个尚未成年的统治者显然无法服众。"达延汗"尸骨未寒，其三子巴尔斯博罗特便驱逐了博迪并自立为汗。

年仅十五岁的俺答已然独立领军，并逐渐成长为大明北方的重要边患

可惜率先破坏了游戏规则的巴尔斯博罗特并未能笑到最后，正德十四年（1519），博迪在其四叔阿尔苏博罗特的支持下重夺汗位。而作为失败者的巴尔斯博罗特在被迫退位后不久便离世。为了安抚其家族，博迪特许巴尔斯博罗特的长子吉囊继承"济农"①的爵位，领有鄂尔多斯（袄儿都司）部、土默特部和永谢布（永邵卜）部组成的"鞑靼右翼三万户"。博迪本以为吉囊继承父业之后势必与其弟俺答等人相互争斗。不想巴尔斯博罗特的儿子们却表现得异常团结，更如初离巢穴的狼群般咆哮着群起扑向猎物。

明世宗朱厚熜继位后不久，年仅十五岁的俺答便率千余骑兵，在嘉靖元年（1522）六月二十九日，于井儿堡（今宁夏盐池县西）一线突破长城，攻入固原、凉州、泾阳等地，明军仓促抵御、损失惨重，指挥使杨洪、千户刘瑞被杀。

①济农：据说由汉语"亲王"一词衍生而来，意为"储君"或"副汗"。正德七年（1512），达延汗将蒙古各部重新划分为六个万户，济农便为三万户或万户长官。

而不等明军重振边防，当年冬天俺答去而复返，再度劫掠固原等地，屠戮当地军民上万人。

俺答的来势汹汹，令大明朝野上下为之一惊。次年五月二十五日，户部尚书孙交便上疏，希望朝廷尽快筹措边军粮饷。六月初五，刑科给事中刘世扬亦进言，提出边防各镇的巡抚职任极重，但之前却频繁调动。因此，应该让其长期坐镇一方，以责成功。这些意见明世宗朱厚熜虽悉数采纳，却并不能在短时间内改变大明皇朝与鞑靼诸部之间的攻守关系。嘉靖二年（1523），博迪自领的鞑靼左翼大举攻入辽东，右翼的吉囊亦命弟弟俺答再度率部袭扰大同以牵制明军。

尽管自从嘉靖三年（1524）开始，统领鄂尔多斯部的吉囊便将主要精力投诸北攻兀良哈部、两征青海的军事行动之中，但鞑靼诸部对大明皇朝边境地区的袭扰也并未就此偃旗息鼓。其中俺答更在嘉靖九年（1530）五月攻入宁夏之后，连年入侵，成为了大明皇朝北方最大的边患。

与吉囊、俺答两兄弟的迅速扩张相比，领有察哈尔（插汉儿）部、喀尔喀（罕哈）部和兀良哈（乌梁海）部组成的鞑靼左翼三万户的博迪却并没有太大的建树。以至于大明朝廷都认为这位"小王子"虽"控弦十余万，多蓄宝贝"，但似乎有些"厌兵"。似乎是为彰显自身的存在感，博迪于嘉靖十一年（1532）三月以大明不许通贡为由，亲自部署鞑靼左、右两翼联合南侵，不想遭到了总制三边军务的大明兵部尚书唐龙的迎头痛击。

在博迪部署的此番南征之中，吉囊、俺答亦率部进入河套地区，但似乎并没有更进一步的动作。直至嘉靖十二年（1533）大同地区发生兵变之后，吉囊两兄弟才招揽了大批哗变的边军，连年袭扰陕西、甘肃、山西等地。嘉靖十九年（1540）六月，吉囊纠集俺答诸弟及十余属部，大举南下。

大同巡抚史道、总兵王升不敢正面抵挡，竟与之订立了"借道"的密约。鞑靼诸部随即经井坪、朔州破雁门、宁武两关，大举劫掠岢岚、交城、汾州、文水、清源诸县，杀掠人畜数以万计。回师途中明军更不敢阻挡，只敢眼睁睁地看着鞑靼骑兵携带所掠辎重，徐徐出塞。此役之后，山西对鞑靼骑兵而言，可谓门户大开。次年，吉囊兄弟再度由大同入塞，劫掠太原等地。明世宗朱厚熜无可奈何，只能下令京师戒严。

眼见大明皇朝如此软弱，鞑靼左翼诸部亦趁势南下，明太祖朱元璋、明成祖朱棣时期曾长期内附的"朵颜三卫"此刻亦倒向他们的蒙古亲戚，大肆掠夺开原等地。嘉靖二十一年（1542），随着吉囊病逝，俺答更逐步统一鞑靼右翼诸部，进而成为了大明北方边防的最大威胁。正是在这样的情况下，时任兵部职方清吏司主事魏焕刊印了一部自己撰写的小册子，是为《皇明九边考》。

二、"九边"

所谓"九边"，按照魏焕的说法，指的是"辽东、蓟州、宣府、大同、太原（三关）、延绥（榆林）、宁夏、陕西（固原）、甘肃"这九座核心军镇及其附属卫所、要塞、边墙等设置。而通过魏焕的讲述，我们不难发现大明皇朝的这条"九边"防线并非是一次成型的。

其中较早设立的，乃是洪武年间便已颇具规模的辽东、宣府、大同、甘肃四镇。其余五镇之中，蓟州为永乐初年由昔日大宁都司内迁而成。宁夏、榆林两镇为成化年间所设，而太原、固原则干脆是嘉靖十八年（1539）、嘉靖十九年（1540）为了应对日益恶化的边防态势才新增的内地军镇。

有趣的是，"九边"军镇之中以最先设立的辽东兵力最强。辽东驻军总兵力达八万七千余人，其中一线作战兵员（常操马步官军）亦可达六万四千余人。宣府、大同次之，两镇纸面编制各接近六万人，实际作战人员也能维持在五万余人。

与上述三大雄镇相比，负责拱卫京师的蓟州镇则要稍逊一筹，五万人的编制，实战兵员仅有四万五千人。延绥、宁夏两镇的纸面编制与蓟州相似。以延绥镇为例，其编制兵力为五万八千人，但其实际作战力量只有三万人。而甘肃镇的缺编更为严重，近九万人的编制实际作战仅有三万六千人。

作为嘉靖年间新设的军镇，太原和固原两镇的情况则更加不堪，太原镇编制兵力仅有二万七千人，而固原镇方面虽有六万七千人的编制，但实际作战兵力仅有二万三千人。均可谓"九边"之中最为薄弱的"难兄难弟"。

除了兵力参差不齐之外，"九边"的防御态势亦有着云泥之别。其中辽东虽然"三面濒夷一面阻海"，但因为"惟山海一线之路可以内通"，因此仍可谓是"形胜之区"。加上女真诸部、朵颜三卫都长期依附于大明，因此只要"恩威并立"，掌控好边境地区的马市贸易便能达到长治久安的目的。

甘肃的情况与辽东相似，虽然其防区内外活跃着多股游牧部族，但彼此之间相互敌视，难以形成合力。又极度依赖与大明皇朝之间的"茶马互市"，所以只要"抚剿并用"，在"缮

大明皇朝在西北地区开辟的"茶马互市"，极大地促进了当地的经济发展和民族融合

城堡，远斥堠，广储蓄，令诸守帅严谨备御"的基础上，对于那些"革心向化，听我招致"的部族，采取"许其以时通贡，量加赏赉以结其心"的措施，便不难稳定大明皇朝西北方向的局势。

与辽东、甘肃两镇的相对安稳相比，大明"九边"的其余七镇却均承受着来自鞑靼部族的巨大压力。而在魏焕看来，造成这般局面的罪魁祸首便是成化年间，大明皇朝过于草率地放弃了河套地区。《皇明九边考》中这样写道："河套地方千里，虏数万入居其中，趁逐水草，四散畜牧。欲大举南寇，则令人传示诸部落，晒干肉，收奶酪，约日聚众而后进。"正是在这样的便利条件之下，驻牧于河套地区的鞑靼右翼诸部不时袭扰大明边境，除了延绥、宁夏两镇首当其冲之外，还波及了周边的宣府、大同，并最终迫使大明皇朝新增太原、固原两镇。

魏焕对于这种叠屋架床的防御态势并不认可，其在《皇明九边考》中便指出："宣（府）、大（同）、偏关（指太原镇）势犹唇齿，义关休戚。然一遇有警，因地方兵马单弱，而各分彼此不肯应援，纵肯应援亦多观望，未有斗志，往往坐失机宜。""固原一镇处处可以通贼，况达虏住（河）套，多遣奸细入境探我道路，知我虚实，声东击西，多窥我之无备，倏来倏去，每乘我之所忽"。

当然身为兵部中级官员的魏焕，没有能力去改变朝廷的部署，只能委婉地提出应该统一河套周边各军镇的指挥权，即"推选谙练边事大臣一员前来三镇适中去处开府，专一总督宣（府）、大（同）、偏（指太原镇）、保（指蓟州镇）一应军务"。

其实魏焕的建议在当时早已成为大明有识之士的共识。早在《皇明九边考》刊印之前，嘉靖十七年（1538）出任礼部主事的许论便在其上呈的《九边图论》中发表过类似的观点。但发表议论容易，真要挑选一位能够统领多个军镇要务的重臣并不容易。

按理说，兵部总领朝廷军务，本是节制诸边的最佳人选。明世宗朱厚熜执政之后，也先后任用了李钺、杨一清、王宪、王琼、唐龙等人以"兵部尚书"的身份"总制三边军务"，并取得了一定的成果。但这样的人事安排在朝野之上却饱受言官集团的诟病。

在御史们看来，兵部尚书节制各大边镇虽可总揽全局，却有违大明祖制。毕竟兵部尚书本职工作是"掌天下武卫官军选授"，换而言之，便是负责对武将集团的考核和升迁。那么一旦接手具体的军务，便有了勾结边将、卖官售爵的便利。更何况调拨军马耗费亿万钱财，其中的生财之道自然更不免令人眼红。

御史们的群情汹汹，加上嘉靖年间连绵不断的党争，令上述几位兵部尚书几乎均在"总制三边军务"任上遭遇过猛烈的弹劾，长则三四年、短则一两年便不得不黯然卸任。眼见言官集团如此喜欢干涉军务，明世宗朱厚熜便干脆挑选御史出身的官员前往山西前线督军。

首先被朱厚熜选中的是都察院佥都御史樊继祖。结果这位仁兄在宣（府）大（同）总督的任上待了不到五个月便因"观望不前"，纵容吉囊、俺答两兄弟在山西大肆劫掠而被免职。讽刺的是，樊继祖的传记之中竟还恬不知耻地称其"西边警闻，总制督战有功。终工部尚书，谢政归卒"。然而查阅明代工部尚书的名单，根本找不到此公的名字。

樊继祖倒台之后，朱厚熜又先后挑上佥都御史出身的翟鹏和张汉，而这两位在宣大总督任上的表现，更只能用一地鸡毛来形容：

应该说，相较于樊继祖而言，翟鹏的政治才干要高那么一点点，其早年巡抚宁夏期间，也曾整顿军务，一度收复了此前弃守的野鸡台等二十余座防御据点。但大明边防的颓势，显然不是这些改良可以逆转的。嘉靖七年（1528），翟鹏便因俺答所部劫掠宁夏而被罢免，直到嘉靖二十年

（1541）才得复起。

经过多年的积累，俺答麾下的鞑靼铁骑，在武器装备上已经接近于蒙元帝国巅峰时代的水平

嘉靖二十一年（1542）五月，翟鹏接任"宣大总督"一职不过百日，便因为连乞兵饷而惨遭革职。然而，同年七月俺答复掠山西，苦于无人可用的明世宗朱厚熜只能再度起用翟鹏，并兼督山东、河南军务。但面对"戴铁浮图，马具铠，刀矢铦利，望之若冰雪"的精锐鞑靼铁骑，各路明军都不敢与之正面交锋。

在屡次下诏严责都不见起色的情况下，明世宗朱厚熜终于失去了耐心。嘉靖二十三年（1544）十一月，在俺答由万全一线突入长城，劫掠蔚州，导致京师戒严的败报之际，翟鹏被锦衣卫直接逮捕，并送入了"诏狱"①。几个月之后，便不明不白的死在了牢里。

然而这样的严刑酷法并不能改变明军在前线节节败退的事实。接替翟鹏出任宣大总督的张汉，仅干了两个月，便同样因为无力扭转局面而被撤职查办，贬往太原府属下的镇西卫（今天山西省岢岚县）从军。虽然张汉这一干便是二十年，不过好歹算是保全了性命。

① 诏狱：本指九卿、郡守一级的二千石高官有罪，需皇帝下诏书始能系狱的案子。明代特指锦衣卫管理的监狱，又称"锦衣狱"，由北镇抚司署理，可直接拷掠刑讯，取旨行事，刑部、大理寺、都察院等三法司均无权过问，狱中条件极差，"水火不入，疫疠之气充斥图圄"，刑法更是极其残酷。

三、总督

尽管樊继祖、翟鹏和张汉这三任宣大总督均言过于实，不堪重用。但明世宗朱厚熜并不愿意改变自己的用人思路。嘉靖二十三年（1544）十二月，右佥都御史翁万达走马上任，与他的三位前任相比，翁万达的优势在于其外放为广西梧州知府时，恰逢大明皇朝意图对安南用兵。翁万达积极筹划、进言出兵战略，从而令明世宗朱厚熜对其产生了"长于军事"的固有印象。

有趣的是，大明皇朝大张旗鼓地"议征安南"，其实只是明世宗朱厚熜转移内部矛盾的一种政治姿态。自大明定鼎中原以来，安南先后经历陈、黎二朝。其中永乐年间明成祖朱棣曾因安南陈朝权臣胡季犛父子"弑主篡位，屠害忠臣"，而出兵予以惩治。但在击败了胡季犛所部之后，明成祖永乐却以陈朝绝嗣为由，意图将安南收入版图，加上派去的官吏和太监索求无度，最终导致了以黎利为首的安南地方豪强揭竿而起。

连年征战之下，安南最终成为了不断吞噬大明皇朝财富和军队的巨大黑洞。为了及时止损，明宣宗朱瞻基于宣德二年（1427）册封陈朝后裔陈暠为安南国王，并从当地全面撤军。一年之后，黎利废黜陈暠自立为王。至此安南进入了黎朝时代。

然而至弘治、正德年间，黎朝逐渐呈现权臣当道的衰败气象。嘉靖四年（1525）武臣莫登庸取得统领全国军队的权力，并擒杀安南国王黎椅。两年之后，莫氏更迫使朝中大臣草拟禅位诏书，成功夺得皇位，正式于安南国内建立起了属于自己的莫氏王朝。对于被推翻的黎氏王朝，大明官方并没有多少好感。取代黎氏王朝的莫氏政权自建立之初便被打上"篡逆"的标签。

嘉靖十三年（1534），黎朝遗臣郑惟僚几经辗转来到北京，代表自称黎椅幼子的黎宁向大明乞师复国。明世宗朱厚熜对此事起初并不上心，但随着黎宁在安南西部的"哀牢"（今老挝）站稳了脚跟，建立起了所谓的"后黎朝"政权，认为有机可乘的朱厚熜于嘉靖十六年（1537）列举莫氏政权的十大罪状，并有针对性地展开了征讨安南的军事准备。

眼见大明皇朝调集兵马、摆出一副磨刀霍霍的姿态，已经将王位传给儿子莫登瀛的莫登庸连忙上书乞降，并称"黎宁乃该朝臣阮淦之子，冒称黎姓，非子也"。而随着嘉靖十九年（1540）"后黎朝"大举北伐，明军亦在边境大举集结，莫登庸更亲自抵达广西镇南关境内，囚首徒跣、跪进降表，才最终避免了一场灭顶之灾。但安南也由此进入了莫朝与后黎朝长期对峙的"越南南北朝"时代。

有史学家认为明朝永乐、嘉靖两朝对安南大规模用兵，源于明成祖朱棣、明世宗朱厚熜本身也面临着继承正统的合法性问题。正出于此，他们才会热衷维护安南国内的礼法正统，借以表现自身"合礼合法"的形象。然而，从更为现实的角度来看，明成祖朱棣、明世宗朱厚熜之所以积极地介入安南的内部政治事务，一定程度上也是为了通过这种宾服外夷的军事行动，树立自身权威。

莫朝的成功降服，令明世宗朱厚熜对进言招降为上的翁万达刮目相看，进一步擢升其为四川按察使。嘉靖二十三年（1544）十二月，在翟鹏和张汉先后被拿下之后，翁万

反映黎利起兵反明的越南漫画

达以兵部右侍郎兼右佥都御史的身份，接掌宣大总督。而上任伊始，翁万达便第一时间拿下了大同总兵郤永、副总兵姜奭，代之以其从四川、广西带来的亲信将领何卿、沈希仪等人。

单纯从战绩来看，何卿和沈希仪都曾多次平定过西南边疆的少数民族叛乱。然而面对全新的战场环境，两人却都显得有些"水土不服"。抵达北京之后，便双双托病请辞，令明世宗朱厚熜龙颜大怒，当即便免了两人的都督职位，令何卿以都指挥使的身份镇守卢沟桥，沈希仪则赴兵部候用。

好在俺答所部最终在北京以西两百里处的完县境内停下了脚步。松了一口气的翁万达连忙上疏请求增发银饷以巩固边防。明世宗朱厚熜虽然大笔一挥，便拨下二十九万两帑银，但拿着这笔巨款修缮长城的翁万达，显然对如何抵挡俺答咄咄逼人的兵锋依旧心中没底。

嘉靖二十四年（1545）八月，秋高马肥的俺答果然再度来犯。凭借着刚修筑好的工事，宣府、大同一线的明军拼死挡住了对方的进攻。但随着次年俺答将延绥、宁夏、陕西三镇作为主要进攻方向，大明边防便再度崩溃，数万鞑靼铁骑在延安府所属的三原、泾县等地肆意杀掠。令明世宗朱厚熜不得不命同为御史出身的曾铣以兵部侍郎的身份前往陕西，总督延绥、宁夏、陕西三镇的军务。

曾铣抵达前线之后，首先便颇为牛气地上疏倡议收复河套。但其洋洋洒洒上万言，说的不过是"定庙谟、立纲纪、审机宜、选将才、任贤能、足刍饷、明赏罚、修长枝"的空话、套话，明世宗朱厚熜看过之后也便转手交给了兵部去讨论。但是曾铣奏请修筑边墙的报告，朱厚熜还是颇为重视的，当即就又下拨了三十万两帑银。

显然，对于大明而言一味修葺长城，最终的结果只能陷入《孙子兵法》中所形容的"无所不备，则无所不寡"的尴尬境地。为了改变这种被动挨打的局面，曾铣决定主动出击。嘉靖二十六年（1547）三月，明军突袭河套，虽然仅取得了斩首二十七级，生擒一人的战绩。但还是被吹嘘为"虏遂远徙，不复近塞"的大捷。曾铣也乘此机会再度提议收复河套，却不料此举竟为他自己引来了一场杀身之祸。

嘉靖二十七年（1548）三月十八日，曾铣被问斩于北京西市。从其案情的卷宗来看，曾铣被捕后大明司法机构本来想要依照边镇总兵"失陷城砦"的罪名，对其进行量刑。但明世宗朱厚熜此时却突然介入，亲自给曾铣扣上了一个"交结近侍"的"大帽子"。

从表面来看，所谓"近侍"指的是那些日常服侍皇帝生活起居的宦官。但事实上曾铣之所以倒霉，恰恰是因为他和时任内阁首辅的夏言走得太近。夏言出生于江西贵溪，其父夏鼎曾任临清知州。正德十二年（1517），三十五岁的夏言通过科举步入仕途，虽然起初只是礼部属下临时奉使的一个"行人"，但在嘉靖年间，却是步步高升。至嘉靖十五年（1536）已然从礼部尚书兼武英殿大学士的身份正式步入东阁，可谓深受恩宠。

明世宗朱厚熜对夏言一度颇为信任，从嘉靖十八年（1539）开始便擢升其为内阁首辅。此后虽因严嵩的崛起，夏言一度被罢官，但嘉靖二十四年（1545）却被再度起用。那么为什么这位"一人之下、万人之上"的内阁首辅会突然失势，甚至紧随曾铣之后，于嘉靖二十七年（1548）十月初二被杀呢？

按照清代官修《明史》中的说法，

清代画师笔下的权臣严嵩，因太过美化，常被误认为是其政敌徐阶

夏言之所以突然失势是因为支持了曾铣收复河套的战略计划。而作为其政敌的严嵩却探知了明世宗朱厚熜对此事并不热衷。于是暗中罗织罪名，宣称夏言收受了曾铣的贿赂，进而成功引起了明世宗朱厚熜对夏言的恶感。

应该说，《明史》之中的这套说辞有其相应的依据。但是对于嘉靖二十六（1547）年曾铣出击河套的军事行动，明世宗朱厚熜明明给予了极高的评价，亲自下令增加了曾铣的俸禄，还赐予其白金文绮。为什么仅仅几个月之后，这位大明皇朝最高统治者的态度便有了如此一百八十度的急转弯呢？这一切的缘由，恐怕要从嘉靖二十六年大明皇朝东南沿海局势陡然恶化和倭寇的再度来犯说起。

四、海国

"倭寇"一词，最早见于高句丽王国所篆刻的"广开土大王碑"，不过其中"寇"作动词，意为"倭人侵略（某地）"。在此后的引用之中，才逐渐成为用于称呼日本列岛盗匪集团的专有名词。而由于朝鲜半岛与日本仅隔了一衣带水的海峡，"倭寇"一词几乎遍布于朝鲜各个时期的历史文献之中。但受制于航海技术和国力的悬殊，"倭寇"直至元末明朝才出现在中国的史料之中。

元末的中国大陆虽然纷乱，但东南沿海却强横众多，江苏有富甲一方的张士诚、浙江有海盗出身的方国珍、福建泉州有组建"亦思巴奚"（波斯语音译，意为：刀盾的骑兵）自保的色目大贾，因此早期倭寇并未讨到什么便宜。倒是朱元璋扫平群雄之后，由于海防废弛，加上大批张士诚、方国珍的残党与日本海盗合流，来自海上的袭扰反而成了令大明帝国头疼的边患。

早在 6 世纪左右，日本盗匪集团及官方武装便驾驶着独木舟侵入朝鲜半岛

　　向来以铁腕著称的朱元璋，自然首先想到的是以武力解决倭寇问题。驻防福建的战将周德兴也表示"集水师于澎湖，乘北风而进，旦夕可灭倭奴也"。但此时的大明帝国，北有残元未灭，南有五溪蛮乱。考虑到此前元世祖忽必烈两次远征日本折戟沉沙的前车之鉴，朱元璋最终选择了以外交途径解决中日争端。

　　可惜的是大明帝国的国书没有抵达京都，就被正处于日本南、北分裂下盘踞九州的怀良亲王所截留。在此后的十余年里，大明皇朝始终以为怀良就是日本国王，为此朱元璋还拒绝了日本北朝足利氏政权诚意十足的朝贡。但是怀良亲王所代表的南朝在日本的内战中始终处于弱势地位，巨额的军费开支和控制地域贫瘠的物产，令其没有能力约束日本东南沿海倭寇对大明帝国的滋扰。

　　经过一段的外交往来，朱元璋逐渐对日本国内的政局有了一定的认识，这位粗通文墨的"马上天子"甚至填了一首乐府诗——《倭扇行》，以表达对这个流氓政权的鄙视。但朱元璋并没有兴趣去改造日本，最终将其划归大明帝国"十五不征之国"之列。

朱元璋写入《皇明祖训》中的"十五不征之国"

有趣的是，在此后朱元璋屠戮功臣的过程中，日本还无意间扮演了推波助澜的角色。这便是朱元璋诛杀丞相胡惟庸过程中持续发酵的"如瑶藏主"案。如瑶藏主是一个日本僧人，曾经作为日本政府的使者向明帝国朝贡，根据《明实录》记载，如瑶藏主受"日本国王怀良"的指派，访问明朝的时间是在洪武十四年（1381）七月。

不过洪武五年（1372），怀良亲王已经被北朝的九州探题今川贞世击败，失去了博多地区的控制权。与此同时，朱元璋派遣的使者僧仲猷祖阐和无逸克勤恰好在日本进行访问，并成功见到北朝的幕府将军足利义满。

自此，日本北朝政权开始同明朝政府开展外交接触活动。

不过此时朱元璋对于日本南、北两朝都没有什么好感，因此如瑶藏主访问明朝的时候，朱元璋命令礼部起草了两份文书，一份名为《设礼部问日本国王》，另一份名为《设礼部问日本国将军》。"日本国将军"显然是指幕府将军（征夷大将军）足利义满，由此可见，朱元璋对如瑶藏主之行是非常怀疑的。而恰恰就在如瑶藏主结束外交活动归国后不久，明帝国内部爆出了前明州卫指挥使林贤曾误击日本使船的丑闻。

林贤曾是元末江浙农民起义军领袖张士诚的部下，张士诚败亡前后才归附朱元璋。不过此人似乎在海战方面有些造诣。所以朱元璋一度命其出任明州卫指挥使，希望其能够"帅兵守御，以备东海，所任之职务，在精操士卒，仿古名将，务要军民安妥，使境内外无虞"。但林贤在洪武九年（1376）利用护送日本使者廷用文珪回国的机会，串通"遣宣使"陈得中将日本使者廷用文珪的座舰洗劫一空后击沉，谎报是消灭了一小股倭寇。

这件事情并没有瞒过时任左丞相的胡惟庸。不过胡惟庸不敢正面向朱元璋上报这起严重的"外交事件"，而是找了一个别的理由把林贤赶到日本去居住了三年。从后续的事态发展来看，胡惟庸此举应该是让林贤去日本善后，以保护自己的心腹陈得中。但洪武十三年（1380）胡惟庸本人被以谋反之名处决后，林贤昔日的所作所为也就随即浮出了水面。

由于此时的明帝国有关机构仍在罗织

一统日本的室町幕府第三代将军
足利义满

胡惟庸谋反的罪名，因此林贤事件很快便与日本联系在了一起。距离事件最近的"如瑶藏主使团"自然也就成为了胡惟庸"勾结外藩、包藏祸心"的罪行。不仅称如瑶藏主在诈献的巨烛中暗藏火药兵器，潜伏精兵四百（一说千人）于贡舫之中。胡惟庸将林贤派往日本，更有"请（日本）兵为外应"的计划，端的是好大的阴谋。可怜的如瑶藏主本人还不知情。洪武十七年（1384）如瑶藏主再度来到明帝国朝贡，随即遭到逮捕，并被判死刑，随行人员充军云南。两年之后林贤案审结，林贤本人被凌迟处死，家中男性悉数被诛，女眷则沦为奴婢。

在朱元璋基本完成了对大明帝国的内部整肃之后，日本南北朝对峙局面也逐步走向了终结。建文三年（1401）一统日本的室町幕府第三代将军足利义满严令九州岛等地禁捕倭寇，同时以"日本国源道义"的名义向大明皇朝派出了朝贡的使团。

此时的大明皇朝正处于名为"靖难之役"的内战之中。正被自己的叔叔朱棣搞得焦头烂额的明惠帝朱允炆自然乐见其成，随即接受了对方的纳贡。有趣的是，由于朱允炆任内与室町幕府有这一外交往来，日后也有传说这位下落不明的"建文帝"最后终老于日本，更有人以其后嗣自居。

可惜足利义满还未来得及向朱允炆提出双边贸易的请求，朱棣的大军便开进了南京。足利义满本身就是"挟天皇以令诸侯"的"乱臣贼子"，自然不敢计较朱棣的"得位不正"。永乐元年（1403）日本使节与琉球、暹罗等国的朝贺团一同抵达，在庆贺朱棣登基之余，自然要旧事重提。

以朱棣好大喜功的个性，自然不会拒绝日本的称藩入贡。但是在都御史王抒上报"倭寇未绝"的情况下，朱棣还是决定先遣使与室町幕府进行交涉。而被委派去日本的正是日后纵横南洋的"三宝太监"郑和。郑和这次鲜为人知的"下东洋"似乎并非是单纯的外交活动，明末学者顾炎武在其著作《天下郡国利书》中说其"统督楼船水军十万"或有所夸张，但郑和出身武臣，选择由其出使明帝国自然不免有武力威慑的意味。而足利义满表现得也颇为知趣，不仅主动献上了宝刀骏马，更将盘踞对马、壹岐等地的倭寇团伙一扫而空，"执其渠魁以献"。

日本人眼中的郑和

在听取了郑和相关汇报之后，向来心狠手辣的朱棣感觉很对胃口，随即以"嘉其勤诚，赐王九章"的方式，册封足利义满为日本国王。得到了"日本国王"的金印、冠服等物之后，足利义满颇为自觉地以"日本国王，臣源义满"的名义表达了感激之情。不过对于自己老爸这种"挟洋自重"，意图取天皇而代之的做派，足利义持却并不认同。

足利义满去世之后，足利义持随即改弦易张，在亲信斯波义将的鼓动下，悍然与大明皇朝断交，随即再度放纵起骚扰中、朝两国海岸线的倭寇来。永乐十五年（1417）十月，倭寇侵扰劫掠浙江之松门、金乡、平阳一带，被明军剿捕捉获数十人。解送至京后，官吏皆欲杀之，但明成祖朱棣却认为"成之以刑，不若怀之以德"，派吕渊为使将这些人送回日本，并责问足利义持不通和好及纵民为盗之罪。

足利义持没有囚禁或者处决吕渊的勇气，更不愿把与大明的外交关系过分搞僵，便只能令近臣元容西堂带去一个不愿与明再通和好的谈话笔录，交于吕渊。足利义持实在找不到适当的理由，只好向神求援，因此在笔录中说，日本不通和好并非持险不服，实顺神意。神不准和好，神意难违。至于小民犯边实属不知，岂有人主教民为盗者，如有当今沿海之吏制止之。对于倭寇之侵略一笔带过。最后足利义持还不忘搬出历史来为自己壮胆，宣称："元军之来有神助而溺于海，明军如来结果可知。"

足利义持话说得虽然漂亮，但骨子里不免外厉内荏。在吕渊回国后不久，日本国内便开始盛传明帝国与朝鲜将要联合进攻日本的谣言。足利义持恐惧元军侵日的重演，对明加强警惕。次年朝鲜使臣至日，足利义持特命僧人惠洪讯问，明政府是否有伐日之举。室町幕府尽管"倒打一耙"地称朝鲜这次惩戒活动为"应永外寇"，但也自知不是中朝两国的对手。宣德三年（1428）足利义持因为在沐浴时挠伤了臀部感染而死之后，其弟足利义教不得不再度向明称臣，并正式确立了日本与中、朝的"勘合贸易"。

明代"勘合"章

所谓"勘合"本指古时盖有骑缝章的契约文书。双方需同时出具所持的两符，比对一致后方可开展交易。具体的做法是：室町幕府持大明皇朝发放的银符，以朝贡的名义派出贸易船只，在指定港口宁波交割货物，大明则以"国赐"的名义交付日方所需要的商品。不过在"勘合贸易船"上往往还载有大量的附载物，对于这些商品，大明皇朝在通过宁波市舶司进行"抽分"（即实物关税）之后，予以"官买"或由"官准牙行"（类似于今天的国营外贸公司）进行互市贸易。

值得一提的是，除了扇子、名刀、漆器等手工业产品之外，大明还大量从日本进口硫黄、银、铜等矿物。大明对硫黄的需求自然是源于军事领域，而以铜钱收购白银和日本铜，却是稳赚不赔的生意。一方面日本国内银贱而钱贵，明日贸易后期，大明15%左右的白银皆从日本流入。而日本的铜矿石中也含有大量的银元素，但由于日本没有技术进行提炼，因此大明皇朝虽然以高价收购，但依旧利润颇丰厚。

尽管日商在宁波等地不可避免地要遭遇"官准牙行"的压价和欺骗，但在"勘合贸易船"停泊期间，当地市舶司便提供日常饮食、用品的免费供应，款待周到。日商采购的中国产品如生丝、药材、字画、书籍更在日本列岛获利丰厚，甚至大明皇朝的货币也在日本国内拥有类似于今天美元的信用和购买力，以至于每每"勘合贸易船"返航之时，日本国内都是一片"唐船归朝，宣德钱到来"的喜悦之情。

明、日贸易所带来的丰厚回报令日本国内不再以向明称藩为耻，甚至在船头竖起"日本国进贡船"的大旗来彰显得意，一时之间日本各地的豪强和巨富无不趋之若鹜。在这样的情况下，长期垄断日、明贸易的室町幕府自然吸引了众多"羡慕妒忌恨"的目光，正统六年（1441）足利义教被亲信赤松满佑刺杀。而室町幕府也至此走上了由盛转衰的下坡路。

五、争贡

景泰四年（1453），室町幕府以东洋允澎为主使组织第三次赴明贸易使团，这个贸易代表团是明日建交以来最大的一次。总人数达1200人，所带货物约为以前十倍以上。如按以往惯例给价，将得铜钱217700贯。但日本使团抵达明帝国之后，沿途肆虐扰民，殴打官吏，引起了礼部的极端不满。礼部一面奏请减半付值，一面请锦衣卫至倭馆处催促其迅速离京回国。

此时的幕府将军足利义政，正忙着大兴土木，修筑幽美庭园，极需铜钱。除向各大武士征派外，还向各大寺院借款。自然也极其重视对明贸易。因此当听说大明对日本使团颇为不满后，连忙挑选了老成持重的日本京都建仁寺住持天与清启担任第四次遣明贸易使团的正使。

天与清启于成化四年（1468）五月至宁波，十一月向明宪宗朱见深呈递国书与贡物。同时，明政府重新颁给成化勘合，命下次将剩余旧勘合缴回。但是，在天与清启回国时，京都爆发了大内氏与细川氏全面对抗的"应仁之乱"，并迅速影响全国。

大内氏雄踞本州岛西部，控制了由濑户内海至经关门海峡、九州岛北部博多、平户等港口的赴明海路，即所谓"中国路"。而作为其竞争对手的细川氏，要想前往大明，便只能取得九州岛南部的所谓"南海路"。由于天与清启回国时所带的"成化勘合符"被效忠大内氏的"水军"（海盗）抢去，双方便形成了掌握幕府的细川氏只有旧的勘合符而无新勘合符，大内氏一方虽有新的勘合符，却提交不出国书的尴尬局面。

由于双方都无法独立完成日、明之间的"勘合贸易"，因此细川氏独

反映"应仁之乱"的日本屏风画

立组建了第五、第六次遣明贸易使团，但收益有限。在室町幕府的斡旋下，大内氏和细川氏共同组成第七次遣明贸易使团，并于弘治九年（1496）抵达北京。但因贸易使团成分复杂，在返国途经济宁时，日本使团成员强行购买货物，引起口角，持刀杀人。明孝宗朱祐樘是以下令以后最多只许日使五十人进京，其余留在船上，严加提防。明孝宗朱祐樘显然预感到了危机，但让日本使团待在船上并不能保证不出问题。嘉靖二年（1523）日、明之间终于发生了血腥的贸易纠纷——"宁波之变"。

正德六年（1511），大内氏和细川氏架空了室町幕府，假借"日本国王源义澄"（足利义澄）的名义包揽了第八次"勘合贸易"。此例一开双方都自然都想要撇开对方，独占利润。不过细川氏此时由于卷入室町幕府的内部纷争而家道中落，而偏安一隅的大内氏正如日中天，因此在正德六年的朝贡过程中，大内氏不但占据了正使的位置，还顺利地获得了明帝国的"勘合银符"，这意味着此后的第九次"勘合贸易"也将被大内氏强行"连庄"。从法理和程序上来看，细川氏对于大内氏垄断"勘合贸易"的现实可谓无计可施。但偏偏此时细川家商团中有一位名叫宋素卿的外籍雇员却主动站了出来。

宋素卿本名朱缟，祖籍浙江鄞县。其家族世代经商，本应属小康之家，但他的叔叔朱澄却在对日贸易中偷奸耍滑，最终在无法按时交货的情况下不得不将自己的侄子抵债给了日本商人汤四五郎。作为一个被贩卖的儿童，朱缟早年在日本的境遇已无从考证，但是可以肯定的是朱缟最终步上了叔父和养父的后尘，投身了中日贸易领域。而兼备中日两国的血统和教育背景，更令改名为宋素卿的朱缟自诩左右逢源，并逐步在中日贸易中利用金钱和谎言建立起了非凡人脉。

在自己的同胞面前，宋素卿自称是日本国王的女婿，而跟随朝贡商团从中国返回之后，宋素卿又穿上明帝国官服"飞鱼服"，引来日本朝野一片艳羡的目光。事实上，明武宗朱厚照执政期间对封赏向来随意，"飞鱼服"武弁自参将、游击以下都可以穿。宋素卿以千两黄金行贿于正德皇帝身边贪财弄权的太监刘瑾，从非正常途径得到了这样一件衣服倒也不是什么难事。而宋素卿从中更看到了明帝国内部的腐败，尽管细川氏手中只有明孝宗朱祐樘执政时期发出的弘治年间"勘合符"，宋素卿依然认为可以瞒天过海。

嘉靖二年（1523）四月间大内氏和细川氏的朝贡船先后抵达了宁波港。应该说此时两家实际上都没有明世宗朱厚熜时期所发放的"嘉靖勘合符"，但是大内氏所持有的"正德勘合符"毕竟时间较近，因此大内使团自宗设谦道以下都认为胜券在握，并没在意此事。而细川使团则做贼心虚，通过宋素卿上下打

明代飞鱼服

点，最终成功贿赂了市舶司主管太监赖恩。在"潜规则"的作用之下，细川氏的朝贡船得以优先入港查验。而在五月一日的招待宴会上，细川氏使团又被赖恩安排在相对尊贵的右手一侧。

客观地说，事情发展到这里，深谙官场游戏规则的太监赖恩并没有关上大内氏朝贡的大门，以大明皇朝历年以来对日本朝贡船只来者不拒的惯例，大内氏也绝不至于血本无归。但赖恩和宋素卿显然都错误低估了日本人执拗的个性，在宴会之上大内氏正使宗设谦道当场在与细川氏的鸳冈瑞佐争执一番之后，宗设谦道随即动员大内氏的商贾和水手冲入大明海关收缴、存放随船武器的东库，带着"断人财路，如杀人父母"的仇恨，大内氏使团开始公然杀人放火。

大内氏派赴明商人中素以海盗为业者众多，在宗设谦道的唆使指挥下，抢出按规定收缴保存的武器，随即攻入嘉宾堂。细川派的正使鸳冈瑞佐因无武器，立被斗杀，宋素卿逃出，在府卫军卒的保护下避于十里外的青田湖。宗设谦道率众纵火焚毁嘉宾堂，然后率队伍沿灵桥门外北行经东渡门至和义门外，烧毁泊于该处的宋素卿船。

其后，大内氏的海盗们又追寻宋素卿至余姚江岸，迫近绍兴城下。在折回宁波时，沿途杀掠。一路上掳走明军指挥袁班、百户刘思，杀死百户胡源。至宁波后，大掠市区，夺船逃向大洋，备倭都指挥刘锦、千户张捏率军追赶，不幸战死。宗设谦道一伙在逃回本国途中，一船因遇风漂至朝鲜海面，朝鲜守卫军诛杀三十人，生擒二十人，缚献明朝。

"宁波之变"的发生，固然暴露了明帝国江浙一带承平日久、海防松弛的弊端，但更为严重的是明帝国在处理这一外交事务的过程中，不仅没有追究太监赖恩渎职、受贿的罪名，更草率地采取了断绝"勘合贸易"，废除福建、浙江两地市舶司的"鸵鸟政策"。

中日贸易不仅对日本大有助益，同时也滋养着福建、浙江两地的大批商贾。中日贸易的断绝随即导致走私泛滥，民变四起。这为葡萄牙人的介入及日后倭寇的横行大开方便之门。而当时大张旗鼓地鼓吹实施"海禁"政策的，正是时任兵科给事中、日后擢升为内阁首辅的夏言。

当然，夏言主张"海禁"并非只是源于"宁波之变"。就在日本贸易使团大闹特闹之前，嘉靖二年（1523）三月二十一日，五艘装备有新锐火器的高大战舰突然侵入广东新会县西草湾。当地的备倭指挥柯荣、百户王应恩随即率部应战。在王应恩不幸阵亡的情况下，最终生擒这伙海盗中包括两名首领在内的四十二人，斩首三十五人，解救被掠男女十人，缴获战船两艘。

葡萄牙人赖以征服海洋的克拉克帆船

经过审讯，大明皇朝了解到这伙人来自遥远的佛郎机国，为首之人名唤别都卢，他们凭借着手中的"巨铳利兵"，此前曾劫掠满剌加（指马六甲地区）诸国，此番更是集结了刚刚攻破了海外强国"巴西"的千余精兵，试图在中国东南沿海再捞一票。

尽管早在正德年间大明皇朝已与佛郎机国有过接触。但双方之间的军事冲突却是在明世宗朱厚熜登基之后才陆续发生的。稍早之前正德十六年（1521）八月下旬（此时朱厚熜已然即位，但尚未改元），时任广东海道副使汪鋐便率部一举驱逐盘踞屯门海澳[①]多年的佛郎机人。而此番的"西草湾之战"之后，大明皇朝更认识到佛郎机国不仅在海船和火器领域占据巨大的优势，更有灭人族国的勃勃野心。也正是在佛郎机人劫掠广东和"宁波争贡"的双重影响之下，明世宗朱厚熜才听从了夏言等人的建议，在沿海各省推行"海禁"。

全面"海禁"的政令，在朝堂之上并非没有遭到反对。如时任职方主事的郑晓和广东右布政使林富便分别上疏，请求大明皇朝应该在整饬海防的基础之上，重开市舶与外通商，以收助国利民之益。但这些合理的建议最终都被束之高阁。

但大明皇朝宣布"海禁"后不久，日本列岛便进入了军阀割据的"战国时代"。细川氏和大内氏忙于巩固自身的地盘，也无心再在"遣明贸易"上纠缠不清。葡萄牙殖民者虽被赶出了广东地区，却趁势潜入了福建、浙江沿海，与当地的贪官污吏、海商集团相勾结。以宁波双屿岛（今舟山六横岛）为中心，形成了一个巨大的沿海走私网络。

通过赋税的锐减，明世宗朱厚熜可以敏锐地感觉到"海禁"给东南沿海带来的商业凋敝。然而，昔日提出这一主张的夏言此时已然位居内阁首

---

① 屯门海澳：葡萄牙人所盘踞"屯门岛"究竟在哪里，史学家仍有内伶仃岛、大铲岛、大屿山等多种说法。但"屯门海澳"囊括了今天深圳后海湾、内伶仃岛及香港青山一带是不争的事实。

辅，朝野之上自然无人敢于公开提出异议。明世宗朱厚熜虽然试图通过罢免夏言来改弦易辙，却最终还是不得不为了平衡各派势力而重新将其起用。然而，大明皇朝还是悄然做出了开放"海禁"的尝试。

嘉靖十八年（1539），大内氏第十六代当主大内义隆以室町幕府将军足利义晴的名义组建第十次"遣明贸易使团"，试图重开"勘合贸易"，由于宁波方面拒绝其入港，日本船队不得不在温州滞留了近半年的时间。但最终大明皇朝还是在嘉靖十九年（1540）三月特许其使团入京。

虽然日、明双方在有关"宁波之变"的善后问题上还有着极大的分歧，但此番接触，终究是打开了双方重新接触的大门。嘉靖二十六年（1547）六月一日，大内义隆再次委派"天龙山"高僧策源周良，组织第十一次"遣明贸易使团"船队驶向宁波。

尽管策源周良的船队在途中遭遇了不明身份的海盗袭击，伤亡惨重，抵达大明之后又因为距离"十年一贡"的期限尚有一年，而被迫长期在海上逗留，但在次年抵达了北京之后，大明皇朝还是以"报赐日本国王及王妃"名义赏下了大量的白银、锦绮，可谓释放了大量改善两国关系的积极信号。

对于明世宗朱厚熜解除"海禁"似乎已水到渠成，唯一的阻碍便是仍官居首辅的夏言。为了彻底扳倒这位前后把持内阁已有十年之久的重臣，明世宗朱厚熜才刻意在"收复河套"的问题上发难，最终将夏言及曾铣双双推向了断头台。然而就在夏言授首前后，大批倭寇却突然在东南沿海出现，公开袭扰宁波、台州等地，以至于大明皇朝的"海禁"不得不继续维持下去。

日本古籍中高僧策源周良的形象

第二章：和议与开关

——隆庆年间大明对外政策的
转变与成效

一、剧变

　　嘉靖中叶倭寇的兴起与大明皇朝的"海禁"政策自然有着直接的因果关系，但并非只是简单的缘于"宁波之变"所导致的"勘合贸易"中断。事实上，倭寇大举劫掠中国东南沿海的背后，有着极为复杂的成因，其中牵扯到日本本州岛西部政治格局的剧变、大明皇朝社会结构的演化，乃至欧洲殖民者东来等诸多因素。

　　嘉靖二十九年（1550），策源周良率领第十一次"遣明贸易使团"船队，终于回到了地处周防国吉敷郡的大内氏主城"大内御馆"（今日本山口县山口市）。然而令策源周良倍感惊讶的是，他此去不过三年，回来竟已然物是人非。曾经显赫一时的大内氏，竟已然显现出了极端衰败的景象。

　　作为本州岛西部的霸主，大内氏曾在大内义隆的领导之下一度达到了其势力的巅峰。嘉靖九年（1530），大内义隆联合盘踞丰后国的大友氏、肥前国豪族松浦氏夹击领有筑前国的九州豪门少贰氏。在重臣陶兴房、杉兴运的辅佐之下，大内义隆经过六年的苦战，最终于嘉靖十五年（1536）

击败了少贰氏，将大内氏的势力范围扩展至九州岛北部。

怀着得陇望蜀的心理，大内义隆等不及完成对北九州新领地的消化，便于嘉靖十九年（1540）挥师东进，攻打盘踞本州岛西部所谓山阴、山阳道地区的尼子氏。嘉靖二十一年（1542），大内义隆趁着尼子氏家督尼子经久病逝之际，一举包围了尼子氏的主城——富田月山城（今日本岛根县安来市）。

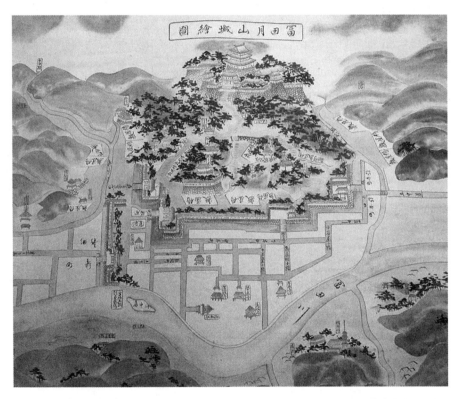

富田月山城所在的月山最高海拔也不过一百八十三点九米，却被日本兵学家吹嘘为"天空之城"，多少令人有些尴尬

此时一路招降纳叛的大内义隆麾下已有四万五千人马，自以为可以轻松拿下仅有万余守军的富田月山城。却不想攻城过程中，忠于尼子氏的当地豪族临阵倒戈，令腹背受敌的大内军全线崩溃。大内义隆苦心培养的继

承人更在撤退途中落水溺亡。经此剧变之后，大内义隆心智大乱，不得不寄情于和歌、茶艺，而将日常政务委托给了近臣相良武任。

相良武任此人能力如何，日本史料可谓众说纷纭。但在其秉政时期，大内氏暂时停止了对外用兵是不争的事实。是以，后世多将其与另一位大内义隆的亲信——冷泉隆丰，视为大内氏"文治派"的首领。而将以昔日征服九州岛北部的大内氏重臣陶兴房之子陶隆房为首的功勋旧臣家族归入了"武断派"的行列。

在一系列的明争暗斗之后，嘉靖二十四年（1545），陶隆房终于成功地扳倒了相良武任，迫使对手遁入空门后隐居于九州岛的肥后国。而大权在握的陶隆房则迅速改弦易辙，打着支援大内氏附庸毛利元就的旗号大举东进，令大内氏再度卷入了与尼子氏的惨烈消耗战之中。

或许，站在陶隆房的视角看来，自富田月山城兵败以来，毛利氏始终在不遗余力地支撑着大内氏的东部防线。其中，为了对抗倒戈向尼子氏的山名理兴，毛利元就从嘉靖二十二年（1543）开始，便不断出兵攻打地处备后国的神边城。

面对如此得力的盟友，陶隆房自然决定全力给予支援。嘉靖二十七年（1548），陶隆房亲率五千精锐抵达神边城前线。而此时的他才惊诧地发现，这几年来不断暗中积蓄实力的毛利元就，已然可以动员安艺国境内的上万之众。在以泰山压卵之势夺取了仅有千余守军的神边城后，陶隆房邀请毛利元就与自己一同返回山口城，觐见大内义隆。孰料，就在陶隆房领兵出征的期间，大内义隆竟暗中接回了被流放的相良武任，并再度委以重任。

大权旁落却有性命之虞的陶隆房，表面上选择了隐忍，但暗中联络了同为"武断派"的内藤兴盛等人。嘉靖三十年（1551）八月二十八日，陶隆房于其封地岩山城举兵，猝不及防的大内义隆仓皇出逃，最终在走投无路的情况下，于长门国境内的大宁寺自刃，是为"大宁寺之变"。

尽管在"大宁寺之变"中，毛利元就一度出兵"佐东银山城"以示对陶隆房的呼应，但是随着事后陶隆房拥立了大内义隆的养子大内义长为傀儡，保持大内氏政权，进而又试图染指安艺国事务。因此，毛利氏与陶氏的关系进而急转直下，并最终在嘉靖三十三年（1554）演化为了兵戎相见。

通过预设战场的张网以待，毛利元就于"严岛之战"中一举击败了兵强马壮的对手。而在陶隆房兵败自刃之后，毛利元就趁势攻入大内氏的核心领地，并最终导致这个曾经雄踞本州岛西部、九州岛北部的武家豪门彻底土崩瓦解。而在这场"城头变幻大王旗"的政治动荡之中，诸多曾经盘踞于大内氏羽翼之下的日本"水军"集团失去了控制，开始疯狂袭扰中国东南沿海。

客观地说，有明一代倭寇为患从未停止过，但如嘉靖年间那般窜扰骤

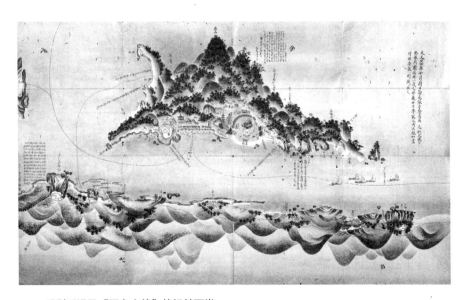

毛利氏记录"严岛之战"的相关画卷

增、延续数十年的局面，还是绝无仅有的。究其原因，虽有日本进入战国时代，大内氏的崩溃导致其麾下"水军"四出劫掠的外部因素，更主要的还是大明皇朝内部社会结构的演化。

大明皇朝立国之初，朱元璋为鼓励社会生产力的恢复和发展，曾推出过一系列的"恤商"政策。尽管此后本质上大明皇朝仍未摆脱封建皇朝"重农抑商"的思想桎梏，但国家政策层面的松动，还是令商贾阶层不断壮大，至明代中叶已然发展成为了一股不可小觑的社会力量，而其中又以皖、浙、闽、广的"海商"最为活跃。

尽管朱元璋执政时期，曾多次明令禁止沿海百姓私自与海外诸国进行贸易，但是安徽、浙江、福建、广东各省地狭人稠的现状以及经济作物和手工业的发展，还是令越来越多的当地百姓铤而走险、投身于海上贸易，并逐渐形成了诸如漳州龙溪县的月港等一系列不为明政府承认的民间对外贸易港。

然而，由于无法得到国家的支持，大明海商集团在与海外贸易纠纷中不可避免地处于不利的地位。在货物被夺占、船只被扣押的窘境之下，一些人进而"失其生理，于是转而为寇"。在明代方志史学家何乔远所著的《闽书》之中，甚至宣称成化年间，福建海商已然借助武力控制了东南亚各国的市场主导权："湖海大姓私造舰，岁出诸番市易，因相剽杀。"

海商集团的这些作为，显然无法瞒过大明皇朝朝野上下的眼线。嘉靖初年，刑部、兵部官员及浙江按察使等多次上奏，指出海商有"私造双桅大船""擅用军器火药""违禁商贩"等罪状。然而明世宗朱厚熜对此是"睁一只眼闭一只眼"。毕竟这位善于理财的皇帝深知"断人财路，如杀人父母"的道理，更何况，海商集团的种种"不法"，也大多集中于外域或近海偏远水域，并不足以影响其他贸易。

　　但是，很快在广东沿海吃瘪了的葡萄牙殖民者北上闽、浙沿海，并在宁波外海窃取双屿岛为据点的行动，引起了大明皇朝的警觉。嘉靖二十六年（1547），当葡萄牙商船停泊于福建漳州外海的浯屿岛，与当地的海商展开贸易之际，身为巡海道副使的柯乔随即命令当地的水师对葡萄牙商船展开攻击。

　　次年四月，提督浙闽海防军务的浙江巡抚朱纨亲率大军扫荡双屿岛，将岛上以闽人李光头、歙人许栋为首的海商集团悉数驱逐，此后更"聚木石、筑塞港口"。而一年之后，朱纨又挥师攻入闽粤交界的梅岭半岛，经过三天的激战，朱纨不仅彻底摧毁了这座聚集了千余户的贸易据点，还将俘获的四名葡萄牙殖民者和九十二名当地海商悉数斩首。

严行"海禁"的浙江巡抚朱纨

朱纨严行"海禁"的行动,很快便引发了与海商有着密切利益往来的当地官僚集团的反扑。闽籍御史周亮、浙籍御史陈九德相继上疏弹劾其"注措乖方,专杀启衅"。正请病假在家休养的朱纨闻讯之后,竟自撰墓志,作绝命词,服毒而死,享年五十三岁。

二、铁炮

朱纨的凄惨晚景,令大明皇朝主张"海禁"的官员无不为之胆寒。以至于一度出现了"罢巡视大臣不设,中外摇手不敢言海禁事"的局面。身为朱纨副手的丁湛更知趣地解散了朱纨部署在福清外海的四十余艘捕盗船。然而,这些所谓的"诚意"非但没有安抚遭到重大打击的东南海商集团,反而令其加速与葡萄牙殖民者勾结,他们招徕大量亡命之徒并购置火器,推举汪直、陈思盼等人为首,重新占据了舟山群岛的烈港等沿海岛屿。

在最初的几年里,汪直、陈思盼等海商集团为了争夺航路而忙于相互攻杀,甚至有时还会主动打击外来的倭寇。如嘉靖二十九年(1550),汪直便接受丁湛"故容私市"的条件,配合明朝政府打击了为祸钱塘一带的倭寇卢七、沈九一伙。嘉靖三十一年(1552),汪直击败陈思盼后,率部击败围攻舟山卫所的倭寇,进而自称"五峰船主""净海王"。

然而,汪直对海上商路的垄断,同样令诸多海商因为无路可走而不得不铤而走险。嘉靖三十一年(1552)四月二十四日,王十六、沈门、谢獠、曾坚等海盗集团勾结倭寇,劫掠了浙江沿海,酿成了史称"壬子之变"的惨祸。可能是因为上述海盗在劫掠时故意打着汪直的旗号,也可能是无从追捕这些祸首的当地官员有意模糊视线,总之,赶来剿匪的俞大猷、汤克宽等将领,将汪直列为"东南祸本",并于当年五月集结重兵突袭了汪直盘踞的烈港。

烈港之战中汪直所部损失千人，被迫向日本九州岛北部的平户岛转移。盘踞平户岛的日本当地海盗集团首领松浦隆信，对汪直的到来颇为欢迎。两股势力合流之后更很快将平户岛建成了西太平洋的贸易枢纽。日本史籍《大曲记》中这样写道："松浦隆信厚待外商，故有名五峰（笔者注：指汪直）者，由中国至平户津，在印山故址，营造唐式（笔者注：指中式）之屋居之。自是中国商船往来不绝。且有南蛮黑船（笔者注：指葡萄牙、西班牙商船），亦来平户津。故唐与南蛮之珍物，年年输入不少。"

汪直长期定居平户岛后，迅速从中国东南沿海大举招揽部众。明代史料《筹海图编》中称"闽广徽浙无赖奸民，潜匿倭国者不下数千"。而《朝鲜李朝实录》中更宣称汪直所部共计二千余人。除了大量移民的涌入之外，汪直集团还为日本列岛带去了被称为"铁炮"的欧式火绳枪。

近代日本史学家对于欧式火绳枪的传入，大多采信"种子岛南蛮铁炮说"，即嘉靖二十二年（1543）八月二十八日，一艘原定行往中国的葡萄牙商船因避风而误入了九州岛南部的种子岛赤尾木港。当地领主种子岛惠时、时尧父子见葡萄牙商人携带有欧式火绳枪，随即以重金购置两支，命巧匠八板清定予以仿制，山寨出了"种子岛铳"。

为了标榜此举意义之重大，日本人不仅在种子岛建碑立馆，更编造了一个凄婉动人的故事：八板清定虽然成功地仿制了欧式火枪，但始终未能尽善尽美。为了实现家主的要求，八板清定只能答应葡萄牙商贾的要求，将女儿若狭姬许配给了对方。好在一年之后葡萄牙商贾再度抵达了种子岛，八板清定随即利用女儿回家省亲的机会，对自己的女婿谎称若狭姬暴病而卒。算是为这个有些虐心的大剧补上了一个还算圆满的结局。

从国人的角度来看，八板清定"以女换枪"的故事充斥着无聊、低俗、讹诈和欺骗，但是在日本脍炙人口。从历史来看，或许是因为八板清定家庭的机遇与明治维新之后日本妇女大量走出国门，用青春和肉体换取日本实现工业化、现代化的宝贵外汇如出一辙。

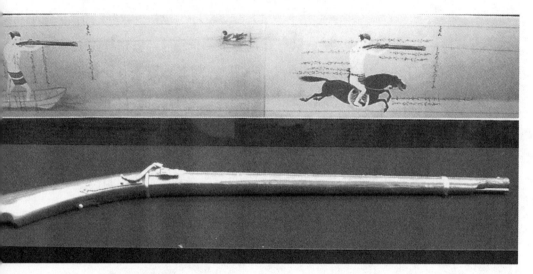

收藏于日本博物馆的"种子岛铳"

有趣的是日本列岛的内战中使用火器的记录在"种子岛铁炮传入"之前便已经屡见不鲜了。不仅"应仁之乱"中的交战双方有大量使用"飞炮""火箭"的记录，即便是地处相对偏僻的甲斐国（今日本山梨县）的守护大名武田信虎也在种子岛铁炮传入的近二十年之前就有抓农夫"试枪"的恶行，由此可见日本列岛将火药用于军事领域并非始于葡萄牙人的南来。

事实上蒙元帝国很早便将火药武器带入了沦为其属国的朝鲜半岛。高丽政府以"防倭"为名，频繁向元、明两大宗主国进口火器和火药。在这样的情况下，中式火器可能已经通过各种形式走私到了与朝鲜一衣带水的日本列岛。

有趣的是，这一时期的中国商人亦常在日本对外交流中扮演着中介的角色。而日本史籍《铁炮记》中更直接宣称汪直曾在种子岛惠时父子购买欧式火绳枪的过程中扮演了翻译的角色："时西村主宰有织部丞者，颇解文字，偶遇五峰，以杖书于沙上云：'船中之客，不知何国人也，何其形之异哉？'五峰即书云：'此时西南蛮种之贾胡也。'"

另一个令"种子岛铁炮传入"说难以自圆其说的，是这种新型武器在日本列岛普及的速度。除了种子岛家族侍奉的萨摩岛津氏之外，远离九州的本州近畿地区也几乎同时出现了仿制的欧式火枪。与岛津氏这样的守护大名不同，在近畿掌握"铁炮"锻造和使用技术的是两股民间势力——"根来众"和"杂贺众"。

关于"铁炮"在近畿地区的迅速扩散，日本史学家给出的答案是，根来寺的"监物"津田算长通过自己的情报网络获得铁炮传入的消息之后，便动身前往种子岛，从惠时父子手中重金购买到了葡萄牙人两支原版欧式火枪中的一支，带回纪伊国之后也迅速展开了仿制的工作。而几乎同时来自"堺町"（今属日本大阪市）商人橘屋又三郎也从种子岛习得了"铁炮"的制造工艺，并转而专营这种新式武器的买卖。

日本史学家所铺就的这条"铁炮传播之路"虽然得到了古籍《铁炮记》的佐证，但不得不说还是漏洞颇多。首先重金买下葡萄牙火绳枪的种子岛惠时本应奇货可居，却为何轻易地就将原版和相关技术交付给了毫无渊源的津田算长（《铁炮记》作杉坊算明，究竟是另有其人还是津田化名不得而知）和橘屋又三郎呢？

巧合的是"铁炮"传入日本本土之时，正值汪直的走私团伙频繁往来于东南亚和日本之时。汪直是否有化日本为其后方军工厂，进而与大明帝国长期对抗的计划，世人不得而知。但是作为商人，汪直可以让葡萄牙人把欧式火绳枪卖给种子岛氏，自然也可以卖给其他日本当地的封建领主、当地商贾甚至民间人士。

三、剿倭

嘉靖三十二年（1553）开始，在日本平户岛站稳了脚跟的汪直勾结倭寇对大明东南沿海展开疯狂的袭扰。匆促无备的明军被动挨打、损失惨重。是年三月，俞大猷率部仰攻倭寇盘踞的普陀山，不料遭遇对方的反冲锋，蒙古族将领火斌以下三百余人被杀。俞大猷也因此一度被迫戴罪从征。四月初五，倭寇攻入嘉兴，都指挥卢镗率兵迎击，却不幸于孟宗堰中伏，明军战死者达一千四百七十五人。

愈加恶劣的国防态势，令明世宗朱厚熜不得不于当年五月命南京兵部尚书张经总督江南、江北、浙江、山东、福建、湖广诸军清剿倭寇。从履历上来看，张经曾经在嘉靖十六年（1537）以兵部右侍郎的身份总督过两广军务，并平定过广西桂平大藤峡瑶族首领侯公丁所发动的叛乱，似乎还算善于用兵。

然而，当年为了平定侯公丁麾下的两千瑶民叛军，张经便动用了五万明军。此刻面对来势汹汹的数万倭寇，张经更不愿意轻易出兵，坚持要等待两广的土司狼兵抵达之后再行开战。可惜，张经好不容易等到了各路援军到齐、部署停当，北京方面已然失去了耐心，明世宗朱厚熜一道圣旨便命锦衣卫将张经逮捕入京。

张经前脚刚被带走，得到了土司狼兵助战的俞大猷、汤克宽、卢镗诸将便于王江泾取得了阵斩倭寇一千九百余人的大捷。不过，明世宗朱厚熜并不相信这是张经的功劳。最终还是将其与浙江巡抚李天宠等九名官员悉数问斩于西市。前线抗倭事务转交曾经弹劾张经"糜饷殃民，畏贼失机"的浙江按察使胡宗宪全权负责。

胡宗宪就任之后，一方面招徕徐渭、文徵明等名士为幕僚，重用戚继光等新生代将领；另一方面则提出"攻谋为上，角力为下"和"剿抚兼施，分化瓦解"的作战方略。通过军事打击和政治诱降相结合的手段，最终于嘉靖三十六年（1557）先后瓦解了徐海、陈东、汪直三股海上势力。

然而，胡宗宪成功诱降汪直等海盗头目的行动，并不能从根本上解决倭寇对东南沿海的袭扰。一方面，大明皇朝并不容忍手上血债累累的汪直堂而皇之地荣归故里，进而向朝廷提出开放"海禁"的要求，最终于嘉靖三十八年（1559）十二月二十五日将其斩首于杭州府官巷口。另一方面，日本国内的社会动荡亦是愈演愈烈。

嘉靖三十六年（1557），与大友氏达成瓜分大内氏领地密约的毛利元就，挥师攻入山口城。为陶隆房所拥立的傀儡大内义长无力抵挡，最终被迫自杀。但毛利元就并没有就此停手，而是在消化大内氏所留下来的丰厚遗产的同时，转头东进。为了争夺日本当时最大的银矿产区——石见国境

面对倭寇飘忽不定的攻势，明军长期处于疲于奔命的状态

内的大森银山（又称石见银山），毛利元就与尼子氏展开惨烈的激战。连年的征战之下，令大批本州岛西部生计无着的武士和百姓，铤而走险地加入了倭寇的行列。

正是在这样的背景之下，从嘉靖三十八年（1559）开始，倭寇对中国东南沿海袭扰的范围不断加大，规模不断加剧，甚至出现了纠集数万之众大举进犯台州的恶劣局面。而大明皇朝不断抽调军队进入东南沿海，这又加剧了当地民众的税赋。闽、粤等地的流民起义一度也是此起彼伏。

针对这样的不利局面，身处前线的戚继光总结此前"剿倭"失利的经验教训，认为隶属各地卫所的明军"兵无节制，卒鲜经练，士心不附，军令不知"，面对骁勇善战的倭寇自然一触即溃。反倒是台州知府谭纶曾训练的新军，在剿倭战争中表现英勇顽强，取得不少胜利。有鉴于此，戚继光上书胡宗宪，要求准许其编练新军。

嘉靖三十八年（1559）九月，戚继光亲自去义乌县招募农民出身的"矿夫"和义乌乡团四千人，带回绍兴训练。戚继光在训练新军时特意强调两点：

其一，重视思想教育，指出民养军、军卫民的军民关系。同时教育新军严守纪律、不扰民才可以取得民众的拥护。而且指出新军都是耕田出身的农民，因而要在倭寇扰民时英勇杀敌保卫农民。

其二，戚继光总结与倭寇的作战经验，并根据南方地形多沼泽的特点，创造出有别于北方"方列并驱"的战斗阵法——鸳鸯阵。这是一个拥有盾牌、火器（鸟铳）、弓箭、长矛、短刀，长短武器相配合的十二人战斗小组。必要时，这个小组还可以一分为二，使战斗更加灵活和适应任何地形和敌情。

戚继光的新军纪律严明，战斗力强。在训练新军的同时，戚继光着手整顿卫所，制造战舰，加强卫戍和海上战斗力量。

戚继光的新军，只训练了两个月便开赴前线。嘉靖四十年（1561）四月，倭寇约万余人驾船数百只，大举入侵台州、温州地区。戚继光率领新军在龙山一战首获战功，击溃倭寇主力，余倭狼狈逃走。戚继光率领新军于花街口堵剿，倭寇溃败，追至瓜陵江悉歼来寇。这一仗救出被俘男女五千余人，是剿倭以来最大的一次胜利。

同年五月，戚继光再次全歼入侵台州的倭寇两千余人，解救被俘虏男女民众一千余人。所部凯旋之日，台州人民欢迎的队列长达二十余里，欢声雷动。台州大捷显示出了新军的优点，因而其他各处的剿倭将领都开始整顿部队，从而提高了军队的战斗力。至嘉靖四十一年（1562）初，浙江之倭寇已基本上被肃清，残余倭寇逃往福建等地。

戚继光所编练的新军，很快成为了抗倭的主力

福建宁德近海的横屿原是倭寇的老巢，日本国内新来的倭寇又占据福清的牛田，互相支援之下，劫掠活动极其猖獗。福建当地军队无力与之抗衡，只得向朝廷告急。明世宗朱厚熜随即令胡宗宪调戚继光所部进剿。

嘉靖四十一年（1562）七月，戚继光所部六千人进入福建剿倭，八月攻取横屿的倭寇老巢，斩首两千六百余级，乘胜围攻牛田，肃清该处倭寇。残匪四千余人逃至兴化林墩，结垒为营，四出劫掠。戚继光所部于夜间围攻，连克营垒六十余座，斩首千余，救出被俘群众两千余人。天明时，兴化群众方才知道倭寇已经全部就歼，当地群众扶老携幼彩帐郊迎于十里之外，载酒杀牛犒劳戚继光所部。在将福建倭寇三大巢穴横屿、牛田、林墩全部荡平之后，戚继光这才班师回浙江原防地。但此时胡宗宪却已经因严嵩的倒台而下狱。

嘉靖四十一年（1562）冬，倭寇再次侵掠福建兴化，并攻陷兴化府城。在此以前倭寇只攻陷过县城，尚无攻陷过府城者，如今猖獗到了极点。明世宗朱厚熜随即升任此前被胡宗宪弹劾而下狱的俞大猷为浙江总兵，戚继光副之，率军剿倭。

戚继光又至义乌县招募民兵万余人，在进军途中训练。嘉靖四十二年（1563）四月，浙江巡抚潭沦调各路军队围剿兴化府平海卫倭巢。俞大猷居右翼，刘显居左翼，戚继光居中军，同时攻入平海卫，接着收复兴化府城。各部合力击破倭寇，斩首三千余级，解救被俘妇女、儿童三千余人。戚继光一路紧追残寇至马鼻、硝石岭一带，最终一战而歼之。

嘉靖四十二年（1563）冬，海外新来之倭会合残倭万余人，再次攻掠兴化府附近的仙游，戚继光领兵进剿，歼寇两千余人，活捉翻译一名。接着于蔡家岭击溃这股倭寇，其中数百名"惯战黑吉倭"全部被歼，对福建之倭打击最重。至嘉靖四十三年（1564）春，残倭夺船入海，福建倭患基本肃清。

倭寇在江南无立足之地，遂奔广东。明政府再调俞大猷任广东总兵，而吴桂芳提督两广兼巡抚，二人合作默契，并以戚继光所部为例，在广州训练新军，在福建造战船八十余艘，招募福建水兵乘船在海上剿倭。俞大猷准备就绪，于嘉靖四十三年（1564）春，率军进攻倭寇巢穴绉塘，斩首数千级。六月潮、惠一带倭寇悉平。嘉靖四十四年（1565）春，俞大猷与戚继光联合进剿福、广交界处倭寇，连战皆捷，倭寇悉数就歼。嘉靖四十五年（1566）倭寇在沿海岛屿站不住脚率众逃往安南，俞大猷率舰队追及全歼。至是，广东倭寇已基本肃清。

在俞大猷和戚继光的不断打击之下，倭寇逐渐被逐出了中国东南沿海

嘉靖四十五年（1566），中国沿海倭寇老巢已经被全部荡平，大股倭寇基本肃清。与此同时，日本国内形势发生巨大变化。在经过惨烈的反复拉锯之后，毛利元就最终在对尼子氏的战争中占据了上风。嘉靖四十四年（1565）春，招揽了大批海盗的毛利氏，对尼子氏的富田月山城展开了海、

作为日本战国时代的枭雄之一，毛利元就成功完成了其以小博大的人生逆袭

陆合围。

死守了一年之后，内无粮草、外无援军的尼子氏家主尼子义久彻底失去了斗志。最终于嘉靖四十五年（1566）十一月二十一日选择了开城投降。至此，日本本州岛西部曾经彼此敌对的大内、尼子两大豪门，悉数被新近崛起的毛利氏"请出"了历史舞台。

毛利氏的成功崛起，之所以能够对袭扰中国东南沿海的倭寇起到釜底抽薪的作用，除了其鲸吞了大内、尼子两家之后，重建了日本本州岛西部的政治秩序，令诸多流亡在外的百姓可以重返家园外，还在于其后怀着得陇望蜀的心理，进军九州岛北部。诸多日本海盗集团也跟着被毛利氏及与之敌对的大友氏所招揽，转而在濑户内海展开了相互攻伐。

失去了源源不断补充而来的日本武士和浪人，而中国沿海岛屿又被戚继光等新军所控制，中国海盗也所剩无几，且丧失了立足点。这样，肆意掠夺中国沿海达数十年的倭寇丧失了存在的条件，除零星小股继续活动到万历中期外，大规模的劫掠活动就再也没有出现过了。

但抗倭战争也使明王朝消耗很大。自嘉靖三十一年（1552）倭犯台州等地起，"七八岁间，所破城十余，官军吏民战及俘死者不下数十万"。为了御倭，明朝几乎帑藏空虚，不得不在江南实行加派，全国各地精兵良将也被调往东南沿海，因此有人指出："由于倭寇的侵扰，明朝东南沿海富庶之区，人民的生命财产，农工商业生产，都遭受了极其严重的破坏"。通过这场战争，越来越多的人认识到解除"海禁"的重要性。大明皇朝也鉴于嘉靖时期"倭乱"的教训，开始考虑解除"海禁"。

四、开关

嘉靖四十五年（1566）十二月十四日午时，痴迷道家长生之术，进而长期服用方士所献的"仙丹"的明世宗朱厚熜，终于还是死了。可能是临终之前终于幡然悔悟，也不排除是臣子们代其发声，总之，在大学士徐阶为其起草的遗诏中这样写道：

"只缘多病，过求长生，遂致奸人乱政，补过无由。自即位至今凡建言得罪诸臣，存者起用，死者优恤。方士交法司论罪。一切玄修工作及政令不便者，悉予停罢。在位四十五年，登位之初，用大学士杨廷和所拟诏书，力除弊政，时以称治。不久以议'大礼'，兴大狱，罢廷臣，朝纲渐坏。中期以后，专宠严嵩当政二十年，任用非人，功罪倒置，致吏治日坏，国势日衰，东南倭祸不止，北方边患频繁，赋役日增，民不聊生。尤其是晚年不视朝政，专意修仙，梦想长生，举国上下求神敬佛，大肆耗，国匮民穷，百余年富庶治平之业，由此不复存在。"

同月二十六日，明世宗朱厚熜第三子朱载垕继位，是为明穆宗。朱载厔生于嘉靖十六年（1537）正月二十三日。作为明世宗朱厚熜的第三个儿子，朱载厔在其人生的大部分时间里，都没有奢望成为皇位的继承人。毕竟除了早夭的长兄朱载基之外，他还有一个名为朱载壡的哥哥。

嘉靖十八年（1539）二月，朱载壡便被立为了太子。年仅两岁的朱载厔和弟弟朱载圳则被分别册封为裕王、景王。如无意外，他们都将在成年之后，按照大明皇朝的政治惯例，就藩于封地，"无诏不得入朝"。嘉靖二十八年（1549），身为太子的朱载壡已然十四岁了，循例应该要出阁读书。但明世宗朱厚熜却坚持要先行冠礼。是以，当年三月十六日，朱载壡于太庙加冠，并接受百官在奉天门外的五拜三叩之礼。

可以想见，明世宗朱厚熜对次子朱载壡寄予了极高的政治期望。然而，天有不测风云。就在举行加冠礼的次日，朱载壡突然病倒，并很快便撒手人寰。朱厚熜虽然以"太子超凡，遂尔长往。且其于人世纷华，一不好玩，动有仙气，今果乃尔"聊作安慰，但是作为一个父亲，强烈的丧子之痛还是令本就迷信的朱厚熜不敢再轻易册立太子。

加冠是中国古代男子的成人礼。按照惯例举行了加冠礼后，身为太子的朱载壡便已经开始参与政治事务了

但是在后续的四个儿子都"生未逾岁"便宣告夭折的情况之下，明世宗朱厚熜还是不得不把继承大宝的希望寄托在三子朱载壡和四子朱载圳的身上。朝臣之中也由此分化出了以严嵩为首的"拥景派"和以徐阶为首的"拥裕派"。而在很长一段时间里，明世宗朱厚熜似乎都更宠爱朱载圳一些，而对朱载壡态度颇为冷淡。

嘉靖三十九年（1560），在"拥景派"和"拥裕派"党争不断的背景之下，谪官家居的"两淮盐运司副使"郭希颜上疏恳请早立储君，却不想触及了明世宗朱厚熜的逆鳞，惨遭处斩。不过此时也最终令年事已高的朱厚熜正视自己的继承人问题。在严嵩一党日益式微的背景之下，次年二月，景王朱载圳离开京城就藩安陆。至此，裕王朱载壡才算从王位争夺中脱颖而出。

不过朱载壡要成为事实上的储君，还要等到嘉靖四十四年（1565）正月，其弟朱载圳病故之后。有趣的是，按照徐阶的说法，这位景王驾薨之日，明世宗朱厚熜毫不伤心，竟还用幸灾乐祸的口吻对徐阶表示："此子素谋夺嫡，今死矣！"

明世宗朱厚熜是否真的对自己的四儿子如此深恶痛绝，世人不得而知。但可以肯定的是，随着朱载圳的病故，朱载壡的储君身份已然

明朝第十二代统治者朱载壡可谓一个承前启后的君主

无可争辩。而在正式登基之后，朱载垕更毫无心理负担地立即纠正其父的弊政，将之前以言获罪的诸臣全部召用，已死之臣抚恤并录用其后，道士全部付有司论罪，以前的道教仪式全部停止，免除次年一半田赋及嘉靖四十三年（1564）以前的所有欠赋；又停止了明世宗朱厚熜为博孝名强行施行的明睿宗（即世宗本生父兴献王朱祐杬）明堂配享之礼。

登基不到一个月，明穆宗朱载垕正式改元"隆庆"，并诏告群臣说："先朝政令有不便者，可奏言予以修改。"福建巡抚涂泽民随即上疏，希望朝廷可以"开市舶，易私贩为公贩"（私贩指走私商，公贩指合法商人）。明穆宗朱载垕也从倭寇屡打不绝的现实中，认识到此前福建巡抚许孚远在奏疏中说的"市通则寇转而为商，市禁则商转而为寇"的问题，开始调整严禁民间私人海外贸易的政策。随即批准了涂泽民的奏请，宣布解除"海禁"，允许海商远贩东、西二洋，史称"隆庆开关"。

消息传来，东南沿海商贾无不欢呼雀跃、奔走相告，争先恐后地购买或建造大船出海。不过，大明皇朝虽然解除了"海禁"，却并不意味着对海商集团不进行约束。以福建漳州府月港（今福建海澄）为例，当地设立督饷馆，专门负责管理私人海外贸易。

督饷馆对私人海外贸易管理的内容主要有：出海贸易的船只不得携带违禁物品；船主要向督饷馆领取船引并交纳引税。此外，对日本的贸易仍在禁止之列，所有出海船只均不得前往日本。若私自前往，则处以"通倭"之罪。此外督饷馆还严禁彼此间越境贩贸，出海后逾期未归者，即使证件齐全，"仍坐以通倭罪"。

尽管有了上述限制，但"隆庆开关"依旧可谓是一项利国利民的举措。在此后的数十年时间里，中国海商凭借着丝织品、瓷器、茶叶等优势产品，很快便在西太平洋贸易圈中占据了核心位置。巨大的贸易顺差更为大明皇朝换来了海量的白银入超。

是以，东林党人周起元在《东西洋考》的序言中这样写道："我穆庙（明穆宗朱载垕）时除贩夷之律，于是五方之贾，熙熙水国，剖艅艎，分市东西路，其捆载珍奇，故异物不足述，而所贸金钱，岁无虑数十万。公私并赖，其殆天子之南库也。"中国学者王裕巽经过分析认为，从"隆庆开关"到明朝灭亡的七十多年间，海外流入明朝的白银总数大约为三亿三千万两，相当于当时全世界生产的白银总量的三分之一。

有趣的是，曾经大明皇朝引以为患的倭寇，在解除"海禁"之后竟也逐渐归于平息。对此，谢杰在其《虔台倭纂》中称："禁之太严，奸民势穷，必至为盗。自纳饷过洋之利开，豪狡之徒咸趋利畏法。故海澄之开禁，凡以除中国之害也。"可谓是切中时弊。就在东南的倭寇之祸宣告结束之际，长期困扰大明皇朝的北方边患也出现了和议的曙光。

五、和议

其实与俺答麾下的鞑靼诸部和议的计划并非是隆庆年间才出现的新事物。早在十余年前，便已有人将之付诸行动了：

嘉靖二十九年（1550）六月，俺答进犯大同，毁边墙而入，于沟中埋伏精兵，而以老弱百骑往来诱明军出击。大同总兵张达轻敌冒进，不等各路援军集结便独自率部前往驰击，结果中伏后坠马被杀。副总兵林椿救援不及，也战死沙场。事情发生之后，明世宗朱厚熜勃然大怒，下令将总督宣府、大同、山西军务的兵部右侍郎郭宗皋发配陕西靖虏卫，巡抚都御史陈耀则直接杖毙。

面对鞑靼铁骑咄咄逼人的兵锋，继承大同总兵的"咸宁侯"仇鸾不敢与其正面抗衡，只得听从幕僚时义、侯荣的建议，秘密与俺答展开接触。接受了仇鸾的贿赂之后，俺答很讲义气地送来了箭囊作为信物。可就在仇鸾以为太平无事之际，不想俺答竟率部东去，攻向了京师东部门户的蓟州。

得到消息的兵部尚书丁汝夔慌忙调集边兵一万两千骑，京营兵两万四千骑，分守宣、蓟诸关隘。但此时俺答麾下的鞑靼骑兵已经通过小路越过长城、迂回至明军侧后。腹背受敌的情况下，丁汝夔苦心构筑的防线全线崩溃，俺答旋即统大军直趋通州，分兵剽掠昌平，进犯天寿山的大明皇陵。

俺答的大举来犯，令明世宗朱厚熜只得宣布京师戒严，同时诏令诸镇将帅统兵勤王。不知道是知晓了仇鸾与俺答有所接触，还是看中了其功勋贵胄的身份，总之，明世宗朱厚熜委命仇鸾为"平虏大将军"，节制各路勤王兵马。可惜，仇鸾在大同不敢与俺答正面交锋，到了京师也同样不敢，只能放任蒙古铁骑在京郊饱掠八天。最终蒙古铁骑带着大量金银财物及人、牲，由白羊口（今北京延庆西南）从容出塞。由于这一年是庚戌年，是以史称"庚戌之变"。

"庚戌之变"中蒙古铁骑的往来驰骋、如入无人之境的情况，对明世宗朱厚熜产生了极大的触动。在以御寇无策、守备不严的名义将兵部尚书丁汝夔斩首之余，明世宗朱厚熜也采取了一系列增强北部边防的措施，如：

要求兵部清查各边兵马，老弱缺伍及倒死者，设法补足，以听调遣；广设暗伏，预备军储，务足兵马三月之用；收买马匹；预置火器；大同、宣府二镇积极备战，以图征讨。

听从御史杨选所言，宣谕富民助边。有能输粮两千石，或捐银一千两

长城沿线存在诸多无法防守的山路，蒙古骑兵可以轻易渗透

者，官为建坊，以表其宅。如数人合输粮数千石，或捐银千余两者，则共建一坊，以表其里。

命工部修筑京师的正阳、崇文、宣武三关厢外城，由兵部侍郎张时彻、梁尚德、副都御史商大节、锦衣卫都督陆炳共同监工等。

但是明世宗朱厚熜很清楚上述手段不可能在短期内见效，为了防止鞑靼铁骑再度破关劫掠，大明皇朝不得不寻求外交途径与俺答缓和关系。揣度上意的仇鸾随即命人与俺答展开接触。见大明皇朝主动递出了橄榄枝，俺答随即命自己的义子达云恰全权操办此事。

达云恰率十余铁骑抵达宣府宁远堡外，攒刀为誓，请求通贡。面对明朝派出的使者，达云恰更大度地赠送了两匹骏马，留下部下虎刺记等四将作为人质。就在明军对此一头雾水之际，达云恰很快便去而复返，绑来了明军的叛卒朱锦、李宝，以示诚意。

面对鞑靼部的通贡诚意，大明皇朝中枢展开了一场激烈的讨论。直接参与此事的兵部左侍郎兼宣大总督苏祐给出了一番自己的分析。他认为俺答之所以如此急于通贡，原因有四：

其一是"闻皇上赫整六师，将出北塞问罪"，俺答因此"畏惧天威"；其二是"虏昨岁犯顺，归人畜多死"，所以鞑靼部贵族"多怨艾其悔罪"；其三是"虏甚嗜中国货，卤掠则利归部落，求贡则归酋长"，出于经济考虑，俺答更希望用通贡代替战争；其四则是"小王子者，俺答之侄也，俺答桀骜，久不听其约束，而耻为之下，兹求归顺，将假朝廷官爵与其侄争雄"。

苏祐的这些说法并非全无道理。但从当时鞑靼部的政治环境来看，俺答之所以急于与大明皇朝修补关系，主要还是因为此时其诸弟皆已长大，并渐渐呈尾大不掉之势。俺答要想避免一场新的内战，必须掌握其政治上的绝对话语权。

不过对于明世宗朱厚熜而言，无论俺答的最终目的是什么，可以通过互市的形式稳固北方边防终究是一件有百利而无一害的事情。是以，其最终听取了兵部尚书赵锦、咸宁侯仇鸾、吏部侍郎李默等人的建议，援引永乐、成化年间于辽东开设马市以满足朵颜三卫、海西女真贸易需求的成例，于嘉靖三十年（1551）四月在大同镇羌堡、五月在宣府新开口堡先后开设与鞑靼诸部交易的马市。

然而，马市开张不久，大明和鞑靼便各自发现了其存在的严重安全隐患。大明方面发现此时的俺答身边云集着以嘉靖二十八年（1549）逃亡漠北的萧芹、丘富为首的白莲教教徒，他们依仗鞑靼的庇护，以马市为掩护大肆联络关内的信众，策划起义举事。对于俺答而言，大明开放的大同、宣府马市分别正对其弟昆都力哈和那林台吉的领地，贸易的利润大多被其所窃取，反倒增加了鞑靼内部的不稳定因素。

明代边境马市的复原雕塑

正是因为双方都对马市的效果颇为不满，嘉靖三十年（1551）十一月，明世宗朱厚熜便下诏罢停了大同、宣府两地马市。俺答也趁势再度开始大举劫掠大明北方边境。在此后的十余年间，大明"九边"战事不断，俺答甚至于嘉靖三十八年（1559）和嘉靖四十二年（1563）两度逼近京师，令朝野震动。

不过，此时的俺答虽然依旧不断南下，但其政治重心已然出现了明显的东移迹象。这是因为嘉靖二十六年（1547），鞑靼诸部名义上的共主博迪病逝，其子达赉孙无力与堂叔俺答争雄，不得不将其汗廷迁徙至辽东。俺答则趁势扩张其势力范围。

嘉靖三十六年（1557），达赉孙离世、其子图们继位前后，俺答趁势招降了长期在大明与鞑靼之间摇摆不定的朵颜部，进而直接从东线威胁大明的蓟州镇。不过控制区域的扩大只能暂时缓解俺答与诸弟之间的紧张关系。随着年事日高，俺答仍迫切需要为自己的继承人铺平道路。

俺答子嗣众多，其中以长子乞庆哈最受器重。嘉靖四十四年（1565）俺答亲自率军进犯肃州，同时命乞庆哈率领一支轻骑由宣府洗马林方向突入明境。却不料在暗庄堡一线遭到明军的伏击，乞庆哈坠马受伤。次年，乞庆哈又率大军前来报复，却再度败在了大明新生代名将马芳的手中。

军事上的连番失利，令乞庆哈在崇尚武力的鞑靼诸部中威信扫地。手握兵权的俺答诸弟及诸子乃至诸孙也随之蠢蠢欲动起来。令本就波诡云谲的继承人卡位战更趋复杂。在一连串不为人知的暗战和内斗之后，隆庆四年（1570），发生了俺答之孙把汉遁逃入明的恶性事件。

按照蒙文抄本《阿勒坦汗传》中的说法，把汉南逃一事，其直接原因是俺答将原定许配给把汉的兔扯金之女许配给了土默特部，导致这个十八岁的少年颇为不满，进而在其乳母之夫阿力奇的怂恿之下，带着妻子、亲信等十一人逃往大同镇所属的平鲁卫败壶堡，叩关投明。

然而，从负责处理此事的大明官员的记录之中，我们却不难发现事情并非那么简单。

首先，把汉年纪虽小，但已先后迎娶了两位妻子，无论他与那位兔扯金之女是否感情真挚，似乎都没有拿自己的政治生命来赌气的必要。

其次，俺答之所以不得不令自己的宝贝孙子失望，根本原因还在于俺答本人此前曾强娶过鄂尔多斯部已然礼聘下的女子，以至该部怀恨在心，一度扬言要与俺答兵戎相见，俺答才不得不将原本准备许配给把汉的女子嫁往鄂尔多斯部，以平息对方的怒气。

最后，把汉在决定叛逃之前，曾对阿力奇有过这样一段内心独白："我大父（指俺答）妻外孙女，又夺孙妇予人，天怒人怨，吾不能为若孙矣。吾闻天朝上下有序，尊卑有礼，男女不渎，其俗先礼让而后刑杀，吾今往归之。"后世学者多关注这段话俺答所迎娶的外孙女是否便是"三娘子"钟金，但仔细分析也不难，真正令把汉感到不满的其实是鞑靼部内部政治秩序的混乱。

那么把汉到底遭到了怎样长幼失序、尊卑不分的不公正待遇呢？尽管史书中没有给出明确答案，但我们仍能从一些鞑靼部此时的政治机构中推断出答案。

此时的鞑靼部除了俺答与图们之间的对立外，俺答所领导的右翼三万户内部也并非铁板一块。一方面吉囊死后，其长子诺延达喇虽然臣服于叔叔俺答，但依旧领有鄂尔多斯部万户，此外俺答诸弟也各有部曲，俨然已有尾大不掉之势；另一方面，就在俺答长子乞庆哈迫切希望走向台前之际，俺答的妻子钟金为其诞下幼子——不他失礼。

由于是俺答的第三任妻子，中国民间习惯性地称钟金为"三娘子"。由于其嫁给俺答之时年仅八岁，因此明朝官员一度认为钟金就是把汉口中那位被俺答迎娶为妻子的外孙女。然而，经过后世学者考证钟金乃是瓦剌土尔扈特部落首领哲恒阿哈之女，与俺答并没有血缘关系。

虽然钟金并不是俺答的外孙女，但是他们之间的婚姻触及与瓦剌接壤的鄂尔多斯万户部敏感的神经。或许也正是为了安抚侄子诺延达喇，俺答才将把汉的未婚妻嫁入了鄂尔多斯部。但真正令把汉彻底对爷爷俺答失望，恐怕还是部众的分配问题。

作为俺答第三子铁背的独子，自幼父母双亡的把汉很早便继承了其父的地盘和部众。俺答对此也似乎并无异议，甚至还让自己的母亲一克哈屯充当了把汉的监护人。但是随着时间的推移，俺答显然改变了初衷，逐渐萌生出了将把汉的领地转移给幼子不他失礼的意图。正是这一决定，最终令把汉愤然离开疼爱自己的祖父，铤而走险地投奔堪称世仇的大明。

把汉抵达明境之后，大同巡抚方逢时随即接见了他们，并将相关情况上报给了时任宣大总督的王崇古。王崇古认为把汉"奇货可居"，当即上奏朝廷，建议明穆宗朱载垕善待把汉，并逐渐扶植其成为瓦解鞑靼的一股政治力量："俺答汗老且死，黄台吉（指乞庆哈）立，则令把汉那吉还，以其众与台吉抗，我按兵助之。"王崇古的建议得到了大学士高拱和张居正的积极支持，明穆宗朱载垕随即诏封把汉为指挥使，其随从阿力奇为正千户，并给予优厚待遇，妥为安置。

把汉投奔大明之际，俺答正在西征吐鲁番的途中。得知消息之后，其迅速领兵东返。但是面对已然公开化的家族矛盾，鞑靼内部很难形成合力。以汉人赵全为首的白莲教力主武力解决，但作为把汉的监护人，俺答的母亲一克哈屯却强烈地表示反对，甚至哭骂俺答说："老悖不遄死，信汉叛儿（指赵全）反复，乃欲侵汉，汉士马强，安能必得志，是速杀吾孙也！"

俺答虽然陪着老母亲哭了一阵，但还是命长子乞庆哈率部南下，意图攻入明境、擒获几名明军将领以便换还把汉。可惜，乞庆哈对此并不热衷，以"冬季草枯、战马饥瘦"为借口，一再减缓进军速度。而恰在俺答进退维谷之际，大同巡抚方逢时派来的特使鲍崇德抵达俺答营中，俺答喜出望外，当即便同意了对方提出的交出赵全等白莲教教徒，以换取把汉的条件。大明帝国与鞑靼部之间的外交谈判也由此全面展开。

晚年的俺答不得不直面自己的继承人问题

第三章：天子与内阁
——隆庆末年至万历初年的大明中枢及边境风云

一、封贡

隆庆四年（1570）十一月十九日，俺答依照约定将赵全等九人械送大同左卫，并趁势向大明帝国提出了封贡的请求："吾孙降汉，此天遣合华夷之好也。若天子幸封我为王，借威灵长北方诸酋，谁敢不听。誓永守北边，毋敢为患。即不幸死，吾孙当袭封，彼衣食中国，其忍倍（背）德乎？"

俺答之所以表现得如此恭顺，无非是急于借助大明帝国为自己在鞑靼部的权威进行政治背书。然而，大同巡抚方逢时虽然次日便将把汉送回，但对于俺答的封贡请求却无权答应，只得层层上报。而此举随即引发了大明中枢的一场场激烈辩论。

早在鲍崇德抵达俺答帐之时，巡按御史姚继可便上疏，弹劾方逢时通敌。朝野上下更对俺答缺乏信任。张居正更在写给王崇古的信件中直言不讳地表示了自己的担忧：

"若鄙意则以为今边防利害，不在于那吉（指把汉）之与不与，而在彼（指俺答）求和之诚与不诚。若彼果出于至诚，假以封爵，许其贡市，我得以间修战守之具，兴屯田之利，边鄙不耸，稽人成功。彼若寻盟，则我示羁縻之义；彼若背盟，则兴问罪之师。胜算在我，数世之利也。但恐其孙一归，彼愿已遂，求和之意，必乖本图。或请乞多端，难于听许，明年当复来侵，虽获赵全等数人，恐于彼无大损益。"

不过明穆宗朱载垕似乎没有张居正这般的畏首畏尾，在俺答引渡了赵全等人之后，其当即便加升了方逢时为兵部右侍郎兼右金都御史，王崇古则升任太子少保、兵部尚书。兵部尚书郭乾，侍郎谷中虚、王遴，一概升赏。连带加恩于内阁辅臣李春芳、高拱、张居正、殷士儋、赵贞吉等人。

在明穆宗朱载垕如此明确的"鼓励"之下，隆庆五年（1571）二月，王崇古率先提出："朝廷若允俺答汗封贡，诸边有数年之安，可乘时修备。设敌背盟，吾以数年蓄养之财力，从事战守，愈于终岁奔命，自救不暇者矣。"并就此提出了切实可行的八条建议：议封官号、定贡额、议贡期贡道、立互市、议抚赏、议归降、审经权、戒狡师。

王崇古的设想显然戳中了明穆宗朱载垕的痒处，但是如此大事还是需要群臣公议，于是当年三月初，明穆宗朱载垕下诏召开廷议。最终的结果却是：定国公徐文璧、吏部右侍郎张四维等二十二人认为封贡、互市可许；英国公张溶、户部尚书张守直等十七人认为不可许；工部尚书朱衡等五人认为封贡可许，互市不可许。可谓是群情汹汹、莫衷一是。

最终还是内阁辅臣高拱和张居正出面，举出明成祖朱棣此前加封瓦剌首领脱脱、脱欢帖木儿分别为哈密忠顺王和忠义王的例子，才最终力排众议。明穆宗朱载垕见水到渠成，这才定下了"外示羁縻，内修守备"的大政方针。但这样的国策具体要如何操作，显然还需要王崇古等人去实施。

按照王崇古的设想，既然明穆宗朱载垕已然同意了俺答的封贡请求，那么便应该将鞑靼诸部常年南侵的边患一并解决。是以，王崇古要求俺答

带领鞑靼左翼三万户的首领图们、领导
鞑靼右翼三万户中喀喇沁万户部、俺答
之弟昆都力哈、土默特万户部的俺答之
侄诺延达喇一同接受册封。

明穆宗朱载垕的朝服图

自诩为鞑靼之主的图们自然不愿自
降身份，与俺答家族同受封赏。但为了
避免破坏和议的大局，王崇古还是要求
蓟州军镇暂停"烧荒捣巢"的袭扰行
动。隆庆五年（1571）三月十八日，明
穆宗朱载垕正式下诏封俺答为顺义王，
赐红蟒衣一袭；封俺答之弟昆都力哈和
俺答长子乞庆哈为都督同知，各赐红狮
子衣一袭；其余子侄及部下六十三人分
别为指挥使、指挥同知、指挥佥事、千
户、百户等官。同时授俺答以镀金银
印，其余颁给敕书，按官秩分等级给予赏赐。两个月后的五月二十一日，
俺答正式在大同得胜堡塞外的晾马台，召集右翼三万户诸台吉，举行了受
封仪式。至此，明帝国与鞑靼右翼诸部的封贡体系正式确立。

对于俺答接受明廷册封并进行朝贡一事，后世史学家们评价不一。国
内学者大多从积极正面的角度，认为俺答率鞑靼右翼三万部接受明廷的册
封，并以朝贡的名义与中原互市，是中华民族团结融合的一大盛事。而日
本和欧美的学者却揪着俺答未向明廷进贡"九白"[①]、未派遣质子入朝等细
节，认定俺答文辞谦卑的贡表乃是明朝官员在翻译时刻意篡改了原意。对
俺答的册封和互市，事实是大明皇朝对鞑靼诸部的变相屈服。

① 九白：指清代外蒙古每年例贡朝廷白色驼、马共九匹，称为"九白之贡"。

　　笔者不想就上述观点的孰对孰错深入展开分析。但从大明皇朝对除了俺答之外的其他鞑靼万户首领仅册封为都督同知，各台吉更只授予指挥使、千户乃至百户这般的微小官职来看，大明皇朝至少在政治上保持"天朝大邦"的姿态。而深谙大明官制的俺答之所以并未提出异议，除了急于化解把汉投明所带来的恶劣影响之外，或许更试图借助此次的封贡以确立鞑靼右翼诸部的政治秩序。

　　此时的俺答已然六十四岁，早已厌倦了金戈铁马的征战杀伐，可偏偏其长子乞庆哈的继承人地位始终无法得到其他贵族的一致拥戴，自己迎娶"三娘子"钟金并诞下幼子的行为更饱受诟病。如此纷乱无序的局面，令俺答迫切需要通过大明的册封，在亲近贵族之中划分出一个长幼尊卑来。

　　虽然在谈判过程中，俺答曾假惺惺地要求明廷一并册封其弟昆都力哈为王、册封其侄诺延达喇为都督同知，但在遭到了王崇古拒绝之后，俺答也便没有再坚持。而随着封贡体系的确立，俺答不仅以"顺义王"的爵位独占鳌头，更将自己的长子乞庆哈抬到了与其弟昆都力哈平起平坐的位置。而再往下细数，则不难发现俺答的幼子不他失礼亦赫然被封为了指挥同知，已然与俺答的五弟那林台吉并列。

　　或许正是对于这般不公正待遇心怀愤懑，昆都力哈和诺延达喇在俺答封贡的次年便双双病逝。俺答趁势将昆都力哈的部众和牧场划到了其子乞庆哈的名下。至于诺延达喇所掌握的土默特万户部，俺答虽不便直接吞并，却也进一步对其分化瓦解。他为诺延达喇的长子布延巴图尔求来了都督同知的册封，却让诺延达喇的二弟拜桑固尔掌管与明朝宁夏地区的互市。

　　除了有意在政治上分化鞑靼右翼三万户中的其他势力之外，俺答还在隆庆五年会见藏传佛教僧人——阿兴希日巴。作为在山西五台山生活过一段时间的高僧，阿兴希日巴对俺答的政治诉求可谓洞若观火，因此两人见面之初，阿兴希日巴便开宗明义地表示按照藏传佛教"转世轮回"的教义，俺答实为昔日蒙元帝国创始人忽必烈的转世。

俺答是否笃信此说世人不得而知。但如果以忽必烈的转世为号召，则不但可以破除图们一脉的正统地位，更能在意识形态上统领诸部。可谓正中俺答的下怀。眼见对方产生了兴趣，阿兴希日巴更不失时机地指出："若想遵行薛禅汗（指忽必烈）和八思巴①二人所创立的政教二道并行之制，请迎佛于西藏拉萨。"

俺答对于阿兴希日巴的这一建议很感兴趣，当即便命达云恰筹备经青海前往西藏"迎佛"的相关事宜。但西藏乃是大明的领土，达云恰的入藏举措随即便遭到了大明礼部的阻挠。就在双方争执不下之际，大明内部却再度发生了一场空前的政治动荡……

二、继位

隆庆六年五月二十六日（1572 年 7 月 5 日），明朝第十二代统治者朱载垕病逝于乾清宫中。尽管这位庙号"穆宗"的皇帝驾崩之时年仅三十六岁，但基于对政治局势和自身健康的悲观预期，朱载垕还是早早便将第三子朱翊钧立为皇太子。更在弥留之际，召见高拱、张居正等亲近重臣，口授遗诏，再次明确了由朱翊钧继承大统的意愿。

六月初十，年仅十岁的朱翊钧正式登基。次年改元"万历"，朱翊钧也由此被民间称为"万历皇帝"。

在朱翊钧正式登基之前，按照明朝的礼制还要举行一场"劝进"大戏。按照预先设计好的流程，从明穆宗朱载垕去世后的第五天开始，文武百官连续三天呈表劝进。而年幼的朱翊钧则遵照首辅高拱早已草拟好的"仪注"，两次予以拒绝。直至第三次才摆出勉为其难的模样，召见内

① 八思巴：藏传佛教萨迦派第五代祖师，曾被忽必烈尊为国师，统御天下佛教徒。

由于统治合法性存在争议，朱元璋才在正式登基之前，策划和导演了一场"百官劝进"的活剧

阁、五府、六部等在京官员，正式颁下"天位至重、诚难久虚，况遗命在躬，不敢固逊，勉从所请"的谕旨。

明明是早已正位东宫数年的太子，缘何还要在继位的问题上如此惺惺作态？要搞清楚个中的原委，恐怕还得从大明帝国的创立说起。

在元末的乱世之中，出身布衣的朱元璋，通过依附濠州义军头目郭子兴起家。经过了十余年的鏖战，才初步建立起了属于自己的政权。在此期间朱元璋自知才德仍不足以服众，是以长期遵循谋士朱升"高筑墙、广积粮、缓称王"的策略，始终遥奉自称宋徽宗九世孙的"小明王"韩林儿为主。

直至元至正二十六年（1366）十一月，先后击败了陈友谅、张士诚等强敌的朱元璋，才命部将廖永忠于滁州将韩林儿接往应天（今江苏省南京市）。随着途中韩林儿的坐船于长江中离奇倾覆，朱元璋亦正式弃用韩林儿的"龙凤"年号，以自己的吴王封号为纪年。

一年之后，朱元璋命徐达、常遇春等人率二十五万大军北伐。在一路的凯歌声中，朱元璋不等攻克元大都（今北京）的捷报传来，便于南京称帝，国号大明，改元"洪武"。尽管此时的朱元璋已然是中原霸主，但其从封建王朝的角度来看，大明帝国的政治合法性依然存在着争议。也正是出于这样的顾虑，朱元璋才在正式登基之前，策划和导演了一场"百官劝进"的活剧。

如果说朱元璋登基前玩弄这套把戏乃是王朝草创的必需，那么其后世子孙不断对其进行"复刻"，除了"祖训难违"之外，更是对于大明宗室分封制度的一种无奈。

朱元璋登基之后，逐步将除立为"储君"的长子朱标及早夭的幼子朱楠外的其余二十四子及侄孙朱守谦悉数封为藩王。此举固然在短时间内起到了挟制功臣、掌控天下的作用，但随着朱标的病故及各地藩王的羽翼日益丰满，尾大不掉的弊端也日益显露。

朱元璋死后，被早早册立为"皇太孙"的朱允炆虽顺利继位并大刀阔斧地展开"削藩"，却遭到了朱元璋第四子——燕王朱棣的强力反弹。一场延续三年之久的"靖难之役"，虽以朱允炆的自焚而告终，但开创了所谓"永乐盛世"的明成祖朱棣却一生也无法摆脱"得位不正"的阴影。而在其之后，更有众多藩王以他为师，怀揣着问鼎之心，暗中积蓄着力量。

宣德元年（1426），朱棣次子汉王朱

燕王朱棣发动的"靖难之役"为明代藩王开启了通过武装叛乱问鼎大宝的道路

高煦趁其兄——明仁宗朱高炽突然病逝，侄子朱瞻基仓促继位之际，起兵叛乱……

正德五年（1510），朱元璋第十六子——庆王朱栴后裔安化王朱寘鐇，利用正德皇帝朱厚照信任的刘谨等宦官，大肆吞没军户屯田所激发的愤怒情绪，公然掀起兵变……

正德十六年（1521），朱元璋第十七子——宁王朱权四世孙朱宸濠，纠集十万之众，自立为顺德皇帝……

以上这三起较大规模的藩王叛乱，虽然均被朝廷方面迅速镇压，但也令大明帝国的历代君主忐忑不安，以至于要在继位问题上大费周章，以示天下归心。而万历皇帝朱翊钧的爷爷——明世宗朱厚熜更是因明武宗朱厚照生前无嗣，而由外镇藩王的身份入主京师，是以在法理问题上更为看重。

明世宗朱厚熜登基后，不久便与诸多重臣在自己生父尊号的"皇统"问题发生了长达三年半的"大礼仪之争"。晚年更颁布《宗藩条例》。限制诸王宗藩的请封活动、减少其禄米，以限制宗室贵族势力的膨胀。而为了防止自己的诸子之中出现夺嫡惨祸，朱厚熜不仅在次子朱载壑死后便不再册立太子，更打着"二龙不相见"的旗号，连自己儿子的面都不见。

这些宫闱旧闻，对于五岁便在老师和母亲的严厉要求下默记经史的朱翊钧而言，并不陌生。或许也正因为过早接触了政治的残酷，年幼的朱翊钧表现出了极度的不安全感。有一次其父朱载垕于宫中策马，朱翊钧竟连忙上前规劝道："陛下天下主，独骑而骋，宁无衔橛忧？"虽然后世多以为此事乃是朱翊钧聪慧的表现，但对于一个孩子来说，他恐怕是真的害怕自己的父亲会从马上摔下来。

明穆宗朱载垕死后，朱翊钧更陷入了一种莫名的恐惧之中。万历二年

（1574）十月十七日，只有十二岁的朱翊钧在文华殿中完成了当时的"讲读"之后，竟突然向首辅张居正问道："闻建文当时逃免，果否？"张居正似乎早有准备，当即答道："国史不载此事，但先朝故老相传，言建文当靖难师入城，即削发披缁，后云游四方，无人能知者。"

这段对话此后被经常引用为"建文未死于靖难"的重要佐证。但从另一个的角度来看，朱翊钧如此在意朱允炆这个数百年前的叔祖辈的生死，显然不是缘于单纯的好奇。而张居正则很可能早已注意到了朱翊钧近期的情绪变化，因此不仅随口便转述了从未被大明帝国官方所证实的坊间传闻来宽慰朱翊钧，此后更当场默写出了一首据说是朱允炆逃亡至云南时于石壁上的题诗。

就在朱翊钧面对这首以"沦落江湖数十秋"开头的古诗，不胜唏嘘之时，张居正才将话题引入了正轨。他告诫朱翊钧说："此忘国之事，失位之辞，但可为戒，不足观也。"并随即献上了明太祖朱元璋所写的自传——《皇陵碑》，以所谓"见创业之艰难，圣谟之弘远"的名义，希望朱翊钧效仿同样自幼丧父的朱元璋那般自强不息，而不要每天都生活于自己是否会成为朱允炆第二的恐惧之中。

果然在这样一番开导之下，

张居正早年的画像

朱翊钧迅速走出了自身的情绪黑洞，并颇为感慨地向张居正表示："朕不敢不勉行法祖，尚赖先生辅导。"张居正对此自不免要恭谦几句。但对于辅政之事，这位在大明政坛摸爬滚打了数十年的老臣，却已然展现出了几分当仁不让的霸道。

三、辅臣

张居正，字叔大。其祖父张镇原隶属于湖广荆州卫军户，后充任辽王府护卫。而正是这一看似寻常的工作调动，却在无形之中推动了一个家族命运的转变。辽王府相对丰厚的待遇令张镇一家过上了相对富足的生活，其子张文明、其孙张白圭可以脱离行伍，走上科举的道路。

嘉靖十五年（1536），年仅十二岁的张白圭参加童试。因其聪明伶俐而被荆州知府李士翱赏识，并亲自为其改名"居正"。四年之后的嘉靖十九年（1540），张居正顺利乡试中举，一度被时任湖广巡抚的顾璘盛赞为"国器之才"。嘉靖二十六年（1547）丁未科考之中，二十三岁的张居正更得中二甲第九名。随即便以庶吉士的身份入翰林院任职。

这里简单介绍一下翰林院这个中国历史上颇为特殊的政治机构。"翰林"一词，出自汉代文豪扬雄讥讽君主肆意围猎、罔顾百姓生计的《长杨赋》。但因后世常将该赋中"翰林""子墨"这两个虚构人物并列，以代指文人骚客，久而久之，"翰林"也便成了饱学之士的代名词。

唐开元二十六年（738），唐玄宗李隆基在唐高祖李渊招揽天下奇能异士的别院之中，为擅长诗词的文士另建翰林学士院，并令其代为起草诏制。从此"翰林待诏"便成为了天下寒门学子的终极梦想。

此后宋、元、明皆沿袭了唐制，明太祖朱元璋自洪武十三年（1380）正式废除丞相职务后，更于翰林院内设殿阁大学士，以辅助政务。明成祖朱棣登基之后，更要求大学士等入值大内的文渊阁参预机务，是以大学士又被称为"内阁"或"阁臣"。

必须指出的是，永乐年间的大学士虽已为皇帝近臣、口含天宪，但官阶不过五品，且不得兼任六部，亦无权制御九卿。直到明仁宗朱高炽登基之后，以礼部尚书杨士奇兼任华盖殿大学士，内阁才逐渐跃居于六部、九

明万历《徐显卿宦迹图·中秘读书》表现的庶吉士徐显卿在翰林院读书的场景

卿之上，而"非进士不入翰林，非翰林不入内阁"更成为大明帝国约定俗成的政治制度。

以张居正为例，其虽无缘如一甲前三的状元、探花、榜眼那般，直接被授予翰林院修撰、编修的实缺。看似没有品第、俸禄的庶吉士，却已然可以享受到六品以上官员的待遇："户部给灯油钱，兵部拨皂隶，刑部给纸札，工部修理房屋、具器用，顺天府给笔墨，光禄寺给酒饭。"（《大明会典》卷二二一）

而按照明太祖朱元璋时期便已订立的祖制，成为庶吉士的张居正会得到前往翰林院"观政"的实习机会，三年学成，通过考试，若成绩优异便可授予编修、检讨之职，即便未能达标，亦能外放为给事、御史。

不过，张居正虽然成功以庶吉士的身份踏足了政坛，但此时的大明中枢却正处于严嵩利用北方边患扳倒了老臣夏言，进而大权独揽之际。面对朝堂之上权势熏天的严嵩一党，与张居正同科进士之中，如状元李春芳般和光同尘，以至被称为"好好先生"者有之，如探花张春般仗义执言、抨击严嵩弄权以致最终致仕归乡者有之。面对如此复杂的政治局面，张居正又该何去何从呢？

尽管通过存世的张居正文集，我们无法洞悉他当时的心理活动，但考察这些文字，我们仍不难看出初入政坛的张居正所秉承的政治理念。嘉靖二十八年（1549），张居正向明世宗朱厚熜上了一道名为《论时政疏》的奏章。

作为一个仍在"实习期"的庶吉士，上疏言事固然是本分，却也存在着极大的政治风险。与张居正同科，且在二甲中名列第十一名的杨继盛，便因反对与北方鞑靼部首领俺答汗互市而上《请罢马市疏》，结果好好的兵部员外郎被直接贬到狄道（今甘肃省临洮县）当一个未入流的典史去了。

不过事实证明张居正不仅敢于上疏，更善于上疏。他不仅列举了大明帝国此时所存在的"宗室骄恣""庶官疾旷""吏治因循""边备未修""财用大亏"等隐患，而且一一给出了解决方案。不过在忧国忧民之余，张居正也并非不通人情世故。嘉靖二十九年（1550），恰逢严嵩七十大寿。张居正亦写诗相贺，其中称赞严嵩与明世宗朱厚熜的君臣感情的那句"风云神自合，鱼水契无前"，显然令严嵩颇为受用，此后多次授意张居正为其代写贺表。

不过严嵩对张居正的信任仅限于为其捉刀，深感难以一展所长的张居正遂于当年告病归乡。直至嘉靖三十六年（1557）方始回京复职，尽管此时锐意改革的新生代名臣徐阶已然以礼部尚书兼东阁大学士的身份加入内阁，但朝政仍为首辅严嵩所掌控。张居正小心翼翼地在严、徐两党之间转圜，终得以于嘉靖三十八年（1559）升任正六品的右中允。

张居正的这个新官职不仅名字拗口，更是一个真正意义上"陪太子读书"的闲差。洪武十五年（1382）明太祖朱元璋曾为了训导太子朱标及其余皇子，设立左、右春坊和司经局三个机构。其中右中允便隶属于右春坊。嘉靖四十三年（1564），已然三十九岁的张居正终于升任了从五品的右春坊右谕德。而更令他欣喜的是，此时明世宗朱厚熜虽仍未册立太子，但徐阶却举荐其为裕王朱载垕的侍讲。此举预示着彻底斗倒了严嵩的徐阶，不仅将张居正视为盟友，更希望其通过这颗闲棋冷子为未来布局。

嘉靖四十五年（1566）十二月十四日，明世宗朱厚熜于乾清宫病逝。随着裕王朱载垕的继位，作为潜邸旧臣的张居正开启了其擢升之路，隆庆元年（1567）正月，张居正由翰林院侍读学士进为礼部右侍郎，二月更以吏部左传郎的身份兼任东阁大学士，由此正式步入了内阁辅臣的行列。但是等待他的是更为凶险的争斗和搏杀。

隆庆元年的内阁仍保留着明世宗朱厚熜病逝前的老班底，即斗倒了严嵩的建极殿大学士徐阶、文华殿大学士李春芳、武英殿大学士郭朴和文渊阁大学士高拱。表面上看，四人之中，郭朴和高拱均为徐阶举荐入阁，而与张居正同科中举的李春芳又是朝野有名的"好好先生"，徐阶自感其首辅之位可谓稳若泰山。

然后，徐阶很快便发现自己打错了算盘。郭朴、高拱二人入阁后不久，便以徐阶独自草拟明世宗朱厚熜的遗诏，未与之商议为由，对其展开了攻讦。徐阶虽然迅速发动言官系统对其展开弹劾，最终两人被迫称病致仕，暂时退出政坛。

这场短暂的庙堂之争，徐阶看似是大获全胜，实则已然被逼到了墙角。因为他的对手从一开始便不是郭朴和高拱，而是表面上不问政事，实则急于掌控朝局的明穆宗朱载垕。对于等了整整二十六年的朱载垕而言，他对大多数明世宗时代的旧臣并不熟悉，是以更愿意信任常年跟随在自己身边的侍读官员。徐阶虽然成功赶走了被朱载垕依为心腹的高拱，却同样自知无力长期与朱载垕角力。

面对同样以侍读官员的身份入阁的陈以勤和张居正，徐阶不得不选择了投子认负，于隆庆二年（1568）七月上疏致仕。徐阶走后，明穆宗朱载垕虽表面命老臣李春芳接任首辅之职，但实际政务已然掌握在了陈以勤和张居正的手中。

陈以勤与张居正相比，胜在资历和对所谓"圣心"的揣测之上。其一入阁便上疏《谨始十事》，鼓吹天子应大权独揽。这话自然挠到了朱载垕的痒处，当即下诏嘉许其"忠恳"，陈以勤得了便宜还想卖乖，又接着上了《励精修政四事疏》，不想这一次朱载垕却没有接这个茬，毕竟身为皇帝的他只想揽权并不想勤政。

隆庆三年（1569）十二月，朱载垕召回高拱，并任命其为吏部尚书。果然本就性格偏执的高拱一上任便对诸多昔日弹劾自己的言官大肆报复。身处旋涡中心的陈以勤感受到了来自皇帝的冷落，不得不于隆庆四年（1570）七月引疾罢去。

陈以勤走后，高拱又将矛头对准了先于他四个月入阁的言官领袖赵贞吉。然而身为礼部尚书兼文渊阁大学士，同时还兼掌都察院①的赵贞吉显然并非易于之辈。面对高拱试图通过对监察御史进行京察②打击言官系统的计划，赵贞吉予以全面抵制。一时间高、赵二人分别操控吏部和都察院相互攻讦，搞得朝野上下人心惶惶。

可惜，在大批御史临阵倒戈的情况下，赵贞吉最终还是败下阵来，不得不于隆庆四年（1570）辞官回乡。此后李春芳虽然名义上仍为首辅，甚至被朱载垕授予"四殿三阁"③之首的中极殿大学士头衔，但内阁实权已然掌握在了位于第二的建极殿大学士高拱的手中。

隆庆五年（1571）五月，随着李春芳的急流勇退、辞官回乡，高拱终于如愿以偿当上了首辅。然而，内阁终究不是他个人的禁脔，早在赵贞吉致仕之际，朱载垕便安排了礼部尚书殷士儋入阁。而殷士儋同样乃是"侍读之臣"出身，自不免恃宠而骄，竟公然对高拱的专权发出批评。

据说殷士儋曾当面对着高拱谩骂道："驱逐陈阁老的是你，驱逐赵阁老的是你，驱逐李阁老的也是你，如今又来驱逐我，内阁永远是你一个人的？"可惜殷士儋虽然骂得痛快，却终究不敌高拱发动的御史弹

---

① 都察院：由前代的御史台发展而来，主掌监察、弹劾及建议。

② 京察：明代吏部考核京官的一种制度。洪武时规定三年一考，后改为十年一考。弘治年间规定六年举行一次。

③ "四殿三阁"：明朝大学士共"四殿""两阁"。四殿者，中极殿大学士（原为华盖殿）、建极殿大学士（原为谨身殿）、文华殿大学士、武英殿大学士。两阁者，文渊阁大学士、东阁大学士。

劾，最终只能于隆庆五年十一月黯然辞归。至此，内阁之中仅存高拱和张居正两位重臣，而一场新的角力也随着明穆宗朱载垕的病逝而拉开了序幕。

四、内相

仅从朝野的势力而言，张居正绝难与高拱抗衡。然而大明皇朝的权力中枢还潜伏着一股名为宦官集团的强大势力。而正是这股势力在关键时刻，向张居正伸出了橄榄枝，才使其成功利用明穆宗朱载垕突然病逝的混乱局面，成功扳倒了那位已隐然权倾朝野的内阁首辅。

早在商代，甲骨文中便已然出现对战俘、奴隶和囚犯进行阉割的记录。而从西周开始，贵族、王侯更大量任用阉人，《周礼》有云："宫者使守内，以其人道绝也。"但是由商、周及先秦各个时期、各个地域对这些后宫阉人，或称之为"寺人"，或称之为"内竖"，直至东汉，才逐渐统一为"宦官"。

早期的宦官不过是地位卑微的后宫杂役，但随着中央集权进程的加剧，长期工作、生活于统治核心周围的他们，竟逐渐成为口衔天宪、一言丧邦的"无冕之王"。而汉、唐中后期，宦官集团更一度窃取兵权，不仅公然左右朝政、肆意诛杀朝臣，甚至可以直接废立天子。

正是有了这样的前车之鉴，宋、元两朝皆有意遏制宦官的权势。朱元璋建立大明皇朝之后，据称于洪武十七年（1384），铸造了一块写有"内臣不得干预政事，犯者斩"的铁牌，悬于宫门之上，以警示群宦。然而，看似对宦官干政深恶痛绝的朱元璋，却是大明皇朝庞大、复杂的宦官体制的始作俑者。

早在自立为王的吴元年（1367），朱元璋便设立了内使监和御用监两大宦官机构，此后随着统治版图和宫廷杂役的不断扩大，朱元璋更令吏部参与到宦官集团的组织架构中来，即"命吏部定内侍诸司官制"。至洪武三十一年（1398），大明皇朝的宦官机构已多达"十二监""二司""七局"，几乎覆盖了大明后宫运作乃至与皇帝有关的大多数国家事务。

所谓"十二监"，即司礼监、御马监、内官监、司设监、御用监、神宫监、尚膳监、尚宝监、印绶监、直殿监、尚衣监和都知监。主要负责皇帝的内外安保、衣食住行、祭祀恩赏等日常事务。而因为"十二监"各设太监一员，是以明代之外太监也成为对宦官的代称。

"二司"则为惜薪司和钟鼓司，掌管宫廷薪炭供应和出朝鼓乐。此外还有兵杖、银作、巾帽、针工、内织染、酒醋面、司苑"七局"，分别管理皇室主导下的兵甲火器、金银器饰、冠帽鞋靴、宫中衣服、应用缎匹、酒醋糖酱、蔬菜瓜果的生产和采办。

除了在宫廷事务中任用宦官之外，朱元璋亦派遣太监奉旨出使。可以说，朱元璋所谓的"太监不得干政"，无非是希望他们只做不说，成为任自己驱策的工具。而到了其子明成祖朱棣统治时期，更因"靖难之役"后对文官武将系统整体不信任，而依赖郑和等出身外族的内臣。

永乐十九年（1421），随着大明皇朝正式迁都北京，归属于各监、各司、各局管控的数以万计的南京匠户随着北行。此后又逐渐新设了印制纸币的宝钞司、负责皇室及宫中人员汤沐的混堂司以及安置内宫退休人员的浣衣局。至此明朝太监机构正式形成"十二监""四司""八局"并称的所谓"二十四衙门"。

万历四大征

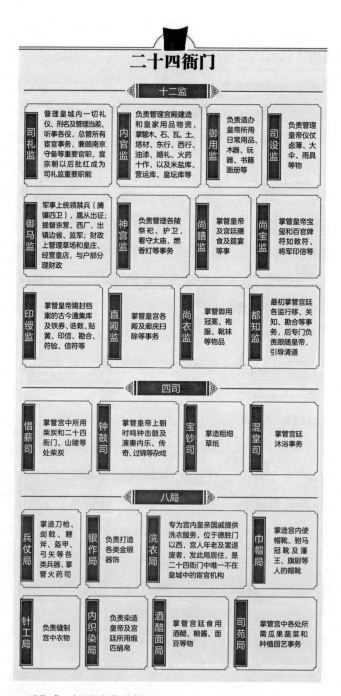

二十四衙门

十二监

司礼监	督理皇城内一切礼仪、刑名及管理当差、听事各役，总管所有宦官事务，兼顾南京守备等重要官职，宣宗朝以后批红成为司礼监重要职能
内官监	负责管理宫殿建造和皇家用品物资，掌管木、石、瓦、土、塔材、东行、西行、油漆、婚礼、火药十作，以及米盐库、营运库、皇坛库等
御用监	负责造办皇帝所用日常用品、木器、玩器、书籍画册等
司设监	负责管理皇帝仪仗卤簿、大伞、雨具等物

御马监	军事上统领禁兵（腾骧四卫），扈从出征；提督京营、西厂，出镇边省、监军；财政上管理草场和皇庄、经营皇店，与户部分理财政
神宫监	负责管理各陵祭祀、护卫，看守太庙，燃香灯等事务
尚膳监	掌管皇帝及宫廷膳食及筵宴等事
尚宝监	掌管皇帝宝玺和百官牌符如敕符、将军印信等

印绶监	掌管皇帝赐封档案的古今通集库及铁券、诰敕、贴黄、印信、勘合、符验、信符等
直殿监	掌管皇宫各殿及廊庑扫除等事务
尚衣监	掌管御用冠冕、袍服、靴袜等物品
都知监	最初掌管宫廷各监行移、关知、勘合等事务，后专门负责跟随皇帝，引导清道

四司

惜薪司	掌管宫中所用柴炭和二十四衙门、山陵等处柴炭
钟鼓司	掌管皇帝上朝时鸣钟击鼓及演奏内乐、传奇、过锦等杂戏
宝钞司	掌造粗细草纸
混堂司	掌管宫廷沐浴事务

八局

兵仗局	掌造刀枪、剑戟、鞭斧、盔甲、弓矢等各类兵器，掌管火药司
银作局	负责打造各类金银器饰
浣衣局	专为宫内皇亲国戚提供洗衣服务，位于德胜门以西，宫人年老及罢退废者，发到此居住，是二十四衙门中唯一不在皇城中的宦官机构
巾帽局	掌造宫内使帽靴、驸马冠靴及藩王、旗尉等人的帽靴

针工局	负责缝制宫中衣物
内织染局	负责染造皇帝及宫廷所用缎匹绢帛
酒醋面局	掌管宫廷食用酒醋、粮酱、面豆等物
司苑局	掌管宫中各处所需瓜果蔬菜和种植园艺事务

明代"二十四衙门"的格局

　　"二十四衙门"之中，洪武、永乐年间风头最劲的，无疑是执掌内官人事大权，并负责宫中使用器物的采购，监管宫中开支账目的内官监，而这一时期的司礼监，职能不过是"凡正旦、冬至等节，命妇朝贺等礼，则掌其班位仪注及纠察内官人员违犯礼法者"，以及"掌冠婚丧祭礼仪、制帛与御前勘合、赏赐笔墨书画，并长随当差内使等人出门马牌等事"，的确仅仅是"司礼"而已。

　　然而，明宣宗朱瞻基登基之后，为了抽出更多的时间用于自己酷爱的丹青绘画和促织^①娱乐，遂于宣德元年（1426）在后宫设置内书堂，挑选精明能干的宦官进行集中培训，以便在日常政务中能够给予自己以协助。

　　按照朱瞻基的设计，当以杨士奇、杨荣、杨溥三人组成的"三杨内阁"，负责阅读来自各部、各地的奏章，然后提出初步的处置意见，用墨笔书写在小票贴在奏章之上，是以"票拟"。而经过"内书堂"培训过的宦官则根据朱瞻基的意思逐一进行批示，是为"批红"。

　　这样安排的好处显而易见，那就是皇帝不仅无须再去阅读繁复的奏章，甚至连内阁的"票拟"都不费心批复，只需要简单口述大意，便可以由太监们去润色，并代为批示了。可谓是极大地节约了沟通时间和降低了沟通成本。甚至连"三杨内阁"

确立了太监秉笔批红制度的明宣宗朱瞻基

---

　　① 促织：促织是蟋蟀的别名，据明、清野史记载朱瞻基酷爱蟋蟀，因此有"太平天子、促织皇帝"的称号。

似乎都没有意识到朱瞻基此时豢养几个捉刀代笔的小太监有什么不对。但随着时间的推移，太监代皇帝秉笔批红逐渐循为成例。原本只是兼掌记录管理御前文书的司礼监也逐渐发展成了一个承担顾问、缉访、辅政、外出阅兵提督军务等繁复工作的机要秘书班子。

宣德十年（1435）正月，明宣宗朱瞻基病逝。其年仅七岁的长子朱祁镇继位后，便极度依赖自幼为其伴读的太监王振。而王振也正是利用了朱祁镇对自己的信任，逐步扩张司礼监的权柄。至此大明皇帝的权威首次成为了太监干政的虎皮，王振也由此成为了首位被恭称为"内相"的权宦。尽管王振最终因为正统十四年（1449）怂恿明英宗朱祁镇亲征瓦剌、大败于土木堡，而被愤怒的禁军将领所击杀。但是司礼监与内阁并存，形成所谓"内外夹辅，共襄朝政"的局面却并未因此终结。

王振死后的百余年间，司礼监的权势日益扩大，并在贪图玩乐的明武宗朱厚照统治时期达到了全新的高度。司礼监掌印太监刘瑾不仅窃取权柄，更时常将内阁的奏章带回自家私宅，与妹婿孙聪、食客张文冕共同批答。虽然刘瑾最终在朝野上下的反对声中被明正典刑，但刘瑾的案例在有明一朝，却只能说是空前，远谈不上绝后。

明世宗朱厚熜登基之初，虽然整治了一批堂兄朱厚照所任用的太监，并一度撤销了太监各地镇守和监典京营的旧习，但在与正德朝旧臣发生"大礼仪之争"①及此后一系列的政治斗争之中，明世宗朱厚熜还是选择了倚重自己在藩王府中便熟识的宦官。也正是在嘉靖年间，司礼监掌印太监兼任东厂提督一职，逐渐成为了惯例。

明穆宗朱载垕继位之时，内臣之中最具权势的当属提督东厂兼掌御马监事的司礼监秉笔太监冯保。但朱载垕似乎对这位嘉靖年间的旧臣并不十

---

① 大礼仪之争：指明世宗朱厚熜继位后，内阁首辅杨廷和将朱厚熜与朱厚照的堂兄弟关系变成亲兄弟关系。明世宗朱厚熜拒绝换父母，于是，双方展开了一场长达数年的政治拉锯。

分信任，而高拱更不愿意自己主持的内阁被冯保所挟制，于是便向朱载垕推荐了与自己关系较好的御用监掌印太监滕祥、陈洪、尚膳监掌印太监孟冲，先后进入司礼监。

事实证明滕祥、陈洪、孟冲等人的确没有太大的政治野心，他们主持司礼监期间，更多把心思放在了讨好朱载垕的身上。如《明史》中便称其"作鳌山灯，导帝（指明穆宗朱载垕）为长夜饮"。对于如此"会玩"的太监，朱载垕自然也颇为欣赏，甚至在太庙祭献时，特许他们三人像朝廷官员一样戴上进贤冠、穿上祭服，并"爵赏辞谢与六卿埒"。不齿与太监为伍的廷臣虽纷纷上表弹劾，换来的却是外调、廷杖乃至罢官的惩戒。

滕祥等人虽然受宠，却似乎未能从冯保手中收回东厂和御马监的控制权。东厂作为明代直属于皇帝的特务机关，其重要性自然不言而喻。而御马监虽然名义上只是"掌御马及诸进贡并典牧所关收马骡之事"，但自古以来，养马便需要耗费无数人力、物力。

因此，御马监不仅掌握着来自牧场、皇庄、皇店的二十余万两白银的收支，更统领着包括勇士营，腾骧左、右卫，武骧左、右卫在内的数千皇室禁卫。而正是凭借手中所掌握的特务机关和武装力量，冯保虽然无缘出任司礼监掌印，却依旧权势彪炳，并在明穆宗朱载垕去世前后，一跃成为左右朝局走向的重要人物。

隆庆六年（1572）五月二十五日，此前便因身体不适而休养了两个月的明穆宗朱载垕，在临朝时突然病倒。尽管《明史》之中并未记载当时的情况，但从张居正的传记《文忠公行士实》中描述的突然失去语言能力和口歪眼斜的病况来看，朱载垕可能是突发性的脑中风。

明代画作《出警入跸图》所描绘的禁军武装大多归属于御马监统率

在冯保等近侍太监的搀扶之下，朱载垕转入后宫。不久便召内阁成员高拱、张居正和当年四月刚刚由文渊阁大学士擢升为礼部尚书的高仪入宫。病榻之上的朱载垕已口不能言。只能由时任司礼监秉笔太监的冯保宣读了一份诏谕：

"朕嗣祖宗大统，今方六年，偶得此疾，遽不能起，有负先皇付托。东宫幼小，朕今付之卿等，三臣宜协心辅佐，遵守祖制，保固皇图，卿等功在社稷，万世不泯。"

次日，年仅三十六的朱载垕便撒手人寰，尽管其临终之前已明显不能视事，但宫中还是循例颁下遗诏。但就是这样一纸内容空洞的诏书，却引出了一桩所谓"冯保矫诏"的公案。

五、矫诏

《明史·宦官传》中是如此讲述这段历史的："穆宗得疾，（冯）保密属（张）居正豫草遗诏……穆宗甫崩，（冯）保言于后妃，斥孟冲而夺其位，又矫遗诏令与阁臣同受顾命。"

不得不说，由历经了康熙、雍正、乾隆三朝的大学士张廷玉领导的《明史》修撰团队，果然文笔了得，只是寥寥百余字，一个不学无术且利欲熏心的权宦形象便已跃然于纸上。但真相的确如此吗？

首先，我们不妨看一下那篇所谓出自冯保、张居正之手的遗诏是怎么写的：

"朕以凉德缵奉丕图，君主万方，于兹六载，夙夜兢兢图惟化理，惟恐有辜先帝付托，乃今遘疾弥笃，殆不能兴。夫生之有死，如昼之有夜，自古圣贤，其孰能免？惟是维体得人，神器有主，朕即弃世，亦复何憾？皇太子聪明仁孝，令德天成，宜嗣皇帝位。其恪守祖宗成宪，讲学亲贤，节用爱人，以绵宗社无疆之祚，内外文武群臣，协心辅佐，共保灵长。斯朕志毕矣。其丧礼悉遵先帝遗制，以日易月，二十七日释服，毋禁音乐、嫁娶，宗室亲王，藩屏是寄，不可辄离本国。各处镇守巡抚、总兵等官及都

主持编撰《明史》的张廷玉本身就是一位权谋高手，因此《明史》之中自然充满了各种鬼蜮伎俩

布按三司官员，严固封疆，安抚军民，不许擅离职守，闻丧之日，正于本处朝夕哭临三日，进香遣官代行。广东、广西、四川、云南、贵州及各布政司七品以下衙门，俱免进香。诏谕中外，咸使闻之。"

纵览全文，我们不难发现这篇遗诏除了以朱载垕向天下表达了自己豁达的生死观，明确了太子朱翊钧的继承人身份，以及要求各级藩王、官员谨守本分之外，并没有明确所谓"顾命大臣"的人选。

虽然此前冯保在朱载垕病榻之前宣读的那封诏谕中含糊地称"东宫幼小，朕今付之卿等"，但这个"卿等"显然也并未将宣诏的冯保包括在内，因为后文便明确提到了"三臣宜协心辅佐，遵守祖制"。因此如果真的有所谓"顾命大臣"的存在，指的也仅是高拱、张居正和高仪这三位内阁大学士而已。

那么为什么明明并未在诏书中出现的冯保，会在百年之后背上一个"矫诏"的黑锅呢？我们不妨从《明史》中去寻找答案。按照《宦官传》的说法，朱载垕驾崩当天，高拱曾在内阁之中痛哭道："十岁太子，如何治天下？"此事被冯保得知后，随即便告诉了陈皇后和朱翊钧的生母李妃，此举直接导致了两宫在数日之后代朱翊钧降下懿旨，以"揽权擅政"的罪名罢免了高拱，令其"回籍闲住"。

表面上看，高拱的罢职完全是遭到了冯保的构陷，手段更是为人所不齿的"文字狱"。但从隆庆六年的政府公文来看，自朱载垕驾崩之后，高拱便不遗余力地策动六科给事中①和御史攻讦冯保，密集地上奏称冯保突然接替孟冲出任司礼监掌印，并未得到朱载垕的授命。如此重大的人事安排，既然不是皇帝的意思，那么唯一的解释自然只能是冯保"矫诏"。

高拱如此执意地与冯保过不去，似乎并非只是其与孟冲私交甚笃那么

---

① 给事中：明朝分设吏、户、礼、兵、刑、工六科给事中掌侍从规谏，稽查六部之弊误，有驳正制敕违失之权。

简单。有部分学者由此认为，高拱是想借助扳倒冯保，来实现剥夺司礼监批红权的目的。而在明代学者王世贞所撰写的《嘉靖以来首辅传》中称，冯保曾向陈皇后控告高拱勾结朱元璋的八世孙——周王朱在铤，有废黜太子、迎立外藩的意图。

祖籍河南新郑的高拱与开封的周王朱在铤是否有过接触，后世并没有确切的证据。但重臣勾结外藩向来是大明历代皇帝心中大忌。正统、景泰年间的兵部尚书于谦，虽有击败瓦剌入侵，成功保卫北京的大功，也仅因有拥立襄王朱瞻墡之子的嫌疑便被问斩于东市。更何况，在陈皇后看来始终在内宫中勤勤恳恳的冯保，着实要比在内阁中呼风唤雨的高拱可靠得多。

据说突遭罢免的高拱，一度"面色如死灰，汗陡下如雨"，竟"伏地不能起"，还是一旁的张居正颇为从容地将他搀扶起来。此时张居正是否已然与冯保结成攻守同盟，甚至暗中推动了事情的发展？史学家们至今仍莫衷一是。但可以肯定的是，作为高拱倒台中的最大受益人，张居正显然是乐见其成的。这种窃喜的情绪，甚至不经意地在与高仪联名挽留高拱的上疏中流露了出来。

张居正表面上称高拱"小心谨慎、未尝有过"，但随即又写下了一大段似褒实贬的文字："虽其议论侃直，外貌威严，而中实过于谨畏，临事兢慎如恐弗能。"这段话不仅只字未提高拱主持内阁以来的各项功绩，而且成功将其描绘成了一个色厉内荏、畏首畏尾的老官僚的形象。果然，后宫只用了一句"卿等不可党护负

初代周王朱橚是明成祖朱棣的同母胞弟，因此在宗室藩王之中颇受优待

国"便将两位大学士的求情给顶了回来。

高拱被赶出北京之后，虽然一度遭到锦衣卫的监视，在"缇骑兵番、踉跄逼逐"的情况下，出现"囊箧攘夺无遗""仆婢多逃，资斧尽丧"的情况，可谓颇为狼狈。但在张居正上疏"乞恩驰驿行"后，便在朝廷驿站的迎来送往中安稳回家去了。反倒是入阁仅一个月的高仪，据说因为害怕受到高拱的牵连，竟呕血暴毙了。在三名阁臣一逐、一死的情况之下，硕果仅存的张居正，自然升级为独当辅佐幼帝重任的元辅了。

在成功驱逐了高拱后的第三天，当时尚未正式登基的朱翊钧便单独召见了张居正。张居正不仅当面表示："当今国家要务，唯在遵守祖宗旧制，不必纷纷更改。"随后更在上呈的《谢召见疏》中写道："臣之区区，但当矢坚素履，馨竭猷有，为祖宗谨守成宪，不敢以臆见纷更；为国家爱养人才，不敢以私人意用舍，此臣忠皇上之职分也。"

不过张居正口中的"旧制""成宪"，显然并非是要对高拱执政时期人士和制度进行萧规曹随，而是意图恢复朱元璋时代的高度中央集权，恰如一年前他在担任会试主考时所属："夫高皇帝之所以为法也，律令三易而后成，官制晚年而始定，一时名臣英佐，相与扶筹而算之。其利害审矣！后虽有智巧，莫能逾之矣！"而所谓"为国家爱养人才，不敢以私人意用舍"，也不过是揶揄高拱任用唯亲，为自己重新洗牌造势而已。

由于高拱遭罢免之前仍兼任着吏部尚书，因此张居正首先做出的人事调整，便是将兵部尚书杨博调任吏部。杨博是三朝老臣，早在年轻时便被严世蕃誉为"天下大才"，在嘉靖、隆庆年间一度执掌过吏部，直至高拱崛起，才在隆庆三年十二月被迫致仕。杨博于隆庆五年十月方始接掌兵部，此时转任吏部，不仅轻车熟路，更有利于张居正在吏治上的拨乱反正。

杨博转任之后空缺出的兵部尚书一职，张居正则交给了节制顺天、保定、辽东三抚，蓟州、昌平、辽东、保定四镇的蓟辽总督谭纶。有趣的是，将边镇总督内调兵部的设想，本是高拱提出的。

在掌握了人事权和武装力量之后，张居正又将目光投向了主管财政的户部和主管司法的刑部。隆庆六年（1572）七月，户部尚书张守直和刑部尚书刘自强双双致仕，其职务由户部左侍郎王国光和南京兵部尚书的王之诰接任。加上六月礼部尚书吕调阳接替高仪入阁，其职务由南京国子监祭酒陆树声接替。至此六部之中吏、兵、户、刑、礼五部尚书皆已换人。高拱时代的旧人，唯有长于水利的工部尚书朱衡依旧留在任上。

这些新任的六部尚书之中，王之诰是张居正的儿女亲家，杨博、谭纶和王国光与张居正此前亦多有交集。陆树声虽以翰林领袖自居，但在张居正主动以后进之礼上门拜谒的情况下，在表面上的"不假辞色"背后，心中却已然生出了几分"士为知己者死"的感动。

六部人事调整已毕，张居正便开始操办朱翊钧的登基大典。其间在面对如何称呼朱载垕的正妻陈皇后和朱翊钧的生母李妃的问题上，张居正颇为圆滑地采用了一碗水端平的策略，在其呈上的《看礼部议两宫尊号疏》中，张居正建议"于皇太后之上，各加二字，并示尊崇"，并借此获得了同样获得皇太后尊号的两位后妃的认可和支持。

就在张居正的执政渐入佳境之际，万历元年（1573）正月十九日，宫中却发生了一起骇人听闻的行刺事件。当天清晨，朱翊钧循例出宫视朝。不想御轿刚出乾清门，一个内使衣着的男子便突然从晨蔼迷雾中冲出，幸得随行的侍卫眼疾手快，当即将其擒拿，并从其衣袖之中搜出藏于腋下的刀、剑各一把。

经过简单的审讯，兼管御马监的冯保上报称此人名唤王大臣，乃是南直隶常州府武进县人，但其余情况一概不说。明神宗朱翊钧随即下旨，要求将此案移交东厂"差得当办事校尉着实缉访来说"。次日，张居正亦上奏表示："宫廷之内侍卫严谨，若非平昔曾行之人，则道路生疏，岂能一

以翰林领袖自诩的陆树声

径便到！观其挟刃直上，则其造蓄逆谋殆非一日。中间又必有主使勾引之人……伏乞敕下缉事问刑衙门，仔细究问、多方缉访、务得下落，永绝祸本。"

事情发展到了这一步，本属正常的刑事侦缉的流程，但是随着调查的深入，情况却很快变得扑朔迷离起来。冯保第一时间逮捕了已然失势的司礼监秉笔太监陈洪，又从锦衣卫抽调四名缇骑赶赴高拱的老家新郑，要求当地县令出兵包围了高拱的府邸。高拱家中的下人听闻消息，便纷纷偷盗了家中的金银细软作鸟兽散。高拱本人亦吓得当场便欲上吊，最后硬着头皮出门与锦衣卫见面，对方却表示："非有逮也，恐惊公，而使慰之耳。"

派出锦衣卫来安慰一位失势的内阁首辅，这样的操作显然于情于理都说不太通。是以，高拱对此耿耿于怀，日后在其回忆录《病榻遗言》中，将自己的诸多推测绘声绘色地整理出来，描绘出了冯保、张居正意图利用"王大臣案"对自己痛下杀手的阴暗画卷。

按照高拱的想象，王大臣被捕之后，张居正第一时间联络冯保，要求其："禁勿复言，此自有作用可借，以诛高氏灭口。"随后冯保便派出一个名为"辛儒"的心腹伙长，让他在诏狱之中接近王大臣，让他攀咬出高拱家中的李宝、高本、高来与其同谋。

与此同时，张居正又先后找来吏部尚书杨博商量此事，但杨博为人正直，不仅以"此事关系重大，若果为之，恐惹事端，且大臣人人自危，似乎不可"当面顶了回去，事后更将此事告知了左都御史葛守礼等人，令张居正进退失据、只能强行要求冯保控制的东厂迅速获得王大臣的口供。但偏偏张居正在违规看过东厂的揭帖之后，动笔增添了"历历有据"四字，被认识其笔体的葛守礼识破。至此张居正在"王大臣案"中陷入了全面被动，只能再次上疏，要求"稍缓其狱"。

最终在无法了局的情况之下，张居正只能听从杨博的建议，奏请明神宗朱翊钧，将此案交掌锦衣卫左都督朱希孝和左都御史葛守礼以及冯保复审。身为靖难功臣成国公朱能之后、第六代成国公朱希忠之弟的朱希孝，果然有些手段。他以一杯生漆酒灌哑了王大臣，让他既不能诬赖高拱指使，也不能陈述冯保唆供，就这样糊涂地交给刑部拟罪，最后斩首了事。

必须指出的是，上述描述大多为高拱个人想象以及后人在其基础之上的发挥和再创造。因此"王大臣案"的真相究竟如何，史学家至今仍有诸多争论。其中较为激进者认为此事乃是冯保与张居正联手策划的一起冤狱，

失势的内阁首辅高拱

甚至连那位所谓的"王大臣"也是冯保网罗的戚继光帐下逃兵。而即便是相对保守者，也觉得张居正在此事件中助纣为虐、突破了身为一个政治家的道德底线。那么真相究竟如何呢？要厘清这个问题，我们有必要先厘清王大臣的真实身份及其犯罪动机。

按照高拱在《病榻遗言》中的说法，"王大臣"本名章龙，是戚继光所部的一个逃兵。但《明鉴纲目》等后世史料则认为其乃京师内的一个奴佣。也有人综合这两种说法，认为其本是浙东章百户的一个家丁，因为偷了主人家的二十几两银子而流窜到了北京，其间想去戚继光的三屯营充当一名南军，因为个子太小而未被录用。

无论如何，出身卑微的章龙都不可能在毫无其他外力支援的情况下顺利进入皇宫。是以，万历二年（1574）八月，朝鲜国派遣到明朝的使臣许葑便曾指出："夫王大臣之事颇诡秘，似由内官引进，道路之言，皆指太监辈。"也就是说，章龙能够进入紫禁城，显然是得到了宦官的协助。

那么宦官将章龙引入大内，到底有何图谋呢？如果是得到了某人的授意，想要刺杀年幼的明神宗朱翊钧，那么策划此事的人必定会有一个全盘的计划。如朱翊钧一旦遇刺，该如何迅速控制朝局、自己登基或推出更利于掌控的代理人；而如果行刺失败，又应该如何补救。那么从这个角度来看，冯保和张居正显然都没有足够的作案动机，毕竟他们已然得到了朱翊钧的绝对信任。反倒是朱翊钧一旦遇刺，冯保和张居正将丢失手中最有力的政治依托。

因此，即便章龙入宫的目的是行刺朱翊钧，那么指使者也不太可能是冯保和张居正。要将已然失势的高拱置于死地，那么手握权柄的冯保和张居正有太多的办法可供选择，完全不需要自编自导一场"刺皇杀驾"的戏码，且在事后还处处受制。

联系到章龙被捕之后没有其他势力趁势发难，我们大体可以认定其并非是受人雇佣的刺客。那么，他入宫的真正目的又是什么呢？从其携带的刀剑柄首上镶嵌猫睛异宝来看，章龙可能是和太监勾结而入宫行窃的蟊贼。应该说，太监监守自盗的事情自古以来便并不罕见，明、清两代则更可谓登峰造极。明代学者沈德符所著的《万历野获编》中便曾记载："万历三十二年，尚衣监丢失御前珍珠袍一件。上震怒，命司礼掌印太监陈矩拷究。后查明系内府盗窃，私攘过多，难逃大罪……"

综上所述，"王大臣案"的真实情况很可能只是章龙入宫行窃，因为其曾为卫所百户的家丁，对于刀剑之类更感兴趣，是以便顺走了两把名贵的刀剑，却不想在出宫时撞上了明神宗朱翊钧，阴差阳错之间被当成了刺客。而此时神经高度敏感的冯保和张居正当即勒令彻查，更将高拱列为了重点怀疑对象。而随着审讯的深入，两人都意识到此事不宜深究。

站在冯保的角度来看，由其管理的太监之中出现勾结外人、入宫行窃的恶性事件，自己自然难辞其咎。而张居正则认为此事无论是否与高拱有关，都将会令内阁的矛盾公开化，不利于自己后续推进的改革举措。是以，在权衡利弊之后，两人都不约而同地选择了将"大事化小"，将"王大臣案"以一种含糊的方式最终了结。

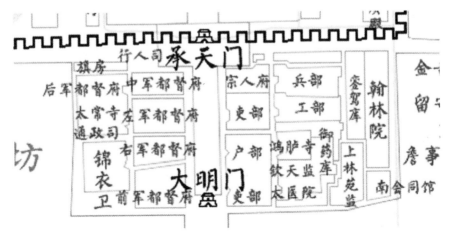

作为明代的特务机构，锦衣卫的驻地其实与其他政府机关不远

　　"王大臣案"虽然没有第一时间动摇冯保和张居正在万历初年的政治地位，但从一定程度上令张居正深刻感觉其在朝堂之上的权威远未达到一言九鼎。而想打破这一令人尴尬的局面，唯一的途径只能是厉行改革，取得实打实的政治功绩，而边军事务便成为其最好的突破口。

第四章："九边"与"六部"
——张居正的军事和政治改革

一、蓟镇

为了表示自己无心于权柄，张居正一度并不兼任六部尚书之职。但是张居正对内阁及六部的掌控较高拱更深，这一点除了张居正有着比高拱更为高明的施政手腕之外，还在于张居正深知御下之道，唯在于"量材录用"四字。而这一点在张居正整顿蓟辽军务之中，便可管窥一二。

隆庆元年（1567）十月，张居正奏请曾在东南沿海屡破倭寇的福建巡抚谭纶出任蓟辽总督。谭纶到任之后，张居正更全力支持其所提出的"令得专断，勿使巡按、巡关御史参与其间"的上疏，首次使得大明边军系统摆脱了地方文官集团的掣肘。

除了全力支持谭纶整饬蓟辽军务之外，张居正对谭纶麾下的抗倭名将戚继光亦是颇为重

台州东湖的《谭纶书像碑》

视。明穆宗朱载垕最初选调戚继光入京，不过是"念东南新定"，为"训练兵马，以备缓急之用"，所以给予其的职务也不过是神机营副将。虽然此后经过谭纶的竭力争取，兵部才给了一个不伦不类的中军都督府署都督同知。

戚继光的这个职务看似与中军都督比肩，不可谓不高。但细究之下并无实权。因此即便朝廷特意强调"自总兵以下，俱听尔（指戚继光）节制，其余文武大小官员，俱不许干预阻挠"，却实则也根本没有人会真正将其放在眼里。

正是看到了戚继光的这一尴尬处境，张居正特意奏请明穆宗朱载垕，以特旨的形式，任命戚继光为"蓟州镇总理练兵事务兼镇守"，这个官衔虽然拗口，但保留了戚继光"总理练兵事务"的头衔和节制三镇总兵的权力，还赋予了戚继光直接统管蓟州军务的实权。如此一来，手握一镇兵权的戚继光才真正能够在蓟辽军务中说上话。

然而，戚继光终究是一介武夫，对于朝堂事务缺乏经验。其初入京师便写下的《请兵破虏四事疏》，不仅没能起到积极正面的作用，反而落下了不小的口实。

在这份奏疏之中，戚继光给明廷提出了所谓上、中、下三策。其中上策是朝廷拨十万大军交给他亲自训练，练成后再将之分配到"九边"，以带动"九边"练兵，"九边"之兵既强，再以之训练京营，"冗兵可汰，冗食可裁，移修边之费以资供需，撤戍边之兵以资训练，而买马之费可省、屯田之政可修，非直强兵，亦以富国"。中策是请兵五万，也可以有效地遏制蒙兵南犯，"遗中国数十年之安"。而下策则是请兵三万，"非敢必有功，完缮收保，以待虏来，伺有可乘，因而击之"。

仔细分析，不难发现戚继光的这所谓"三策"，其实并无本质的不同，核心目标都是伸手问朝廷要兵。且不说此时的大明皇朝有没有闲置的十万大军可供操练。便是有，朝廷也很难放心交给戚继光这样的一个外臣。因此，这一纸《请兵破虏四事疏》递交上去之后，便如泥牛入海也就不奇怪了。

相较于戚继光的好高骛远，谭纶则要现实得多。隆庆二年（1568）四月二十四日，谭纶在戚继光练兵计划的基础上草拟了《早定庙谟以图安攘疏》。他提出从蓟（州）、昌（平）、保（定）等地抽调兵力十枝，每枝三千人，共兵力三万，在蓟镇建立三个大营，每营各分为三军，"如法训练，专备截杀"；然后，调浙江鸟铳手三千人，"以为冲锋破敌之用"。

最终，在张居正的力挺之下，谭纶的计划获得了朝廷的批准。是年五月，明穆宗朱载垕降旨："遣锦衣卫官二人，往浙去募宁（波）、绍（兴）、台（州）、温（州）、金（华）、衢（州）等处鸟铳手三千人，人给善器，恤其家属，优其资用。付杭嘉湖参将胡守仁、原任参将李超，将之而北，无误防秋。"同时在蓟镇抽调三万边军，分密云、遵化、三屯三营进行训练。

隆庆三年（1569年）二月，在戚继光旧将李超、胡守仁的带领下，奉命北调蓟镇的三千南兵到达密云郊外。恰逢天降大雨，但三千浙江鸟铳手却在雨中一动不动地从早晨站到中午，且军容异常严整肃静。一时之间，蓟镇当地的北方边军大受震撼，纷纷慨叹道："将军令固如是乎？是足以格虏矣！"

正是鉴于戚继光所部南军兵戎严正，且擅长使用鸟铳等新锐火器，隆庆五年（1571）十二月，戚继光再次向朝廷请求增募南兵

《神器谱》中的鸟铳手持铳行进

六千，编伍戍边。加上此次零星的增补，蓟镇所辖的南兵数额就达一万人左右。而随着这些新鲜血液的加入，戚继光狠抓部队训练和战术革新，令蓟州的军务为之焕然一新。

隆庆六年（1572）十月，兵部左侍郎汪道昆奉命前来蓟镇检阅军务。汪道昆不仅是戚继光的旧识，更可谓其仕途的贵人。

汪道昆又名汪守昆，与名臣张居正、王世贞同为嘉靖二十六年（1547）进士。嘉靖四十一年（1562）为追击逃出浙江、南窜福建的倭寇，戚继光率军入闽助战，与时任福建按察副使的汪道昆相识。由于曾经出过义乌知县，因此汪道昆颇受以义乌兵为主的戚家军爱戴。而身为文人却喜谈军略的汪道昆，与赳赳武夫又擅长文墨的戚继光更有着相近的兴趣爱好，使得两人在工作之余更是私交甚笃，在与倭寇作战之余，更留下了诸多互相唱和的诗句。戚继光更曾以自己所佩之宝剑赠予汪道昆，两人可谓是达到中国古代文武之交最为向往的"诗剑情谊"的境界。

嘉靖四十二年（1563）春，长期支持戚继光的直浙总督胡宗宪因后台严嵩倒台而受到牵连，被革职返乡。面对政治上沦为孤儿的窘境，戚继光内心的焦虑自然可想而知。有鉴于此，汪道昆利用自身在仕林中的地位，将戚继光引荐给了同年的王世贞等人，正是通过汪道昆和王世贞等人的关系，戚继光最终获得了隆庆年间开始秉政的张居正的赏识和信任。

老友重逢，戚继光自然要展现一下自己的治军成果。其召集蓟镇各路兵马的军伍战阵实战合练。合练程序井然有序，完全按照实际作战程序进行：先是传烽演习，一时间"山谷响应，不移晷而关塞悉周，台墙耳目自申令而一新矣"；然后是车骑步兵营的实战演习，战车、人马相互合作，追击、扼塞、遥截、迎击，应变灵活，发射火器更是"雷电交作，一发机而无坚不逾"；接着又进行了气势磅礴的步战、马战演习，最后是防守台墙演习，包括敌人攻破台墙后的应战演习，"验诸器械，则弓矢炮石、干橹戈矛，各程其用"。

汪道昆跟随戚继光登高俯瞰整场演习，只见"山海间枹鼓相闻，十二路旌旗云列"，自然十分庄严肃穆，而整个边镇更是"幕府有左右标，辎重无缺，奇兵有营，武场车厢咸饰，远戍新伍之区莫不秩秩如也"，其军马之整齐风发的面貌自然令人惊叹。难怪汪道昆称赞戚继光说："卒能起弊而建万世之利，事半而功倍焉。"

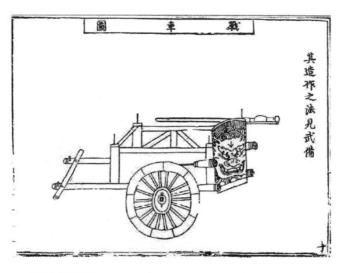

明军车营的战车

当然，一支军队的强弱不能仅靠演习来展现。在不断整顿兵戈、修葺边堡之余，戚继光还率军与依附于鞑靼部的朵颜部首领董忽力展开了连场激战。

董忽力，在明史中又被称为"董狐狸"。作为朵颜部首领革兰台之子，董忽力曾于嘉靖、隆庆年间多次由蓟州方向攻略长城、劫掠边境。在大明与俺答达成"隆庆封贡"前后，朵颜部虽然偃旗息鼓了一段时间，但握有鞑靼右翼三万户的图们随着不满大明对自己的冷落，蓟州前线便又兵戈四起。

　　万历元年（1573）二月至七月间，董忽力亲率百余蒙古骑兵，先后进犯挈子谷（今河北抚宁东北）、桃林口（今河北卢龙偏东）、界岭口（今河北抚宁偏北）、窟窿台（在今河北抚宁东北）等地，皆被戚继光率部击退。其中界岭口一战，朵颜部骑兵全军溃散，董忽力更险些被俘。巡抚杨兆特此上疏称："今桃林口、界岭口二捷，可以见大将练兵之功、偏裨同心之助，亦可见南兵破敌之勇、北军改弦之效。虽斩获不多，酋首脱走，然狼狈遁逃，足以寒毡裘之胆，舒华夏之气。"

百余人规模的蒙古骑兵常常令明军防不胜防

　　不过，董忽力之所以频繁袭扰蓟州军镇，很大程度上还在于牵制戚继光所部，以便图们全力袭扰辽东。正是鞑靼右翼三万户的大举进犯，促成了李成梁家族的崛起。

二、辽东

李成梁生于嘉靖五年（1526）七月十四日，一般认为其先祖原籍朝鲜，明初渡过鸭绿江内附，移居铁岭。在此后的日子里，李氏一族逐渐投身军旅，到李成梁的高曾祖李英一代，终于以军功授铁岭卫指挥佥事，此后其曾祖李文斌、祖父李春美、父李泾都先后历袭指挥佥事一职。

如无意外，自幼弓马娴熟的李成梁本应子承父业。然而，其父李泾因"代姊子坐戍"而获罪。这件事情的大致过程是这样的，嘉靖二十年（1541），本应跟随镇戍军官金湖出征的李泾突然病倒了，金湖也没太当回事，便命李泾的外甥金汝泉代为出征。当部队行进至平定山①附近时，却突然遭到当地部族的袭击。金湖不幸战死，金汝泉虽侥幸逃回，但依旧难逃大明军律的惩戒。李泾不忍自己的姐姐难过，便主动揽下了全部的罪名。

李泾被杀之后，李氏随即家道中衰。身为长子的李成梁也因为家贫而不能袭职，直至四十岁仍是身无一官半职。好在嘉靖四十五年（1566）五月，巡按御史李辅奉命对"辽阳都司儒学见在文武生员"进行考拔。其间"英毅骁健、有大将才"的李成梁脱颖而出，并最终在李辅的帮助之下，重新得到世袭的"指挥佥事"一职。

李成梁人生境遇的改变，表面上看是缘于御史李辅的知人善任，但结合外部环境，我们却不难发现，李成梁之所以能够得到起用，是大明政府在面对辽东地区复杂而恶劣的国防态势之下的无奈之举。

嘉靖年间由于吏治腐败和经济凋敝所导致的边备废弛，在地处所谓"夷夏之所交"的辽东显得格外突出。嘉靖十三年（1534），由于右副都御史吕经的肆意盘剥，辽阳当地爆发了大规模的兵变，并很快波及抚顺、

---

① 平定山：亦称"品定山"，在今辽宁新宾满族自治县西南。

广宁等地。虽然明世宗朱厚熜迅速派出锦衣卫逮捕了吕经并将其流放，同时处决了一批闹事的兵卒，从而平息了事态，但辽东乱局的根本问题并未因此而解决。

嘉靖十八年（1539）七月，广宁地区再度发生兵变。下级军官佟伏与军丁于秃子、张鉴等人迫于饥寒，联系四十余兵卒"鼓噪登城"。如果不是总兵官马永迅速调集"夜不收"及家丁三百余人赶往平叛，形势很可能会进一步恶化。有趣的是，此前之所以挑选马永出任广宁总兵，据说就是内阁辅臣看重其"有家丁百余、咸骁锐善骑射"。

这种的武官世豪们私役屯军、军余和帮丁，军丁不堪重负揭竿而起，武官世豪再以家丁等核心武装加以镇压的恶性循环，直接导致大批辽东地区的军户选择了逃亡。明代辽东档案《明信牌档》便有记载："开原等五城并二十边堡军马，原额军舍余丁共该一万五千五百一十六员名，见在一万一千九百七十二名，逃故三千五百四十四员名。"

然而卫所军户的大举逃亡，却成了当地官僚中饱私囊的绝佳机会。巡按辽东的监察御史王重贤便曾向明世宗朱厚熜上奏说："辽东镇守太监白怀、镇守总兵麻循、监枪少监张泰、辽阳副总兵张铭、分守监丞卢安、参将肖滓、李鉴、游击将军傅瀚等人各占种军民田土，多者二百五十余顷、少者十余顷。"

军屯土地被大量兼并，令辽东地区的军粮供给不足。隆庆年间大明政府相关部门曾上报称："永乐十年，辽镇岁收屯粮七十一万六千一百余石，以养该镇官兵九万余，京运亦止一万石而已。其后屯政日废、荒占日多、至隆庆初，岁收止二十七万余石。而京运渐增矣！"

为了缓解军粮的不足，大明政府不得不在辽东地区开征各类商税，一时间"山海关、广宁、辽阳等处，俱有镇守太监店房，擅自抽分，商民困敝"，而辽东各地的商旅不振，更进一步辐射到了边境的马市。为了贴补粮饷，更为了捞取油水，各地边军勾连地方官吏，频频在与女真、蒙古诸部的交易中操控价格，最终引发冲突，如嘉靖二十五年（1546）七月十二日辽东总兵张凤、巡抚于敖便公然命手下军官"克减盐物"，最终引发大规模的边境冲突。就是在这样的恶性循环之下，重新得以世袭军职的李成梁开始了其漫长的行伍生涯。

或许是由于李氏家族隐忍多年的厚积薄发，也可能是李成梁本身便具备极高的军事天赋，总之，其袭职后仅一年便因"积功"而被任命为险山堡参将。然而，天下没有白吃的午餐，李成梁赴任的这个险山堡不仅位于抵御建州女真的前沿要冲，更被巡按御史李辅在其著作《补义经略东方》中形容为："山路崎岖，林木蒙密。利于守而不利于战，利于分布不利于策应。"李成梁对于险山堡有着怎样的最初印象，世人不得而知，但他这个参将的椅子尚未捂热，一场突如其来的战争便令他脱颖而出。

隆庆元年（1567）九月，为了配合俺答所部主力对山西的入侵，鞑靼本部首领图们勾连长期在蒙古与明廷之间首鼠两端的朵颜部，出动数万骑兵，由抚宁县（今河北省秦皇岛市抚宁区）境北的界岭口突破长城，并迅速席卷永平府下属的抚宁、卢龙、乐亭各县。

由于永平府地处大明辽东、蓟县两大边镇的交界地带，是以辽东总兵王治道、蓟镇总兵李世忠先后出兵阻截。然而，不相统属的两支明军在战场全无配合，以致一度出现了诸将皆败的不利局面。无奈之下，辽东巡抚魏学曾不得不亲自坐镇山海关，并调集包括李成梁在内的各地驻军驰援前线。

从地处今辽宁省丹东市境内的险山堡距离今河北省秦皇岛市永平府境内的战场，直线距离便近450公里。加之沿途山岭河流的阻碍，跋涉之艰辛可想而知。但李成梁还是率部及时赶到，与总兵王治道会合。而就在此时，由义院口方向突破长城出塞的鞑靼骑兵却误入了地势险峻的棒棰崖，黑夜之中不少人马坠入山谷，尾随而至的明军趁势割取头颅以为战功。

经过明朝兵部勘验，最后认定为"虏首"的总计七百三十二颗，参与此战的辽东、蓟县两大边镇的将校由此皆受封赏。李成梁虽未直接参战，但念在其千里驰援的辛劳，隆庆二年（1568）三月，李成梁还是因功晋升为副总兵，虽然起初仍是"仍管（险山）参将事"，但很快局势的发展便令李成梁有了真正一显身手的机会。

隆庆三年（1569）正月，兀良哈蒙古泰宁卫酋长速把亥与图们的堂弟歹青会盟于铁岭以西的雕背山（今辽宁省铁岭市下属的调兵山市）。此举的意图显然是为大举南下作准备。而随着明军的注意力被牵扯于雕背山一线，东线的女真诸部也跟着蠢蠢欲动起来。

当年四月初，女真酋长张摆失、艾失哈等人纠集部众，扬言要夺取明朝所控制的盐池、孤山等地。从这种未曾出兵便已明确目标的情况来看，张摆失等人或许更多的是想通过武力示威，迫使明朝在边境贸易或边界划分上做出让步。但他们显然没有想到刚刚升任副总兵的李成梁竟会毫不客气地先发制人。四月十四日，李成梁率中军指挥苏承勋、参将谢廷相等人突袭女真夹河山城，一举斩首张摆失以下一百六十四人的首级，夺得战马百余匹。

就在李成梁初尝胜果、踌躇满志之际，另一场边境冲突又为其仕途开辟出了一条康庄大道。隆庆四年（1570）九月，俺答长子乞庆哈率部攻入锦州大胜堡，此时接替魏学曾出任辽东巡抚的李秋恰好在锦州附近的义县逗留，是以辽东总兵王治道第一时间率部赶来。李秋对王治道颇为客气，见其摆出一副当即便要出兵的架势，便说了句"千里趋利，兵家忌之"的套话。

就在气氛颇为融洽之际，负责守备锦州、义县的参将郎得功却指着王治道的鼻子骂道："汝尚得为人耶？新开府至，汝佣卒不战，见谓为怯，愧死耶！"言罢，郎得功竟一个人跑去寻乞庆哈的晦气了，王治道无奈之下也只能带着十余骑跟了上去。结果，在名为齐家堡的地方中了鞑靼军的埋伏。

有趣的是，在危难关头王治道和郎得功倒是表现出了浓浓的袍泽之情。先是郎得功竭力劝王治道突围，自己留下断后。王治道百般不愿之余，最终才在援军即将抵达前，向郎得功表示自己先杀出去喊人。却不想行至半途，王治道马失前蹄，郎得功下马搀扶对方，结果导致两人均被鞑靼骑兵射杀。

王治道和郎得功的意外战死，令李成梁顺理成章地接任了辽东总兵一职，然而，这一职务在当时却是烫手山芋。如《明史》所言："十年之间，殷尚质、杨照、王治道三大将皆战死。"也就是说在李成梁之前，辽东总兵的平均任期不足四年，而等待李成梁的又将是怎样的挑战呢？

将敌军引入己方伏击圈，再以骑射的方式歼灭，是蒙古骑兵的惯用战术

三、建州

隆庆四年（1570）十月，李成梁被正式擢升为辽东总兵。此时大明王朝虽然已与俺答达成和议，但以图们为首的鞑靼本部依旧对辽东地区虎视眈眈，并勾连朵颜三卫及海西女真，试图占据辽河的河套地区，并以之为基地频繁袭扰大明疆域。

针对上述情况，李成梁上任伊始便"大修戎备、甄拔将校"，更不惜重金"收召四方健儿"，最终通过"给以厚饩，用为选锋"的方式，在最短的时间内编练出一支能打硬仗的精锐部队，一扫大明辽东边军长期以来士气低迷的委顿状态，《明史》赞誉为"军声始振"。

有趣的是，就在李成梁满怀信心想与图们于辽河河套一决雌雄之际，大明辽东的文官体系却开始了击鼓传花般的人事变动。或许是被王治道、郎得功的战死吓破了胆，刚刚就任辽东巡抚的李秋便急不可耐地上疏致仕，而接替他的毛钢也干了不到四个月，便因为父亲去世未能丁忧候代而遭到弹劾。无奈之下，吏部只能罢免了毛钢，将时任山西按察副使的张学颜调了过来。

从简历来看，张学颜此前并无出彩的工作业绩。是以，在推荐其接任辽东巡抚之际，高拱特意给予了其"卓荦倜傥，人未之识也，置诸盘错，利器当见"的政治背书。而张学颜到任之后也迅速推行了"请振恤、实军伍、招流移、治甲仗、市战马、信赏罚"的一系列改革，并积极与李成梁协商，做出了于辽、浑河之间修筑平阳堡（位于今辽宁省鞍山市台安县新华农场城子村附近），于正安堡（位于今辽宁省锦州市北镇满族自治县东北三十里正安满族镇）部署游击骑兵，以拱卫广宁诸卫的军事部署。

而就在李成梁与张学颜全力强化辽东边防之际，图们所部再度于隆庆五年（1571）八月突破清河（今辽宁省本溪市本溪满族自治县清河城镇）

地区的大明边墙。明廷对于图们不愿如俺答那般接受册封的行径非常不爽，此后便干脆称其为"土蛮部"。而已然初步打造出一支精锐边军的李成梁果断率部出击，在迫使对手腾山穿林而逃之后，李成梁更驱师穷追，直至土蛮部的营地仍指挥明军以火铳四面环攻，重创对手而回。

尽管初战告捷，但李成梁深知土蛮部绝不会善罢甘休，于是全力加紧练兵备战。果然当年十二月，土蛮部再度趁着严冬大举进犯，李成梁于辽东的卓山一线布防，最终取得"斩首五百八十余级，获马六百余匹、甲二百余副"的骄人战绩。而也是从此战开始，尽管大明与土蛮部之间的攻守态势仍未出现根本性的逆转，但是凭借着大量精锐斥候的侦察，李成梁基本能够做到料敌于先，并有针对性地调整己方部署。

如隆庆六年（1572）十月间，在发现土蛮部数百精骑于辽阳以北扎营，有大举进犯的迹象后，李成梁便率部亲自赶赴镇远堡前线。在判断出该土蛮部仍在等待后援的情况下，辽东边军遂主动出击，以一场漂亮的夜袭将该土蛮部精骑击溃。

万历初年，土蛮部认为明神宗朱翊钧年幼可欺，是以，加大了对辽东的进犯力度。万历元年（1573）正月初二，土蛮分兵进犯铁岭等地，李成梁亦强化曾迟堡、平定堡、镇西堡等地的防御，在迫使对手知难而退之后，辽东边军更一路追击到了雕背山，取得了"斩首五十七级、夺马二百七头"的战果。

或许是因为在大明边军手上讨不到便宜，进入万历二年（1574）之后，土蛮部开始转而袭扰聚居于开原以北的"海西女真"。所谓"海西"，指的本是松花江中下游地区以西。但随着时间的推移，原本定居当地的女真部族逐渐向外扩张，分化为被大明视之为"山夷"的叶赫、哈达以及被归入"江夷"的乌拉、辉发，而以上四个部族都自称源自曾活跃于黑龙江流域的扈伦部，因此又被称为"海西四部"或"扈伦四部"。

"海西四部"历史上曾长期依附大明，并成为辽东边墙以外对抗蒙古的主力。但是自正统十四年（1449）瓦剌部所拥立的蒙古大汗脱脱不花率三万骑兵攻入辽东大肆屠戮以来，女真诸部便在大明和蒙古之间摇摆不定。万历元年（1573），土蛮部贵族脑毛大率数万骑兵进入叶赫部的领地，并公然威胁叶赫部首领杨吉砮说："我来就是因犬子未受室，若有幸娶到都督（万汗）之女，我们可以连兵入汉塞。如果不答应，我即以数万骑兵蹂败穹庐也。"

脑毛大口中所说的"万汗"，乃是"海西四部"之中的哈达部首领。面对大举南下的土蛮部骑兵，叶赫虽无力抵挡，但兵强马壮的哈达部表现得颇为强硬。万汗虽然接受了脑毛大牲畜、甲胄、貂裘等聘礼，但与脑毛大约定不得经哈达的境地侵犯大明。

辽东巡抚张学颜对万汗的这一表态颇为欣喜，进而计划重启因为战乱而一度关闭的边市贸易。可就在这个节骨眼上，建州女真贵族王杲突然率部劫掠大明边境。虽然早在嘉靖末年王杲便有伙同土蛮部袭扰辽东州郡的记录，但经过明廷的一番安抚之后，王杲在隆庆年间表现得颇为收敛，此时突然再度爆发，显然有与万汗争雄的意味在内。

由于对女真诸部的关系不甚了了，身为辽东巡抚的张学颜做出了命万汗出面，要求王杲交出劫掠的大明边民和财物，并宣誓不再犯边。在万汗亲率的三千铁骑的威慑之下，王杲带着一千余骑兵抵达抚顺城下，与东宁道李鹗、开原兵备王之弼等人歃血为盟，算是给足了大明的面子，但事后巡按辽东的御史朱文科却以"有损国威"为名，弹劾李鹗、王之弼等人。

在朝廷的严责之下，张学颜也被迫改弦易辙，将逮捕王杲列为了重开边市的先决条件。却不想此举引发了女真诸部的群体性反弹，一时间诸多女真部落的马匹壅塞于开原城外，局面非常混乱。关键时刻，万汗出面带领相关部落的多名首领来到辽东巡抚衙门，一番有理有据的交涉之后，张学颜这才收回成命，主动重开马市。

就在女真诸部与大明的关系逐渐走向正轨之际，王杲却再度发难，竟公然袭杀了抚顺守备裴承祖等人。在忍无可忍的情况下，辽东总督杨兆命李成梁出兵进剿。万历二年（1574）十月，李成梁率部攻克王杲所盘踞的古勒山城。面对易守难攻的古勒山城，李成梁命副将杨腾、游击王惟屏于外线设伏，而令参将曹簠前去挑战，王杲见明军兵力有限，果然率部出击。孰料明军伏兵四起，王杲大败而归，只能退守古勒山城。

面对负隅顽抗的对手，李成梁凭借着明军的火器优势，很快便攻破了其外围的木栅。随后把总于志文、秦得倚带领着精锐步卒，冒着如雨的矢石冒死先登。眼见战斗已经进入最为关键的时刻，王杲亲自登上了古勒山城中央的高台，引弓射杀了于志文。可惜，此举非但没有阻止明军的攻势，反而令杀红了眼的李成梁纵火焚城。

最终王杲本人虽侥幸逃出，但其部众大半被杀。次年，逃窜入建州左卫的王杲被自己的世交好友觉昌安所俘获，交给追击而来的李成梁所部。尽管在王杲被处决之后，大明并未进一步对建州女真采取军事行动，但很多当地贵族为

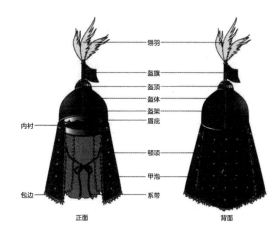

所谓"顿项盔"就是后部带有软甲防护的头盔

所谓"撒袋"就是用于盛放箭矢的箭袋，蒙古语中称"撒答"，明人音译为"撒袋"

了取悦明廷，纷纷将子侄作为人质送入辽东官员的府中，而这其中便有建州左卫都指挥使觉昌安的两个孙子——努尔哈赤和舒尔哈齐。

在平定了王杲之乱后，李成梁趁势将辽南的边墙向东拓展，形成了宽甸六堡的全新防御体系。其实李成梁的这一移防计划，早年万历元年兵部侍郎汪道昆等三人分阅边防之时便已提出，并指出这样做的好处不仅是"可拓地七八百里，益收耕牧之利"，更能有效地支援瑷阳等前沿据点。

或许是注意到了大明辽东边军对建州女真的压制，万历三年（1575）二月，土蛮部再度大举来犯之时，便将突破口选在了隶属于沈阳中卫的长勇堡。得知消息的李成梁连忙亲自率部赶赴当地，最终挡住了对手的攻势。

李成梁之所以对长勇堡的得失如此紧张，除了长勇堡地处交通要冲，扼守着金、元时代联通关外的驿路之外，更重要的是李成梁看出了土蛮部将进攻轴线转向沈阳一线，是有意逼迫海西女真与之共同进退。而要破解这样的局面，最好的办法便是予以迎头痛击。

果然，土蛮部在长勇堡损兵折将之后，整个万历三年的夏、秋时节，辽东边境都较为太平，直至当年十二月，土蛮部才纠集了两万余骑兵，再度猛扑沈阳中卫的平虏堡。然而，李成梁早已在当地部署了大量的新锐火器，土蛮部骑兵在大炮的轰击下伤亡惨重、被迫撤退，李成梁乘胜追击，一度将敌方的辎重部队赶入辽河之中，一时"敌马牛橐驼尽倾跌，充盈河沟十余里"，可谓是大获全胜。

这里值得一提的是，沈阳自明代中叶以来便是辽东重要的军械生产基地。按照相关史料的记载，嘉靖年间沈阳中卫一年便可生产：顿项盔一百六十顶、铠甲一百六十副、腰刀一百六十把、弓连弦八十张、箭四千八百支、撒袋八十副；二将军（炮）一门、佛郎机（炮）二十四门、神炮七十四个、铜铳二百八十三个、神枪五十五支。足以满足辽东边军的作战需求。

四、考成

李成梁在辽东的战绩很快便引起了北京中枢的重视，虽然在张居正的文集中未见有直接写给李成梁的信件，但在张居正写给其他人的信件中，却多处表示出他对李成梁的特殊关怀和爱护，并针对当时边防积习及李成梁的个人特点，常常给出有针对性的处理意见。

李成梁的成就显然与张居正是分不开的。张居正入阁为首辅，锐意改革，整顿吏治，整军经武，巩固边防，抵御侵略，为李成梁施展才能提供了有利的条件。其中最重要的一点，便是张居正针对嘉靖、隆庆年间大明从上到下、从内地到边疆存在的政治、经济、军事等方面固有顽疾，大刀阔斧、移风易俗。如大力推行"考成法"。

"考成法"，以修订"吏律"为依据，对全国各级官员的职责政绩实行严格的监督，定期进行考核以定黜陟奖惩，用人唯才、不拘资格，进而达到奖勤、罚懒、抑贪、倡廉，整饬吏治的目的。万历元年（1573）十一月四日，张居正提出了考成法的具体方案，拜疏陈言：

"天下之事，不难于立法，而难于法之必行；不难于听言，而难于言之必效。近年以来，章奏繁多，各衙门题覆殆无虚同，然敷奏虽勤，而实效盖甚少。上之督之者虽谆谆，而下之听之者恒藐藐。请申明祖宗成宪，凡六部、都察院遇各章奏或题奉明旨，或覆奉钦依，转行各衙门，俱先酌量道里远近，事情缓急，立定程限，置立文簿存照，仍另造文册二本，一送该科注销，一送内阁查考。其各抚、按官奉行事理，有稽迟延阁者，该部举之；各部、院注销文册，有容隐欺蔽者，科臣举之；六科缴本，其奏有容隐欺蔽者，臣等举之。如此，月有考，岁有稽，不惟使声必中实，事可责成，即建言立法者，亦虑其终之罔效，不敢不慎其始矣。致治之要，无渝于此。"

"考成法"从制度上大幅度地提高了内阁的行政责任和监察责任，通过吏、户、礼、兵、刑、工六科分别对吏、户、礼、兵、刑、工六部实行严密的监察。六科本来就是为与六部相对应而设置的，各科设有都给事中、左右给事中、给事中若干人，按六部的业务进行对口监察。六科给事中官品较低，但可以指名弹劾上至大学士，以及军中将帅，甚至亲郡王勋贵，下至州县官，这是中国封建政治制度中以内驭外、以轻制重、以疏监亲、以贱察贵的常见设置。

"考成法"的实施，也大大地加强了对各级政府的管理，提高了职能部门的行政效率。一切工作都要接受上级和监察部门的稽查考核，以实在政绩评定优劣功过，务期功过赏罚分明。而以尚书谭纶为首的兵部，是遵谕推行"考成法"最有成效的部门。如万历元年（1573）十二月，张居正便下令"兵部奏行查未结事件，立限奏报，仍置青册送阁、科，按候注销，于是各部院率凛凛效之"。

如此立限考事，以事责人，信赏必罚，果然一扫纪纲不肃、法度不行、功过不明等腐朽风气。"自考成之法一立，数十年废弛丛积之政，渐次修举"，绝大多数官吏都感受到考成的压力，不敢不注意自律，不敢不勤慎奉公，"自是，一切不敢饰非，政体为肃"。原本已近于瘫痪的国家机构便迅速转入有效地运转，"虽万里外，朝下而夕奉行"。

明代史学家谈迁认为推行"考成法"是张居正重大功业之一："江陵立考成法，以为制治之本。向者因循玩偈，至是始中外淬砺，莫敢有偷心焉。要详兼举，张弛共贯，宰相一身，周流天下，不过如此，遂无遁情矣。"张居正一贯主张严明纲纪，奖惩并用，力求做到赏有常格，罚有准则。

张居正在奖勤罚怠、倡廉惩贪以澄清吏治的过程中，充分发挥监察系统的作用，其考察范围上至各该省的巡抚、布政使和按察使、都指挥使、总兵，下到府、州、县的正佐和武职的参将、游击、守备等官。当时执行考成法确是雷厉风行，各级官员俱不能幸逃于严格考察之外。

张居正所推行的"考成法"，显然是有利于李成梁这般骁勇敢战的边将。在清朝学者整理的《明史钞略·李成梁传》便曾强调："万历初，张居正当国，以法绳边吏，无所纵舍。独奖拔（李）成梁逾于诸帅，（李）成梁亦自奋。"其中在平定建州女真王杲之乱时，张居正便力主李成梁当居首功："以平建州王杲，遣英国公张溶告太庙。辅臣张居正言，辽东功次，近年所无，总兵（指李成梁）为最，巡抚次之，总督又次之。升赏之典宜以此为准。兵部居中调度，亦宜升赉。疏中推叙臣等，实为滥及，决不敢当。"

除了战功之外，张居正对李成梁的用兵也颇为赞赏。如《明神宗实录》便记载："上御文华殿讲读，时辽东大破虏百余骑，然我兵死伤亦略相当。上顾谓辅臣张居正等，虏今一大创，或可数年无事，第战死者多，朕深念之。居正对言，往时损军之法太严，故将领观望不敢当虏。苟幸军完无损而已。今辽东军杀伤至四五百人，斯乃血战，臣以为宜宽论损折，以作战败之心，而厚加恤录。以酬死事之苦。上嘉纳之。"张居正这段话的意思是，不应该将伤亡数字作为衡量胜败的标准，而应该对其进行优厚的抚恤，以鼓励边将全力死战。正是在张居正的支持之下，李成梁于辽东更能放手一战。

万历四年（1576）春，在探知土蛮部黑

在李成梁的统率之下，大明辽东边军精锐已具备与蒙古骑兵相当的战斗力

石炭、大委两位酋长带领兵马于大清堡（今辽宁省义县东北清河城子）外扎营，意图进犯义州、锦州的消息后，李成梁亲率精骑两百人，长途奔袭土蛮军的营地。黑石炭、大委两人显然没有想到李成梁会来得如此迅猛，疏于防范之下，被李成梁攻入营地，一举斩杀土蛮部包括四名部族首领在内的六十余人。

令人欣喜的是，在连年的征战之中，李成梁的部将也迅速成长起来，万历四年冬天，当土蛮部进犯威远堡（今辽宁省开原市威远堡镇），李成梁便放心地命已然于万历三年升任为副总兵的曹簠率部前往抵御，而曹簠也不负众望，最终成功地击退了对手。

万历五年（1577）四月，土蛮部大酋长速把亥带领打来罕、黑石炭、歹青、烘兔、暖兔、以儿邓等部落首领云集于隶属广宁卫的西宁堡（今辽宁省盘山市沙岭镇）城下，强行要求明廷给予其封号和赏赐，李成梁再度率领精锐骑兵迅速抵达了战场。

值得一提的是，此战之中李成梁不仅带上了长期"居幕府，策划边境

马政对于"九边"的大明军镇而言可谓生命线

平安，多出运筹帷幄之力"的弟弟李成材，更让自己的儿子李如松、李如柏，侄子李如桂、李如梧从军出征。毕竟，李成材已于万历四年（1576）因功由指挥佥事升任为指挥使，足以独当一面。而李成梁业已获得了朝廷"太子太保，世荫锦衣千户"的封赏，是时候在自己的子侄辈中培养接班人了。

当然，李成梁统率这些子弟兵赶赴前线的另一个主要原因是西宁堡的地理位置很重要。自嘉靖末年（1566）辽东行太仆寺衙门迁至西宁堡以来，当地便是辽东军镇的马政中心。但正因为西宁堡中云集了诸多马政机关，直接导致了土蛮来袭之际，当地驻军不敢轻易出击，以至于出现了"虏骑突入，扑抢人畜，高平（指高平堡）兵马不敢东，沙岭（指西宁堡）兵马不敢西"的局面。李成梁亲自赶来，显然也是为了防止辽东行太仆寺衙门和当地的军用牧场有失。

最终在李成梁所部骑兵采用直捣巢穴的战术，一举攻入了敌军营地。损失惨重的土蛮部被迫卷旗而退。然而，就在李成梁以迅猛突进的奔袭战术再度成功瓦解了大明辽东的边境危机之时，在京师的庙堂之上，一场新的风暴已悄然酝酿成形……

五、"夺情"

万历五年（1577）九月二十六日，张居正的父亲张文明病逝。一时之间朝野上下各派势力纷纷闻风而动，利用此事大做文章。客观地说，因为按照大明的官制，凡父母去世，官员要辞官解职，返回原籍守孝三年（实际是二十七个月），是为"丁忧"或称"守制"。而身为宰辅的内阁大学士们由于手握权柄，是以，在此事之上往往会格外引人关注，但如张居正这般闹得满城风雨的却也委实凤毛麟角了。

事实上，张文明的讣告一到，张居正便向明神宗朱翊钧呈上了《乞守制疏》，表示要遵循官场惯例，回乡守孝。然而，张居正的这一表态却被解读为沽名钓誉。如出版于大明天启二年（1622）的《本朝分省人物考》中便称张居正是"乃阳上书请乞守制，而露意冯保请固留之"。而另一些文人笔记之中更直指冯保和张居正都私下派人找过吏部尚书张瀚，希望由其出面来发动舆论，请求皇帝以"夺情"的名义，特批张居正留在北京。

从履历来看，张瀚的仕途可谓坎坷。此公正德五年（1510）生于浙江省仁和县，嘉靖十三年（1534）乡试中举，次年考中进士。但他在考场上的春风得意并不代表其从政亦能一帆风顺。在南京工部主事的位置上张瀚待了十余年，直到嘉靖二十九年（1550）前后，才接替了同样曾为南京工部主事的顾玉柱，当上了直隶大名府的知府。

好不容易被外放为手握实权的地方官，张瀚自然无比珍惜。可惜他时运不济，到任后不久便发生了俺答率部进逼京师的"庚戌之变"。面对明世宗朱厚熜发出的勤王诏书，急于表现的张瀚连忙翻出户籍，以男丁三十抽一的方式，拉起了一支八百人的队伍。

张瀚所召集的这支乌合之众如果抵达京师战场，显然都将成为鞑靼铁骑的箭靶，不过好在他们才走到真定便遇到了明世宗朱厚熜派来的使者。事后，张瀚更凭借这一功绩升任陕西左布政使。其主政不到半年，便又被调入了北京，先后出任刑部、兵部侍郎。这般频繁的工作调动，显然不利于已过不惑之年的张瀚经营人脉关系。是以，其曾写下一副对联自嘲："功名身外事，大就何妨，小就何妨；富贵眼前花，早开也得，晚开也得。"

在兵部以左侍郎的身份管理了一段时间的漕运之后，张瀚似乎终于迎来了自己的"富贵花开"。隆庆元年（1567），随着能征善战的谭纶调任蓟辽总督，张瀚顺势接下了总督两广军务的重担。可惜，久在中枢的张瀚抵达两广总督府才知道当时广东、广西的军务悉数掌握在两省巡抚和各镇总兵手中。为了摆脱自己光杆司令的尴尬处境，张瀚先是上疏朝廷恳请效仿北方边境，将军、政、财权统一在总督手中。可惜这一纸奏章尚未有所答复，张瀚便已被"巨寇"曾一本、材道干及倭首乌七麻搞得焦头烂额。最终朝廷不得不将其调任为南京工部尚书。

如果不是张居正在万历元年（1573）与吏部尚书杨博因为"王大臣案"而公开决裂，最终导致杨博黯然辞职归里，张瀚可能在南京工部尚书的这个闲职上干到退休。据说当时朝野公议的吏部尚书人选，首推都御史葛守礼，其次则是工部尚书朱衡，最后才是远在南京的张瀚。但是张居正力排众议，独独选中了张瀚。而在张瀚入京之后，张居正更为其挡下了御史郑准、王希元等人的攻讦，提携之情可谓溢于言表。

但是当张居正通过冯保向张瀚提出，希望由其带头倡议明神宗朱翊钧下旨"夺情"，以便张居正能够留任。张瀚却故意装傻，表示"政府奔丧，宜予殊典，礼部事也，何关吏部"。由于从法理上来看，张瀚的这话并没有说错。因此张居正起初一度原谅了对方的"拎不清"，并再度派遣心腹门客与张瀚接洽，明确表示了自己的意图。孰料，张瀚依旧不为所动。

眼见张瀚已然摆明车马地和自己对着干，张居正只能命户部侍郎李幼滋出面挑头。李幼滋不仅是张居正的同乡、同榜进士，更是儿女亲家，是以，当即便上疏请求皇帝对张居正予以"夺情"。有了这只"出头鸟"，张居正的政治盟友们便可以放手操作了，与张居正同为阁臣的吕调阳和张四维上疏援引前朝事例，请明神宗朱翊钧令张居正"夺情"视事。而在御史曾士楚、吏科都给事中陈三谟亦上疏请留，自此"和者相继"。

早已等待这一刻的冯保，随即便以明神宗朱翊钧的名义对张居正的《乞守制疏》给出批复："先生亲承先帝付托，辅朕冲幼，社稷奠安，天下太平，莫大之忠，自古罕有。今宜以朕为念，勉抑哀情，以成大孝。朕幸甚，天下幸甚……朕切倚赖，岂可一日离朕？父制当守，君父尤重，准过七七，照旧入阁办事、侍讲读，待制满日随朝。"

然而，就在这样的情况之下，却有人公开反对"夺情"一事。翰林院编修吴中行于万历五年（1577）十月十八日上书称张居正父子分开已有数十年，如今父亲故去，张居正应该回乡参加葬礼后再回来，不应该像现在这样不回乡就直接"夺情"，"即云起复有故事，亦未有一日不出国门而遽起视事者"。

十月十九日，翰林院检讨赵用贤上疏称国家设立台谏之官，就是为了纠正法纪，皇上不让首辅回家为父亲奔丧，是违背公议而徇私情的，不如按照之前杨溥、李贤的例子，先让其回家处理丧事，然后再召回朝，使张居正"得区区稍其痛于临穴凭棺之一痛也"。

如果说，身为张居正门生的吴中行和赵用贤的提议还是站在天理人伦的角度，试图为忠孝难以两全的张居正开辟一条出路的话，那么后续跟进的刑部员外郎艾穆、主事沈思孝所发表的意见便是赤裸裸的人身攻击了。两人在奏疏中说自从张居正不服丧后，"妖星"突然出现，星光直逼中天。首辅应该是纲常的表率，如果身居高位而没有气节，那"何以对后世"？因此皇帝如果真的为张居正考虑，就应该成全他的忠孝大节，以正朝纲。

有趣的是，艾穆与张居正虽为同乡却政见不合。其万历初年出任刑部山西司员外郎时，曾负责审查陕西囚犯案件。由于当时张居正主张严刑峻法，审判囚犯不达到一定数额的官员要被治罪。艾穆与御史商量，只判两人有罪，御史唯恐无法对付，艾穆称自己不以人命换取官职。等其返回朝廷后，张居正则严厉质问。艾穆对答道："皇上尚且年轻，臣下要体现皇上重视生命的德义，辅助您公平治法，如此有罪我也甘心。"之后作揖退下了。因此，他此时跳出来指责张居正未必没有公报私仇的成分，而沈思孝则一贯以直邀名，这两人跳出来本不奇怪，但奇怪的是事情发生之后，冯保利用皇权将吴中行、赵用贤、艾穆和沈思孝判处廷杖之刑。与此事看似毫无瓜葛的礼部尚书马自强和礼部右侍郎王锡爵却突然出面为四人求情。

张居正的反应却令人咋舌。面对马自强，张居正竟"跪而以手撚须曰：'公饶我、公饶我！'"，看到王锡爵后，张居正更拿出一把刀放在自己的脖子上，大声叫嚷着："你杀了我吧，你杀了我吧！"张居正这样的做派，除了父亲亡故之后精神萎靡以致举止失当之外，恐怕还是因为认定马自强和王锡爵乃是唆使吴中行等人攻讦自己的幕后黑手。

马自强和王锡爵是否真如张居正所猜想的那般暗中组织对其的舆论围攻，史料中并未给出明确的答案。但从马自强的履历和当时的政治地位来看，张居正如果循例回家丁忧，曾为明神宗朱翊钧侍读讲官的马自强便有机会取而代之。但是身为国子监祭酒的王锡爵缘何也那般起劲呢？一切的答案，恐怕都要从张居正此时正竭力推动的"一条鞭法"改革说起。

江苏常州马氏宗谱中的马自强画像

第五章：权相与枭将
——张居正的黯然落幕与
边军的蜕变

一、清丈

所谓"一条鞭法"，按照《明史·食货志》的记载，即为："总括一州县之赋役，量地计丁，丁粮毕输于官。一岁之役，官为金募。力差，则计其工食之费，量为增减；银差，则计其交纳之费，加以增耗。凡额办、派办，京库岁需与存留，供亿诸费，以及土贡方物，悉并为一条，皆计亩征银，折办于官，故谓之一条鞭。"而后世学者则概括总结为："合并编派""合并征收""用银缴纳""官收官解"。

"合并编派"即将各类徭役随田赋一并征收。具体操作时，先统计一地的役额，再将役额分摊入当地的田亩中，以此计算的田赋包含了部分役税。计算出每一亩或顷的田地所要负担的役银数量。

"合并征收"则是指在"一条鞭法"的制度之下，税役税和其各种科则，都于同一时间一并征收，并由吏目集中管理，不再由粮长、里长负责。

"用银缴纳"，指"一条鞭法"的赋役缴纳，以银为主要的支付手段。有些州县的夏税秋粮，以致徭役各项均折成银两。民众纳税时，将原本要交税的钱粮，到市场交易，换成银两，再缴纳给政府。而原本缴纳米麦秋粮时，由于物品本身运输困难，官方往往任命里长、甲长、粮长来征收解运。用银缴纳后，银子的运输较为容易，官方即可负担征纳及运输，是为"官收官解"。

其实"一条鞭法"并非是张居正的发明，早在宣德五年（1430）户部右侍郎周忱在巡抚江南、总理税粮时，发现当地豪强不愿自掏腰包缴税，却是一味征用佃农财粮，导致百姓因贫逃亡，于是税额更缺。因此周忱创建"平米法"，规定各府的官田、民田科均不变，田主无论大小，一律缴纳耗米，并在其基础上调整数额，多减少补。此外，周忱发现诸县收粮并无专门机构，认为其是迟交粮额的原因之一。于是命各县设置囤官，负责征粮。

周忱的这一改革虽然极大地方便了普通百姓，但是动了那些豪门大户的"蛋糕"。以至于宣德、正统、景泰三朝，弹劾他的文书如雪片般飞入宫中。在巨大的舆论压力面前，景泰帝朱祁钰虽然"素知（周）忱贤"，却也不得不令其致仕，而其推行的"平米法"也很快便被废止。

嘉靖年间，面对"北虏南倭"的恶劣国防态势，不断有大臣向明世宗朱厚熜提出改革税赋制度的相关建议，且在一些地方试点推行，但均因受到各地士绅集团的抵制而以失败告终。张居正久居中枢，自然知道要推行税赋改革的难度，是以退而求其次，计划于万历五年（1577）首先对全国的土地进行"清丈"。

所谓"清丈"，便是对全国的土地进行重

万历刻版《三才图会》中的周忱

新清点和丈量。而要厘清这个问题，我们首先要搞清楚的是明代的税赋制度。为保证税赋征收的公正、稳定和持续，朱元璋在建国之初便编造了名为"黄册"的户口及财产登记表，即所谓："（黄）册有丁、有田。丁有役，田有租。"与此同时，明朝政府还对全国的土地进行全面丈量，并画成图册归档。因为其图状如鱼鳞，所以又被称为"鱼鳞图"。一般来说，"鱼鳞图"会详细标注田主的姓名、面积、肥沃程度以及所需承担的税粮等信息。

应该说，"黄册"和"鱼鳞图"的出现，使得田赋征收更趋公开化、透明化和可依据化。但是随着时间的推进，大明皇朝的土地兼并日益加剧。越来越多的土地集中到了皇族、豪绅的手中，在他们面前"黄册"和"鱼鳞图"便成为了一纸空文。而原有的税赋压力则悉数转嫁给了普通百姓。

为缓解愈演愈烈的社会矛盾，大明皇朝不得不定期对土地进行重新清点和丈量。但即便如此，由于法制松弛，奸弊滋生，万历初年在册的田亩数量已由明初八百多万顷锐减为四百余万顷。为了彻底改变这样的局面，张居正提出有必要对全国的土地重新进行清理和丈量。

虽然说，清丈土地并非张居正首创，但是在万历以前的土地清丈不过是为了"均赋"以苏小民，即依照户部派发本县应缴税粮而摊派下去。而张居正此时的举措却是自上而下地全面梳理各地的土地所有关系，这便不能不令一些既得利益集团如芒刺在背，纷纷欲除张居正而后快。在这样的背景之下，张居正的"丁忧"与"夺情"也便自然成为了大明朝堂的"风暴眼"。

万历五年十月二十二日，吴中行、赵用贤、艾穆和沈思孝被执行廷杖，其中吴中行、赵用贤杖责六十，打完之后，据说已是不省人事、遍体鳞伤。而艾穆、沈思孝受杖责八十，打完之后便戴镣下狱，三日之后，二人被分别发配凉州和广东戍边。即便如此，也依旧无法压制朝堂上的反对声浪。

就在吴中行等四人行刑当天，正在刑部观政的当年进士邹元标以向明神宗朱翊钧请假的名义再次上疏攻击张居正不回籍守制。文章中不仅公然揶揄张居正"世不以为丧心，则以为禽彘，可谓之'非常人'哉？"与此同时，他还对张居正主政以来的举措进行了全面地批判。如在学校管理上"州县之学，限以十五六人……是进贤未广也"，在刑狱判决上"诸道决囚，亦有定额……是断邢太滥也"，在言路上"大臣持禄苟容，小臣畏罪缄默……是言路未通也"，甚至将黄河、淮河的泛滥成灾也都算到了张居正的头上。

邹元标如此赤膊上阵地攻讦当朝首辅，自然也免不了挨上一顿板子后被赶出京城。然而事有凑巧，就在邹元标受杖责八十的当天，京师西南方向的天空出现彗星，且长久不散。于是朝中遂开始传言说这是因为张居正不愿"丁忧"，是以遭到天谴。京城街道上也出现了谴责张居正的传单，于是张居正再度成为众人指责的对象。

为了制止这样的场面继续蔓延下去，明神宗朱翊钧不得不亲自下诏斥责那些反对"夺情"的人是"借纲常之说，肆为排挤之意"，如果还有人跳出来，便是"奸党怀邪，欺君无上，必罪不宥"。在这样几近公开的威胁之下，各种针对张居正的批评和流言才渐渐散去。

得以"在职守制"的张居正虽然辞去了薪俸报酬，在家守丧七七四十九天，但这位首辅对政敌的反击早已全面开始。除了将冲锋在前的吴中行等五人痛打一顿、逐出京师之外，对于在"夺情"一事中公开违逆自己意愿的朝中大员，张居正也逐一进行报复。

面对张居正的反击，吏部尚书张瀚首先败下阵来，黯然辞归故里。随后工部尚书郭朝宾上疏致仕，将位置让给了张居正的儿女亲家——李幼滋。次年三月，礼部尚书马自强与吏部左侍郎申时行被选调入阁。此举表面上看是张居正向马自强伸出的橄榄枝，但仅仅七个月后的万历六年（1578）

十月，马自强便突然病逝。而另一位曾在"夺情"一事上与张居正对立的礼部右侍郎王锡爵则选择了回乡省亲，暂避锋芒。

至此，算上万历五年四月病逝的兵部尚书谭纶，万历六年五月病逝的刑部尚书吴百朋、六月致仕的户部尚书殷正茂，大明皇朝的六部尚书在张居正"夺情"前后悉数进行了更换。而在将自己的得力干将王国光扶上吏部尚书宝座的同时，张居正也将辽东巡抚张学颜调任回京，由其接掌对"一条鞭法"改革至关紧要的户部尚书一职。

张学颜上任户部尚书之时，正值张居正开启土地清丈工作的关键时刻。按照张居正自己的说法，万历五年大明皇朝的财政收入仍有四百三十五万两，而到了万历六年便仅有三百五十五万两，万历六年财政支出却由万历五年的三百五十五万两增至三百八十八万两。

相较于财政的入不敷出，万历六年的粮食征收情况更触目惊心。根

据各省所上报的数据，万历六年全年所能征收的粮食不过两千四百六十石（其中夏税米麦四百六十万石、秋粮米两千万石），相较于明初三千二百一十一万石锐减了近八百万石。针对上述情况，张学颜上任伊始便总结称："田没于兼并，赋诡于飞隐，户脱于投徙，承平既久，奸伪日滋，其势然也。"并依照张居正的计划，以福建为试点，先行推进土地"清丈"工作。

随着"清丈"工作的全面铺开，张居正也终于有时间返乡安葬自己的

张居正的得力干将王国光

父亲了，却没有想到这一举动再度招来了朝野上下的一番口诛笔伐。其中与海瑞私交甚笃的户部员外郎王用汲便上疏直斥张居正任情威福，排除异己，不附和他的迁怒斥逐；用人唯亲，附和他的即不次升擢。如果说，这些话还只是寻常攻讦的话，那么接下来，王用汲的言辞便可谓"诛心"了：

"以臣观之，天下无事不私，无人不私，独陛下一人公耳。陛下又不躬自听断，而委政于众所阿奉之大臣。大臣益得成其私而无所顾忌，小臣益苦行私而无所诉告，是驱天下而使之奔走乎私门矣。陛下何不日取庶政而勤习之，内外章奏躬自省览，先以意可否焉，然后宣付辅臣，俾之商榷。阅习既久，智虑益弘，几微隐伏之间，自无逃于天鉴。夫威福者，陛下所当自出；乾纲者，陛下所当独揽。寄之于人，不谓之旁落，则谓之倒持。政柄一移，积重难返，此又臣所日夜深虑，不独为应元一事已也。"

王用汲这段话的意思是说，明神宗朱翊钧不问朝政，以至于大权旁落，令张居正之辈为所欲为。此话一出，张居正自然震怒异常，随即要求留守内阁的东阁大学士张四维拟罪，将王用汲削职为民。

二、封爵

随着张学颜调任户部尚书，其原先的职位自然便空缺了出来。经过一番选派之后，刚刚由大理寺左少卿改任右佥都御史的周咏受命任巡抚辽东。虽然从履历上来看，嘉靖四十一年（1562）中进士之后便在地方任职的周咏在军事上并没有太多的经验，但不得不说此公运气实在不错，其刚刚到任，明军便在辽东取得了空前的大胜。

万历六年（1578）二月，泰宁部首领速把亥与土蛮部会盟，调集七万之众集结于开原西南的劈山一带。尽管速把亥扬言即将进军辽西，但是根据斥候带回的情报，李成梁还是判断出对方的真实企图是进犯自己所驻防的辽东。在双方兵力对比极度悬殊的情况之下，李成梁决定主动出击，而恰在此时李成梁的亲兵李平胡在侦察中发现鞑靼军南线营垒的穹庐之上皆系红缨，显然是鞑靼部酋长级人物的亲军所在。李成梁由此认定，对手将从沈阳方面发动进攻，随即亲率所部主力连夜疾驰两百余华里，赶赴沈阳以北的丁家泡。

李成梁抵达之时，恰逢鞑靼骑兵正试图拆毁当地的边墙。面对突然杀到的辽东边军，鞑靼骑兵被打了一个措手不及。当即便被阵斩四百余人，趁着对手溃乱不堪之际，李成梁率军冲入敌阵，将劈山地区的鞑靼营地彻底捣毁。虽然明军宣称的速把亥等部死伤不下万余人的说法不无水分，但李成梁击溃了对方声东击西的偷袭计划是不争的事实。而刚刚到任的周咏更是大喜过望，当即便上疏为李成梁请功。

应该说，为边将奏捷本是周咏身为巡抚的本分，但这位仁兄却以"先朝刘江之封广宁伯、曹义之封丰润伯、施聚、焦礼之封怀柔伯、东宁伯，亦不过以首虏四五百级，而况（李）成梁先时击破逆夷，斩首捕虏至一千二百余级"为由，要求朝廷为其封爵，便不免有些逾矩了。

更值得注意的是，周咏所提到的刘江、曹义、施聚、焦礼四人，虽然与李成梁一样担任辽东总兵，且屡立战功，但他们封爵之时皆是已为国戍边二十余载的垂暮之年。与之相比，正值壮年的李成梁虽然战功赫赫，但其封爵之后，不得不面临一个空前尴尬的政治处境。

一方面，受教育背景和人脉关系的束缚，李成梁不仅不具备"出将入相"的政治才干，而且依照大明皇朝"以文御武"的政治架构，李成梁无法调入中枢，那么其必然将长期停留在辽东总兵的职务之上。如何创造出更多、更大的功绩便成为了李成梁亟待解决的问题。另一方面，为了能够将爵位世袭罔替地传承下去，李成梁势必会强化对自己子侄和亲兵们的培养。

或许是基于上述考量，为了避免李成梁的尾大不掉，在周咏上疏请封后不久，张居正便亲自导演了李成梁所部"杀良冒功"的政治风波：万历六年三月，有一个鞑靼部落脱离土蛮部，试图于长定堡一线越过边墙内附。孰料驻守当地的大明辽东边军副总兵陶成誉贪功心切，竟率部围剿并当场斩杀四百五十余人。

事情发生之后，缺乏军事经验的周咏忙不迭地以"长定堡大捷"的名义上报请功。此时刚刚大婚的明神宗朱翊钧同样不明就里，竟信以为真，在大张旗鼓地告谢祖宗太庙之后，给予兵部尚书方逢时、蓟辽总督梁梦龙、辽东巡抚周咏、辽东总兵李成梁、辽东副总兵陶成誉以优厚的封赏。

正在江陵葬父的张居正得知此事之后，随即致信兵部尚书方逢时，指出："细观塘报，前项虏人有得罪土蛮，欲过河住牧等语。虽其言未可尽信，然据报，彼既携七八百骑，诈谋入犯，必有准备；我偏师一出，即望风奔溃，骈首就戮，曾未见有抗螳臂以当车辙者。其所获牛、羊等项，殆类住牧家当，与入犯形势不同。此中情状，大有可疑。或实投奔之虏，边将疑其有诈，不加详审，遂从而歼之耳。今奉圣谕特奖，势固难已。但功罪赏罚，劝惩所系，万一所获非入犯之人，而冒得厚赏，将开边将要功之隙，阻外夷向化之心，其所关系，非细故也。且李成梁节被宠赉，已不为薄。异时边将以功荫子未有世袭者，而渠每荫必世，又皆三品以上大官，今再欲加厚，惟有封爵耳。祖宗旧例，武臣必身临行阵，斩将搴旗，以功中率乃得封。今据所报，彼固未尝领兵当敌，如往者战平虏，擒王杲也。昔唯赏荫，今乃加封，厚薄亦非其伦也。"

张居正这段话的意思显然不仅是指出长定堡大捷所存在的逻辑漏洞，

更是指出李成梁这样的边军总兵不宜封赏过重，特别要在世袭罔替和爵位问题上慎之又慎。不过张居正虽然事后通过兵科给事中光懋向明神宗朱翊钧揭露了此事，但也只是收回了原定的封赏，并未对涉事诸人穷追猛打。因为此时的辽东正值多事之秋，还需要李成梁及其所部边军去阻挡土蛮部的铁骑。

果然，万历六年（1578）十二月，泰宁部首领速把亥再度与土蛮部联合，带领三万骑兵卷土重来，直扑辽东东昌堡（今辽宁省海城市牛庄镇）。面对强敌，李成梁一边命各部坚守堡寨，以扼制敌骑的狼奔豕突之势；一边则挑选精锐，以"围魏救赵"的战略，直扑边墙之外数百里的圜山，一举取得了"斩首八百四十级、获马千二百匹"的辉煌战绩。而在东昌堡等地未能讨到便宜的速把亥唯恐后方有事，只能草草退兵。

李成梁避实击虚的用兵韬略，常常令土蛮等游牧部族防不胜防

　　东昌堡大捷的消息传来，张居正颇为欣喜，当即致信辽东巡抚周咏，表示："李帅用奇出捣，使贼狼狈而返，乃孙膑走大梁之计。比前长定之捷，杀降以要功者不侔矣。功懋懋赏，国家自有彝典。诸公运筹决胜，功岂容泯？少选，当请旨加恩，不敢蔽也。"

　　在张居正的鼓励之下，周咏再次上奏为李成梁请功。万历七年（1579）五月，明神宗朱翊钧下旨册封李成梁为"岁支禄米八百石"的宁远伯，并特许其一子可以世袭卫所指挥使一职。而此时的李成梁也表现得颇为恭顺，竟主动上奏请辞。明神宗朱翊钧为此特意批示："（李成）梁屡立奇功，加恩非滥，谕殚忠奋勇，以图报称，不允辞。"

　　而就在李成梁受封为宁远伯后不久，速把亥于万历七年十月率四万之众进犯辽西，一度威胁锦州。李成梁命赶来支援的参将杨粟等人坚壁清野、扼守各地要冲，准备与速把亥决一雌雄。就在大战一触即发之际，蓟镇总兵戚继光率部驰援，担心遭遇两面夹击的速把亥只得退兵。

　　但就在回师途中，速把亥依旧心有不甘。他屯军于红土城外，一边扬言要攻打海州，一边却计划再度杀向锦州。就在其沉浸于这般声东击西的谋划之中时，李成梁却再度率兵杀到。猝不及防之下，速把亥所部损失惨重，仅被斩首者便达四百七十余人之多，不得不大败而去。

　　速把亥的连年入侵，令大明辽东边军不得不将注意力集中于辽河流域，生活于辽南山区的建州女真趁势崛起。董鄂部首领王兀堂本就对大明增设宽甸六堡蚕食其领土心怀不满，而大明边军参将徐国辅又纵容其弟徐国臣在马市交易中强买强卖、抑制物价。利用部落上下群情汹涌的民愤，王兀堂开始不断袭扰宽甸诸堡。有鉴于此，李成梁于万历七年冬季开始向宽甸方向集结部队，准备谋划一举荡平董鄂部。

　　万历八年（1580）正月，女真人胡凌狗向刚刚到任的参将姚大节投诚，并带来了王兀堂与孛儿赤哈、王锁罗骨、赵锁罗骨等部族首领"插箭发誓"，准备大举进犯宽甸地区的情报。早已磨刀霍霍的李成梁随即带领游击熊朝臣、参将杨燮奔赴战场，不久之后，副总兵孙朝梁和巡抚周咏派来的监军张崇功亦率领大军赶来，大战一触即发。

万历八年三月初五，两军在新水一线发生遭遇战。百十余骑的董鄂部前锋迎头撞上了指挥使王宗义所率的亲兵"苍头军"。短暂的交锋之后，董鄂部前锋很快便主动撤出了战场，王宗义果断率部追击，却不幸遭遇了敌方上千骑规模的主力部队。一场恶战之后，王宗义及其麾下王延辅等"苍头军"悉数战死，仅有王习等九人带伤突围。

小胜之后，董鄂部趁势进军。三月十三日，王兀堂吹响海螺制成的号角，调集千余骑包围永奠堡。在一番驰骋试探，未见明军出战之后，董鄂部士兵终于砍开了堡外的木栅。就在他们准备大举攻入之际，城堡之中却突然响起了柳琴那高亢刚劲的弹奏之声。紧接着，早已埋伏在永奠堡外的李成梁下令收网，面对着蜂拥而至的明军，董鄂部兵马全线溃败。要是寻常明朝边军统帅，此刻恐怕早已见好就收，但李成梁下达了"敢逗留不进者，斩首以徇三军"的严令，要求各部全力追赶。

在两百多里的强行军之后，明军终于抵达了王兀堂的老巢鸭儿匮的山下。眼见明军兵临城下，王兀堂动员全族的人马冲杀而出。其中王兀堂亲率精锐披甲上马，冲锋在前，其余青壮则充作步卒，紧随其后。

可惜，面对李成梁麾下的强兵悍将，董鄂部纵然拼死一搏也未能挽回局面，在王兀堂率先独自突围而去之后，董鄂部的步卒随即溃逃上山。在李成梁的严令之下，明军大举攻山。在一场惨烈的攻防战后，明军斩首七百五十四级，俘虏董鄂部男女老少共一百六十人，救出汉人蒋升等六人，缴获马匹三百六十一匹，董鄂部由此一蹶不振。

万历八年十月，脱逃在外的王兀堂一度还想东山再起，但被副总兵姚大节所击败，此后这位建州女真的一代枭雄便销声匿迹，直至五年之后，董鄂部才随着王兀堂的孙子何和礼率部投靠努尔哈赤而重新出现在了历史舞台的聚光灯下。

三、兴衰

红土城和鸭儿匮的捷报，令李成梁顺利地获得了爵位世袭的恩赏。但不等这位已过知天命年纪的宁远伯选定自己的继承人，战争却已悄然降临。万历八年冬，已然多年没有在战场上讨到便宜的土蛮部，集中兵力于锦州一线。李成梁虽然调集兵力据守锦州、义县、大凌河等堡垒，蓟镇总兵戚继光亦迅速出兵支援，令土蛮部一度被迫撤退，但就在辽东边军以为危机解除之际，土蛮部却杀了一个回马枪。

万历九年（1581）正月，两万鞑靼铁骑突然从大镇堡（今辽宁省凌海市西北）方向杀向锦州。驻防当地的参将熊朝臣一边强化城防，一边命部将周之望、王应荣率部迎战。两将冲入敌阵奋勇拼杀，直至弓矢用尽，全军覆没。

周之望、王应荣的壮烈牺牲，最终为身后各堡寨赢得调整部署的时间。土蛮部骑兵虽然分掠了小凌河、松山、杏山等地区，但是面对李成梁亲率的明军主力，还是不得不乖乖地收兵回撤。但李成梁显然不愿就此罢休，其亲率轻骑从大宁

在辽东战场的骑兵对攻之中，弓箭依旧是主要杀伤性武器

堡出发，对土蛮部展开了衔尾追击。

在连续数日的不断缠斗之后，李成梁所部在出塞四百余里之后，终于在一处名为"袄郎兔"的地方撵上了土蛮部主力。双方骑兵随即展开了惨烈的对冲，战斗从辰时（七时到九时）一直打到了未时（十三时到十五时），土蛮部终于支撑不住，全线崩溃。但就在李成梁回师的途中，土蛮部的后续部队突然杀到，明军不得不且战且退，于二十三日撤回己方境内。

在袄郎兔之战中李成梁所部虽然斩首三百四十三级、击杀阿亥恰脱奈等土蛮部酋长八人，但似乎并未能给予土蛮部以伤筋动骨的重大打击。而值得注意的是，自万历七年的冬季以来，土蛮部对大明辽东地区便不断发动攻势，且常常会在短暂后撤之后，便迅速发动新的攻势。这样的变化背后除了土蛮部与李成梁交手多次之后，逐渐发现了辽东边军虽然骁勇但不耐久战的弱点之外，恐怕还与整个蒙古草原之上政治生态的剧变有关。

自隆庆五年（1571）俺答汗受封为顺义王以来，通过与大明皇朝的边市贸易，其家族很快便赚得盆满钵满，自然也就对征战杀伐失去了兴趣。但是蒙古草原恶劣的生存状态，单凭外部"输血"显然无法满足所有的贵族阶层不断膨胀的欲望，更何况俺答汗在与大明的封贡交涉中，明显偏袒于自己的直系子弟。如此一来，其兄吉囊的孙子彻辰洪台吉所领导的鄂尔多斯部在不断被边缘化的过程中，自然要奋起反击。

隆庆六年（1572），在彻辰洪台吉竭力向大明求贡的同时，他的两个弟弟——布延达喇古拉齐巴图尔和赛音达喇青巴图尔率部西征，越过葱岭之后，攻入了哈萨克汗国的境内，并在名城托克摩克①附近大败自称成吉思汗长子术赤后裔的阿克萨尔汗，一举掳走了对方大批人畜。

然而，就在凯旋途中，阿克萨尔汗纠集了数万大军前来复仇。此时鄂

---

① 托克摩克：李白的故乡碎叶城。

尔多斯部的士卒大多满载而归，根本无心死斗。一场混战下来，布延达喇古拉齐巴图尔和赛音达喇青巴图尔两兄弟殒命沙场，仅有其从弟布尔赛岱青和其兄彻辰洪台吉之子鄂勒哲伊勒都齐率残部奋勇杀出一条血路。

饱掠之后的蒙古铁骑队形松散、行进缓慢，常常是最为危险的时刻

两个弟弟的惨死令彻辰洪台吉怒不可遏，万历元年（1573）其亲率鄂尔多斯部精锐前往复仇。自以为兵强马壮的阿克萨尔汗再度调集人马前来迎敌。孰料彻辰洪台吉所部士气正旺、来势汹汹，双方交战后不久，哈萨克汗国的兵马便抵挡不住，全线崩溃。

但是在处决了被俘的阿克萨尔汗第三子索勒坦，为自己的两个弟弟报仇之后，彻辰洪台吉便"振旅而还"。他之所以做出这样的选择，除了这场鏖战给鄂尔多斯部也造成了不小的伤亡之外，主要还在于此前的惨败令彻辰洪台吉认识到哈萨克汗国虽然富饶，但鄂尔多斯部无力跨越葱岭将其鲸吞。

与其好高骛远，不如脚踏实地。秉承着这一宗旨，彻辰洪台吉与其家族于万历二年（1574）开始转而对由瓦剌分裂而成的四卫拉特用兵，并最终控制了漠西的辽阔疆域。但是战场胜利却并未改变土默特部在鞑靼右翼三部中的尴尬处境。为了在土默特部的政治事务中发挥更大的作用，彻辰洪台吉一边继续与大明展开外交磋商，一边开始向图们汗靠拢。

万历四年（1576）彻辰洪台吉被图们汗指定为鞑靼右翼三部的五大执政之一。不久之后，彻辰洪台吉又通过规范俺答诸子在互市中的行为，而被明朝政府所看重，成功为鄂尔多斯部获得了参与互市的资格。由于彻辰洪台吉名声在外，因此当万历四年八月，其率百余骑抵达清水营的边市之时，竟出现了明军"塞上诸将卒以为旷观，争睹厥为何如面貌"的景象。

在积累了足够的政治声望之后，彻辰洪台吉开始了其人生中最大的一次政治投机。万历五年（1577），彻辰洪台吉在觐见俺答时，向这位自己的叔祖父发出邀请西藏高僧的建议："既报昔日明人取城之仇，复与汉国议和矣。次报卫拉特之仇，降服而取其国矣。今者合罕之寿已高，渐至于老矣。闻贤者言，有益于今生及后世二者唯经教云，又言此西方存雪之地，有大慈观世音菩萨之真身焉云。请之来，以效昔日圣忽必烈彻辰合罕与胡图克图帕克巴喇嘛二人之例，而修政教，岂非盛事乎？"

彻辰洪台吉的这段话显然搔中了俺答汗年事已高，一心只想着延年益寿和巩固自身政治权威的痒处。而从地缘政治来看，此时俺答之子丙兔已然在青海站稳了脚跟，也打通了前往西藏的道路。是以，俺答命彻辰洪台吉等孙子侄辈为前锋，率三万部众大举西进。

万历六年（1578）五月俺答抵达青海，于仰华寺面见了藏传佛教领袖索南嘉措。在这次历史性的会晤中，索南嘉措为俺答上尊号为"转千金法轮咱克喇瓦尔第彻辰汗"，承认其为成吉思汗的化身，为全蒙古的大汗，俺答的政治威望达到顶峰。

为了庆祝这一时刻，俺答授意彻辰洪台吉等人于仰华寺举行了盛大的法会。据称，参加这次法会的蒙、藏、汉各族僧众和军民达十万之众。在彻辰洪台吉代表蒙古政界宣读了《十善福法规》，废除原始的萨满教信仰，正式引入藏传佛教之后，鞑靼各部受戒者多达千人，其中仅俺答所领导的土默特部就有一百零八位亲贵出家为僧。

志得意满的俺答返回草原之后，于归化城（今内蒙古呼和浩特）等地大兴土木，兴建了弘慈寺等多座大型寺庙。但就在俺答沉浸于藏传佛教所带来的政治声望和精神慰藉之时，这种外来宗教也在无形之中改变着其部族的政治生态。

俺答所营建的弘慈寺（今天的大昭寺）

大量的财富被投入寺院建设，势必极大地削弱土默特部对牧业、农业和手工业的投入，大批青壮年出家为僧，更令草原部族失去了最宝贵的劳动力和后备军。

可惜，年事已高且疾病缠身的俺答都无从发现这些积弊。在其生命的最后几年中，他将大部分的政务都交给了"三娘子"钟金操持。正是在这样的背景之下，长期以来团结在俺答帐下的鞑靼右翼三万户开始走向了分崩离析，其中曾被俺答之弟昆都力哈所领导的永谢布部，在昆都力哈死后，其子青把都儿、哈不慎等人便率先勾结朵颜、察哈尔等部，加入袭扰大明辽东边防的行列之中。

对于永谢布部的背信弃义，明廷遣使与俺答展开交涉，正式提出要停止互市，议免官职。俺答无奈之下，只能召集青把都儿、哈不慎等人，令其在佛前发誓，不再侵犯明朝边塞。但是这种基于家长式权威的压制注定是无法长期维系的。永谢布部虽然暂时不再参与对大明边境的袭扰，但其作壁上观，同样足以令以图们为首的鞑靼左翼各部腾出手脚，集结起更多的人马来。

万历九年（1581）四月，黑石炭率部进犯辽阳，驻守当地的副总兵曹簠果断领兵出击，却不幸在追击至长安堡附近时遭遇到了敌优势兵力的伏击。一场混战之后，明军千总陈鹏以下三百一十七人战死、损失战马四百六十匹，史称"辽阳之败"。

"辽阳之败"说明鞑靼左翼各部已经逐渐适应了李成梁所部明军高速机动的作战模式

四、盈亏

　　单从伤亡数字来看，"辽阳之败"似乎还谈不上触目惊心。但从战马损失比兵卒还多这一点来看，遭遇伏击的该部明军很可能是一支每名士兵都配备多匹战马的精锐骑兵。因此，这样的损失即便对于屡战屡胜的大明辽东边军来说，也很难在短时间内得到弥补。更何况，鞑靼骑兵此次还成功掠走二百九十八名边境男女以及数以百计的牲畜。

　　"辽阳之败"的消息传到北京，长期关注边疆战事的张居正自然不可能熟视无睹。于是御史于应昌随即对涉事的副总兵曹簠、都司张奇功、备御崔吉以"寡谋丧师""策应观望""设备不严"的罪名展开了弹劾。而明神宗朱翊钧也可能给出了曹簠、张奇功革职，崔吉下狱拿问的批示。

　　客观地说，曹簠等人在这场军事行动中的应对战术并没有太大的问题。导致这场惨败的主要原因还在于鞑靼左翼各部不仅适应了李成梁麾下大明辽东边军高速机动的作战模式，而且能集中优势兵力设伏以待。更重要的是，随着张居正"一条鞭法"的持续推进，大明的财政系统迎来了看似盈余实则亏空的全新危机。

　　关于张居正改革的正面意义，史家论述较多，其负面后果则多是些功高震主之类的泛论。但从现代经济学的视角来看，张居正改革真正的失败之处，是将原有相对稳定的封建土地所有制关系，转变为并不健全的金融货币体系，从而导致整个国民经济的由实向虚。

　　万历九年（1581），通过几年的筹备，"一条鞭法"正式向全国推广。但效果并不如张居正所想象的那般理想，这是因为与富庶的南方不同，河北、山西等北方农业大省极度缺少现银，如果推行"一条鞭法"，势必将会引发掌握大量贵金属的商贾、贵族阶层对于土地收益的剥夺和瓜分，导致农耕经济的彻底崩溃。

　　事实上，在一个没有形成现代金融体系的时代，明朝当时的这种分别税制还是有着很多优点的，可以最大限度兼顾南北经济的不同发展模式，而且能够有效确保京畿一线的粮食安全，减少运输成本，确保国家粮食安全不至于因为南方大量种植经济作物而崩塌。

　　然而随着"一条鞭法"在全国的推行，北方诸多农业大省被迅速捆绑在了白银的流通之上。加上此前推行的土地"清丈"，大明的土地耕种者便不得不面对两重的重负，一是大规模增加的土地税收；一是老百姓为了交税，只能廉价出售农产品以换取白银，白银的定价权基本上掌握在大商人、太监、走私集团的手中。

　　由于土地税收是一种财产税，财产税的一个重要作用就是能让持有者更加轻易地选择放弃财产（调节性），如果税收的基本原理还有效的话，我们可以预计当这两项制度实施以后，弃荒和流民将会成为此时代的主旋律，事实上在这两项政策推行后不足十年的时间，农民运动就开始壮大规模了。

　　讽刺的是，张居正所推行的"一条鞭法"，首先严重影响到了大明的各路边军。长期以来，为了解决"九边"数十多万驻军的粮饷供给，大明尝试实施了军屯、民运粮、开中法三套制度，亦即军士屯种自给、百姓向边镇输纳、商人纳粮中盐的办法，习惯上称为屯粮、民粮、盐粮。

　　然而，北部长城一线地处高寒，屯田产量有限。因此，政府每年征调北直隶、晋、陕、豫、鲁数省农民交纳的粮食运送到指定边镇。但在交通不便、车拉驴驮的时代，要把数十万石粮食转运到边塞绝非易事，既妨碍农作，又成本很高。

　　洪武三年（1370）六月，山西行省将此普遍性问题奏报明廷，建议政府通过国家所控制的食盐专卖权，让商人到大同仓交米一石，太原仓交米一石三斗，给淮盐一小引（两百斤），然后凭盐引换盐运销获利。这样既省运费，又能使边储充足。朱元璋觉得此法利国、便民、惠商，下令全国推行，是为"开中法"。

"开中法"大致分为报中、守支、市易三个步骤。所谓"报中"是盐商按政府的招商榜文要求，把粮食运到指定的边地粮仓，向政府换取盐引；"守支"是盐商换取盐引后，凭盐引到指定的盐场支盐；"市易"则是盐商把得到的盐运到指定的地区销售。

"开中法"本质上是国家将官营的盐业专卖权转让给普通商人，用来解决庞大军需供给。永乐以后，开中的方式随着社会经济发展由纳米中盐、纳钞中盐发展为纳银、纳铁、纳麦豆、纳茶马、纳丝绢、纳棉布中盐等十二种，从而使盐在产品交换中充当重要媒介。"开中法"不仅使晋商迅速崛起，而且带动了明中后期黄河流域、长江三角洲、珠江三角洲工商业的发展。史称"有明盐法，莫善于开中"。

然而由于皇亲贵胄的加入，乱发盐引很快便导致"开中法"无法继续执行下去，为此弘治五年（1492）户部尚书叶淇提出纳银领取盐引的办法。这个改革最大的问题，就在于把交粮食改为了交银子，然而边疆其实不缺银子，缺的是粮食。一个劲向边疆提供银子，反而造成了边疆地区粮价奇高，嘉靖年间，边疆粮价就达到了惊人的一石五两，可谓"菽粟翔贵"。如此高昂的粮价，自然不是"纳银中盐"得到的白银能补得回来的，所以"边储日虚"，

古代的盐引

边镇的粮食储备大幅降低又导致边军的战斗力下降。

粮食的短缺令边军不得不在各地加大屯田的力度，以大同镇为例：万历初年，由于俺答的封贡，晋北边疆防区各类屯田——军屯、民屯、商屯皆有增长——大同镇原额屯田一百万亩增为二百八十万亩；山西雁门、偏关、宁武三地原额屯田一百二十万亩，增为三百三十多万亩。雁门关以北的山西行都司屯田（包括现在的呼和浩特、包头、化德、商都、固阳、乌拉特前旗等处）原额一百二十万亩，"清丈"后增加到四百七十多万亩。

熟田扩大，产粮也增多，使得塞上饷银增多，官军就地籴米，边储逐渐充足了。但是随着万历九年（1581）山西和全国一样实行彻底而全面的"一条鞭法"，情况再度急转直下。朝廷下发的军饷是固定的，但由于粮价的上涨，军饷的购买力自然就相对降低了。于是从"一条鞭法"开始全面推行以来，"九边"各镇便不断开始叫苦。

如就在"辽阳之败"前夕的万历九年三月，兵科都给事中王致祥便上疏称"辽东各军月粮才二钱五分，每岁倒马不可数计"，建议朝廷将士兵的军饷涨至四钱银子每月。明神宗朱翊钧此时倒颇为大方，不仅体恤"辽东地方屡被虏患，军士疲苦"，更特许"两河官军月粮准一体加添足四钱数，余俱依拟行"。讽刺的是，就在"九边"各部加饷之后皆大欢喜的同时，浙江杭州却发生了由于"减饷"而引发的兵变。

为什么在"九边"增饷的同时，杭州驻军却要减饷呢？这一点还要从浙江的军制说起。在大明王朝建立之初，浙江的驻军与其他省份并没有不同，洪武年间先后设立的十六卫三十六所，构成了一道浙江沿海的防御屏障。但是随着卫所军制的崩溃，大明王朝为了抵御倭寇的袭扰，不得不在浙江试行募兵制。其中直浙总督胡宗宪便曾在浙江招募到大约四万五千民兵。由于这些民兵被编组为九个营，是以又被称为营兵。

尽管隆庆年间推行"开关"举措以来，倭寇便逐渐销声匿迹。但浙江的营兵却始终不曾解散，并逐渐形成了"七营防汛、二营守城；三月出巡、六月归营"的操演惯例。相较于"卫所制"下的军户，营兵的优势在于他们不世袭，无军籍，退伍后仍为普通百姓。但作为一种雇佣关系，营兵的薪饷也要比卫所兵丰厚许多，普通兵卒每月饷银便高达到九钱银子。比"九边"驻军的军饷高了一倍多。当然考虑到南方的物价，其购买力可能还有所不如。

对于已经在官场摸爬滚打了十几年的浙江巡抚吴善言来说，营兵制既然已实行了三十年之久，那么必然有其存在的合理性。他本人并没有推进任何改革的主观能动性。然而，"一条鞭法"的推进，令其陷入了一场被动"减饷"的旋涡之中。

由于大量的白银被用于取代实物税赋，为了弥补市场上白银数量的稀缺，大明王朝开始全力推进铜钱的流通。而浙江在万历十年（1582）也采取了营兵军饷"半银半钱"的发放方式。然而，同为"万历通宝"，各省铸造的铜钱由于材质的差别却呈现出了巨大的价格落差。如北京铸造的金背铜钱的市场牌价为八百文可兑换白银一两，而各省铸造的镟边铜钱，其市场牌价则为一千文才可兑换白银一两。而在杭州当地甚至有金背铜钱相当于两文镟边铜钱的说法。

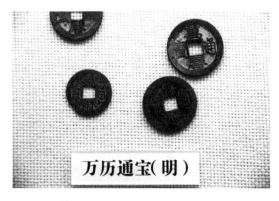

不同规格的"万历通宝"铜钱

因此，当军饷改为"半银半钱"之后，所有杭州营兵的军饷相当于降低了三分之一，自然引发了大规模的群体抗议。万历十年（1582）三月初二，营兵马文英、刘廷用等带领众人上诉。应该说，此时营兵的诉求还算合理，只是以"春汛届期，例应防海，兼搭铜钱，不便携带"为由，要求继续采用白银发饷。但吴善言没有选择出言安抚，竟还威胁说："事情已经决定，不愿当兵的听其回家务农。"面对如此不近人情的巡抚，群情激奋的士兵当即鼓噪而起，大举围攻督抚衙门，转而拥入巡抚衙门，逮住吴善言痛打了一顿。好在巡按御史张文熙及时出面劝慰，哗变的士兵才将吴善言放回。

消息传到北京，张居正第一时间派出兵部右侍郎张佳胤接任浙江巡抚，奉命戡乱。张佳胤万历元年便曾参与过平定安庆兵变，此后又先后巡抚保定、陕西、宣府等地，自诩是对付此类哗变事件的行家里手。孰料，张佳胤五月初一刚到杭州，五月十八日当地便发生了更为激烈的骚乱，是为"杭州民变"。

"杭州民变"的起因，表面上看是一个名为丁仕卿的"流民"，因不满于杭州当地的保甲制度，进而煽动百姓拆毁楼栅，掀起了一场来势汹汹的市民暴动。但缘何丁仕卿这样一个普通人能够有这么大的号召力呢？究其原因，还在于杭州当地保甲制度不合理。

明初朱元璋设立"总甲火夫"制度，主要负责巡视地方夜间治安，不过有科举功名的士人与在外地的客商拥有特权，免服差役。因此夜巡差役落到一般百姓身上，轮值夜巡均不得休息，于是衍生出"以银代役"的变通方式。嘉靖二十四年（1545），杭州居民提出以房屋面积，分上、中、下三等征税，此为间架税并用来雇人夜巡。这样的替代方式，不仅让一般需负差役的平民在夜晚可以得到休息，也能让部分无业游民有事做有钱拿，一并解决困扰民众的夜巡和游民问题。

嘉靖年间浙江倭寇横行，杭州为此增设保甲。除了一般的轮流守备外也要协助地方夜巡，本以为是短暂的权宜之计后来却成为常例，导致民众明明缴了间架税，却仍然要负担夜巡的情况。为此，当时正在杭州任教的书生丁仕卿屡次上书，希望能够改善杭州百姓的间架税与夜巡工作，直到万历五年（1577），丁仕卿花了十八年，才终于废除杭州百姓的保甲夜巡。

然而，万历八年（1580）杭州政府再次让百姓负担夜巡力役。丁仕卿也再度出面为民请命，但杭州地方官并不采纳，于是他只好远赴千里至京城告状，却被人诓骗，回到杭州之后更被杭州官员逮捕。百姓群情激奋之下，才演化为了大规模的骚乱。

面对汹涌的民众，张佳胤选择了全力弹压，他命游击徐景星率领东、西两营的兵卒守卫各衙门，疯狂逮捕起义市民。先后打死了丁仕卿等九十五人、逮捕了一百五十余人。被捕的民众之中领头韩谨及此前煽动兵变的马文英、刘廷用等五十二人被斩首，就在杭州地区的兵变和民兵被遏制之际，北京方面却传来了张居正病危的消息。

五、陨落

万历十年（1582）二月张居正因痔疮而病倒。虽然开刀将痔疮挖去，但元气大伤，被迫请求宽假二旬，在家票拟。到六月间，病势依旧不见恢复，精神更日趋委顿。在这种情况下，张居正又一次请求致仕，明神宗朱翊钧仍是一意挽留。到六月十二日，张居正再次上疏，恳求生还，说自己"精力已竭，强留于此，不过行尸走肉耳"，请求"早赐骸骨，生还乡里"。

六月十八日，明神宗朱翊钧以手敕慰问张居正："闻先生糜饮不进，朕心忧虑，国家大事，当为朕一一言之。"张居正随即推荐了张学颜等人可用。六月十九日，明神宗朱翊钧再派太监慰问时，张居正已处于昏迷状态。六月二十日，张居正便赫然去世了。

今天的荆州市张居正故居

张居正死后，明神宗朱翊钧虽下诏罢朝数日，以表哀思，同时命司礼太监张诚监护丧事，护送灵柩回江陵安葬。但是这种恩宠有加的政治姿态并不能改变张居正离世之后大明内阁所出现的权力真空，一场围绕首辅之位的明争暗斗随即拉开了序幕。

张居正执政时期，内阁成员始终不超过三人。万历初年更是长期仅有张居正及其所举荐的吕调阳两名阁员。直至万历三年（1575）八月，张居正才引荐了礼部尚书张四维入阁。张四维自万历二年充任《世庙实录》副总裁以来，极力搜集整理了自嘉靖十年以后的朝章、军务、国赋、人事等资料，深得张居正的赏识。但从此后的局势发展来看，曾为高拱心腹的张四维之所以能够入阁，完全是因为其长期出任明神宗朱翊钧的侍读，深得年幼的天子及其母李太后的信任。

张四维入阁之后的工作重心虽然依旧是侍候皇上的讲读，但凭借万历五年主持会试、万历六年主持明神宗朱翊钧大婚的政绩，张四维很快便在内阁之中站稳了脚跟，隐然已有与张居正分庭抗礼之势。而为了制衡张四维，张居正选择在自己归家葬父之际，引荐了马自强和申时行入阁。

在张居正看来，马自强与张四维一样曾为明神宗朱翊钧的侍读，其入阁之后一定程度上能够分薄明神宗朱翊钧母子对张四维的恩宠。而由其一手提携上来的申时行则可以作为自己的分身，在其返回江陵葬父期间，继续把持内阁的权柄。

张居正的如意算盘打得虽响，奈何事与愿违。马自强入阁仅七个月便因病去世。而申时行则明哲保身，入阁之后谨言慎行。以至于，在张居正回乡葬父期间，内阁便按照小事张四维代拟旨，大事则驰报张居正的形式运作着。此举看似是对张居正的尊重，实则却是将他架设在了超越君权的尴尬位置，也令明神宗朱翊钧母子对其更为猜忌。

张居正、张四维、申时行的三人内阁运转了近四年的时间，至张居正病倒之后才举荐了潘晟和余有丁入阁。两人之中，潘晟虽为嘉靖二十年（1541）的进士，但此后担任的不过是南京国子监祭酒等闲职，直至隆庆年间才被调入中枢，却每次都是来去匆匆。张居正举荐其入阁之时，潘晟已于万历八年辞官归隐。而待其抵达京城之时，张居正已经病逝四天了。

由于潘晟到任的时间非常尴尬，因此便有好事者认为他是接替张居正的。万历十一年（1583）入阁的大学士许国便在其文稿《条麓堂集》卷三十四《永信录下》中详细地记载了这件事："初，江陵公（张居正）病亟，而楚党（张居正的湖广籍亲信官僚群体）大惧失势，乃诈为江陵公遗疏，荐起新昌（潘晟）以自代，而谋去公（张四维）。先因权珰（冯保）所亲信者徐爵，结保为内应，而外嗾三御史交章排公（张四维）也。"

许国虽然身处权力中枢，但他的这番话并没有多大的可信性。潘晟的入阁固然是张居正及其身后的所谓"楚党"所推动的，但以潘晟的资历和威望连所谓的"楚党"都未必信服，更不要说领导内阁了。至于所谓大太监冯保指使御史弹劾张四维的说法，大体也属于臆想。毕竟，随着年岁的增长，明神宗朱翊钧对于曾经呵护自己成长的冯保、张居正等人的态度早已从依赖转化为排斥。而张居正病逝前后，明神宗朱翊钧更以冯保身体每况愈下为由，将他排斥在决策圈之外。

正是在这样的背景下，潘晟刚刚入阁，便遭到了以浙江道试御史潘士桢为首的言官系统的猛烈弹劾。明神宗朱翊钧起初还以"（潘）晟系元辅遗疏特荐"为由，挡回了这些攻讦，但随着更多的言官加入弹劾的行列，自知根基不稳的潘晟只能主动向皇帝请辞，明神宗朱翊钧也乐见其成地放其回乡了。与潘晟的来去匆匆相比，余有丁倒是在内阁站稳了脚跟。究其原因，恐怕还在于余有丁自万历六年便出任侍读学士，此后虽身为礼部右侍郎，但仍充经筵讲官，因此深得明神宗朱翊钧的信任。

余有丁的成功入阁，标志着以张四维为首的侍读集团在内阁中形成了压倒性的优势。而内阁的风云变幻自然也不可避免影响到了六部人事任免。张居正尸骨未寒，云南道御史杨寅秋便公开弹劾吏部尚书王国光。作为张居正推行改革的重要参与者，王国光被弹劾早已不是什么新闻。但此前每一次都是明神宗朱翊钧亲自下诏"慰留"，可这一次，明神宗朱翊钧却拒绝再为其提供政治背书，当即令其"落职闲住"。

有趣的是，王国光虽是张居正的得力助手，但祖籍潞安府长子县（今山西省长治市长子县）的他，却并不能算是来自湖广的所谓的"楚党"，反倒是与祖籍（今山西省运城市）的张四维是"大同乡"。因此王国光倒台之际，出生武冈（今湖南省武冈市）的御史曹一夔便弹劾王国光牵连张四维，称王国光曾为了献媚张四维，提拔了张四维的表弟王谦为吏部主事。

客观地说，这种官员因裙带关系而得以提拔的案例在大明王朝不胜枚举。王国光被定性为"欺君蔑法之徒"，张四维身为内阁辅臣，不仅没有与种种徇私舞弊的行径进行正面斗争，反而任由自己的表弟在王国光的领导下步步高升。那么即便王国光和张四维没有结党营私，张四维也难逃失察之责。

面对曹一夔的攻讦，张四维无从辩白，只能居家待罪。不过此时的明神宗朱翊钧正要借助张四维之手瓦解张居正、冯保对朝政的把持，当即命文书太监孙斌前往张四维的府邸宣谕："御史曹一夔一本论王国光及卿，其王国光欺肆，卿亦未知，朕亦不信，卿宜安心佐理，不必介意。"

虽然有了皇帝的背书，但张四维还是矫揉造作地连续上了三道奏疏，以自己"斤两有定，伎俩已竭"的名义，向明神宗朱翊钧请求"致仕返乡"。不得不说，张四维的这一手以退为进达到了预期效果。明神宗朱翊钧不仅连番下旨挽留，更通过召回曾被冯保驱逐出宫的太监张诚的举动，向张四维暗示了自己对冯保的不满。有了皇帝的支持，张四维便果断放开手脚，授意自己的门生上疏揭发冯保的种种僭越不法罪状。

万历十年（1582）十二月初七，山东道监察御史江东之首先上疏揭发曾为冯保家奴的锦衣卫指挥使徐爵贪赃枉法。明神宗朱翊钧收到这份弹劾奏疏之后，立刻表现得格外震怒，下令迅速逮捕徐爵并直接判处死罪。在投石问路取得成功之后，第二天江西道御史李植便上疏弹劾冯保利用权势侵吞大量私人财宝等十二条罪状。

据说，明神宗朱翊钧看到李植的弹劾奏疏之后大喜过望，当即表示："朕待此疏久矣！"但是转而又向身边的太监张鲸、张诚问道："若大伴（指冯保）上殿来，朕奈何？"面对这个如此幼稚可笑的问题，张鲸只能提醒这位已然二十岁的九五之尊："既有旨，安敢复入。"

从人性的角度来看，明神宗朱翊钧对张居正和冯保的态度无疑是极其复杂的。一方面，这两个人从朱翊钧登基以来便始终是其政治上最为坚实的依靠，自幼丧父的朱翊钧在心中甚至在一定程度上会视二人如父。但另一方面，随着年岁的增长，朱翊钧日益清楚自己手握的权力不能与任何人分享。而越是如张居正、冯保这般自幼看着自己长大的近臣，越可能在未来成为自己的软肋。是以，在张居正死后，朱翊钧才会如此急切地想要驱赶他的政治盟友。

当然，对于伴随自己成长的冯保，朱翊钧并不愿意赶尽杀绝。在处理冯保的诏书中，他虽然坐实了冯保"欺君蠹国，罪恶深重，本当显戮"的罪名，却还是以"念系皇考付托，效劳日久"的名义，在留下了冯保一条性命之余，把他发配南京闲住去了。

但是这样的政治清算一旦开启，便不是朱翊钧所能控制的了。随着冯保的倒台，曾经秉持六部的张居正集团开始全线崩溃。第一个倒下的是以张居正门生自居的兵部尚书梁梦龙。王国光被迫去职之后，梁梦龙一度代任吏部尚书，但凳子还没坐热，便遭到了御史江东之弹劾，罪名是梁梦龙曾通过徐爵贿赂大太监冯保谋得吏部尚书之位，并将孙女嫁给冯保的弟弟。

客观地说，以梁梦龙在兵部的种种成绩，本无转任户部尚书的必要，但作为左右朝中官员升迁的重要阵地，所谓的"楚党"显然不愿意轻易放弃。但以梁梦龙的政治履历，要调任户部尚书也不一定非要走冯保的门路，直接找张四维等内阁成员，同样可以实现。

　　所以，从现实的角度对事件进行还原，梁梦龙很可能是先找了张四维，并将自己调任户部尚书的想法通过徐爵告知了冯保。只是此刻的徐爵和冯保都已经成为钦点的要犯，那么梁梦龙与他们交往，自然也是罪不可赦。不过此时的局面还没有完全失控，明神宗朱翊钧给予他们的处分，也不过是"勒令致仕"（强制退休）而已。

　　和梁梦龙一起倒霉的还有同为张居正左膀右臂的工部尚书曾省吾，而罪名同时是"勾结冯保，相倚为奸""送冯保金银若干两，图谋升官"。对于这些指控，明神宗朱翊钧同样要求曾省吾提前退休。至此六部之中含金量最高的吏部、兵部、工部悉数改易门庭。

　　事情发展到这一步，其实明神宗朱翊钧目的已然达到，但残酷的权力游戏一旦启动，留给上位者宽容的空间便越来越少。冯保被赶往南京之后，不久便因病去世。他的弟弟冯佑、侄子冯邦宁都官居都督，这时都被削职下狱，死于狱中。其党羽张大受、周海、何忠等八人，被贬为小火者，到孝陵司香。徐爵和张大受的儿子，被永远遣往烟瘴之地戍边。

　　随着冯保的失势，对其家产的抄没工作随即启动。按照李植对其的弹劾，冯保除了贪污索贿之外，其执掌宦官集团期间，凡是有太监病逝，冯保都封锁其房屋，搜寻家资一空。只拣其寻常之物献给皇上，而把金珠重宝据为己有。因此，明神宗朱翊钧及朝野上下，都认定可以从中分得一杯羹。

　　冯保家被抄之后，食髓知味的明神宗朱翊钧又将目光盯向了张居正。一场对这位大明前首辅的清算由此开始。首先发动攻势的依旧是言官系统，江西道御史李植、云南道御史羊可立、山东道监察御史江东之等纷起攻讦张居正与冯保"交结恣横""宝藏逾天府"，陕西道御史杨四知上疏弹劾张居正"贪滥僭奢，招权树党"，这个时候的明神宗朱翊钧还比较清醒，给出了"姑贷不究，以全终始"的批复。

　　朱翊钧之所以对张居正的这些罪行选择原谅，并不是什么念及君臣之谊，而是这些攻讦一旦深入去查，势必牵连甚广，甚至不可避免地会涉及明神宗朱翊钧本人。而正是在这个关键时刻，万历十一年（1583）正月，南京刑科给事中阮子孝又上疏弹劾张居正"各子滥登科第，乞行罢斥"，为迷茫的朱翊钧递来了一把可以杀人的刀。

毕竟，张居正在首辅任内的所有工作，都是在得到明神宗朱翊钧的首肯和背书之下进行的。所以，任何对张居正工作上的指责，严格意义上来看都是在指责明神宗朱翊钧。但是这种给儿子们"开后门"便属于私德范畴，完全可以拿来作为突破口。

当然，面对杨四知的弹劾，明神宗朱翊钧还不能直接给其定罪，需要一个调查、取证的过程，于是内阁首辅张四维随即上疏代已然亡故的张居正进行辩解。他虽表面上说"（张）居正诸子所习举业，委俱可进"，但话锋一转，却又表示："惟其两科连中三人，又皆占居高第，故为士论所嫉，谤议失实。"算是变相承认张居正的长子张敬修、次子张嗣修和三子张懋修的功名的确来路不正，而朱翊钧也随即给出了"都叫革了职为民"的批示。

明神宗朱翊钧的反应，令朝野看出了皇帝对张居正这位前首辅的厌恶之情。于是，云南道御史羊可立迅速调整角度，以构陷辽王朱宪㸅的罪名，对张居正展开弹劾。而此举随即牵扯到了隆庆二年（1568）的"辽王案"。

大明帝国的初代辽王乃是朱元璋的第十五子朱植，而其封地本在山海关之外的辽河领域。只是因为在"靖难之役"中首鼠两端，才被明成祖朱棣转封于湖北荆州。虽然经历这次改封之后，辽王府的护卫和财力皆遭到了极大的削弱，但朱棣及其身后的历代大明皇帝对这个辽王一系依旧很不放心，时常对其进行敲打。而明世宗朱厚熜登基之后，局面更可谓是波诡云谲。

作为大明王朝以藩王身份入主紫禁城的皇帝，明世宗朱厚熜本就对各地宗室成员心怀警惕。加之嘉靖一朝财政紧张，便自然更要对盘踞一方的藩王势力下手。于是在明世宗朱厚熜执政后期，便先后以各种名义废黜庆王朱台浤、郑王朱厚烷、徽王朱载埨和伊王朱典楧。而时任第八代辽王的朱宪㸅为求自保，一边竭力效仿明世宗朱厚熜崇尚道教，一边以声色犬马自娱，力争摆出人畜无害的模样。

朱宪㸅的这些努力，虽然成功打消了明世宗朱厚熜对其的猜忌，但随着明穆宗朱载垕继位，却又成为了新的罪证。隆庆元年（1567），便有御史弹劾朱宪㸅在得到明世宗朱厚熜驾崩的消息后"不衰不哀"，此后又有人弹劾朱宪㸅在荆州横行不法，明穆宗朱载垕随即命刑部侍郎洪朝选、锦衣卫指挥使程尧相前往荆州查办。

面对朝廷的步步紧逼，朱宪㸅选择了他自以为正确的抗辩方式——在家中竖起了一面白色的大纛（旗），以诉说自己的冤屈。熟料此举竟被解读为意图谋反。湖广按察司副使施笃臣当即派兵包围了辽王府，逮捕了朱宪㸅。眼见辽王被废藩已成定局，内外朝臣便纷纷对朱宪㸅展开了弹劾。而张居正作为辽王府卫士的后代，为了撇清自己，自然也要竭力地指责朱宪㸅的种种过失。

在明世宗朱厚熜、明穆宗朱载垕两代帝皇的削藩国策之下，被废为庶人、发配高墙的朱宪㸅本人是否真的德行有亏，其实早已不重要。但这庄公案之所以在多年之后被翻出来，很大程度上还是因为它太适合被用来清算张居正了。

首先，"辽王案"发生在明穆宗朱载垕执政的隆庆年间，便与当今天子明神宗朱翊钧毫无瓜葛。其次，辽王府便在张居正的老家江陵。是以，辽王妃上书辩冤，宣称张居正吞没辽王府家产无数，也便可信得多。而最重要的是，张居正牵扯在"辽王案"中，更多是"迫害宗室"，与其所推行的其他政治举措无关。

万历十一年（1583）三月，明神宗朱翊钧下诏追夺张居正"上柱国、太师兼太子太师"的荣衔，并革去其子张简修锦衣卫指挥同知职。次月，更命司礼监的太监张诚带着刑部左侍郎丘橓及一干锦衣卫指挥使前去查抄张居正的家宅。

丘橓本是嘉靖二十九年（1550）进士出身，可谓"出道较早"，也先后历任兵科都给事中、礼科给事中、大理寺少卿、都察院左副都御史等职，虽然谈不上平步青云，却也是手握实权，以至于时任湖广巡抚的方廉都要专程送钱给他。

只是不知方廉是不清楚京师的物价水平，还是的确手头并不宽裕，总之，只送给了五两金子。感觉遭受了侮辱的丘橓随即便向朝廷奏报了此事，直接导致方廉因为此事被罢官。而丘橓也由此变得更为敏感，先后弹劾了南京兵部尚书张时彻、平江伯陈王谟、锦衣卫指挥使魏大经、浙江总兵官卢镗等人。可就在嘉靖四十一年（1562），丘橓试图弹劾无力抵挡俺答袭扰京师的蓟辽总督杨选时，却一脚踢上了铁板，被明世宗朱厚熜打了六十大板、削籍为民，直接赶回了诸城老家。

丘橓之所以丢官，表面上看是因为明世宗朱厚熜厌恶其在京师被鞑靼铁骑兵临城下后跳出来扮演"事后诸葛亮"，但从更现实的角度来看，丘橓长期以来睚眦必报的行径，早已触怒了整个大明官场。而这一点也在其回到故里后被地方官吏指责拖欠各类税赋"数百十金"便可窥见端倪。

丢了官职后的丘橓在家中枯坐了二十一年，其间也不是没有想过利用自己残存的人脉关系东山再起。《明史·丘橓传》中便曾记载：万历初年，丘橓托人向张居正讲情，希望能够重新得到起用。但张居正对他并无好感，便直接予以了拒绝。而明代朱国祯的笔记《涌幢小品》，借张居正批评丘橓行事乖张。

直至万历十一年（1583）秋，丘橓才被重新起用为接受官民申诉的通政司的左通政。不久之后又调任为了左副都御史、刑部侍郎。而丘橓在如此短的时间被如此重用，显然是有所用意的。他抵达江陵之时，被封闭的张府已经饿死了十几个人了。但丘橓并不理会，随即对张居正的家人展开了严刑拷打，非要他们招认寄存在府外的两百万两白银。到最后，张居正的长子张敬修不堪受刑，自杀身亡。

张敬修在自杀前，写了一封血书，详细讲述全家遭到迫害的惨状。在这封血书的最后，张敬修怒斥朝廷派来的使者："丘侍郎、任抚按，活阎王！你也有父母妻子之念，奉天命而来，如得其情，则哀矜勿喜可也，何忍陷人如此酷烈！"最后，张敬修表示，"今不得已，以死明心"，表示自己是为了清白而自杀的。

张敬修的死引起了朝野的震动，申时行与六部官员纷纷上疏，"请少缓之"，其中刑部尚书潘季驯的奏章最为激切，直指丘橓用刑太严："以治居正狱太急，宣言居正家属毙狱者已数十人。"然而，没过多久潘季驯就被人指为张居正的党羽，因此丢掉了官职。

最终张居正的弟弟张居易、次子张嗣修、三子张懋修、四子张简修、五子张允修全部被流放到广东徐闻。只有张居正的老母亲得到了赦免，明神宗朱翊钧特意下旨："留空宅一所，田十顷，赡其母。"直到三十多年后，明廷才恢复张居正的名誉，赦免他的子孙。

在张居正举家遭殃之后，丘橓却依旧不满足，随即对张家展开了"二轮追赃"。这

今天位于山东高密市柴沟镇邱家大村的丘橓雕像

一次，他以帮助张居正诸子转移、藏匿财产为由，弹劾前工部尚书曾省吾、前刑部左侍郎王篆、前南京尚宝司卿傅作舟等人，并由此掀起了更大规模的冤狱。

虽然在自以为清除了张居正的影响力之后，明神宗朱翊钧很快便将丘橓投闲置散，给了一个南京吏部尚书的职务便将其赶出了中枢，但榜样的力量是无穷的。此后几年中，大明朝野逐渐出现了众多不讲人情，唯利是图的酷吏。他们站在道德的制高点疯狂打压同僚，最终酿成了不可挽回的祸患……

第六章：巡抚与总兵

——宁夏兵变的深层次诱因及其 最终爆发

一、哱拜

万历二十年（1592）二月十八日，对于地处帝国西北的重镇宁夏而言，漫天的雪花虽然已经不再飘洒，但是冬天的严寒远未散去。迎着犹如钢刀般的凛冽北风，一群大明边军装束的粗壮汉子鼓噪着走上街头，群情激奋地朝着总兵府的方向涌去。

这场哗变的领导者，名义上是名为刘东旸的普通兵卒。但区区一个来自靖虏卫①的正兵营家丁，刘东旸之所以能够在宁夏的边军之中做到一呼百应，是因为在其身后矗立着一股在宁夏军中盘踞三十年之久的庞大势力，而这股势力的代表人物正是宁夏军中的宿将——哱拜。

有关哱拜的身世，官方史籍中的记载较为简略。如清代修撰的《明史》中便只说："（哱）拜，西部人也，嘉靖中得罪其部长，父兄皆见杀，（哱）拜跳脱来降。"

有趣的是，相较于正史记载的粗略，诸葛元声所著的《两朝平攘录》中却对哱拜生平有着较为详尽的介绍："哱拜者，故黄毛鞑子也。嘉靖中

---

① 靖虏卫：明正统二年（1437）置，属陕西都司，治所即今甘肃靖远县。

驻牧山后，屡盗边民头畜得利，因投黄台吉部。吉恶其狡悍，颇忌之。拜遂与土谷赤、阿术尚虎不亥及华人被掳者郑旸等前后三百人叩塞降，（宁）夏镇开府王崇古受之。"

作为活跃于万历年间，收集了大量第一手史料的"民间历史爱好者"，诸葛元声的著作已被证明是研究明代西北少数民族关系，研究中朝、中日关系的重要资料。而《两朝平攘录》有关哱拜的这些记载，更可以说是隐藏了极为丰富的信息。

首先，根据《明史·四川土司传——茂州卫》中"东路生羌，白草最强又与松潘黄毛鞑（子）相通"的记载来看，被称为"黄毛鞑子"的哱拜很可能来自一个游牧在青藏高原东缘的独立部族，他们的生活习俗接近于蒙古部族，却并不隶属于俺答家族的统治。

从嘉靖十一年（1532）俺答之兄吉囊西征开始，俺答家族不断向青海方向用兵。而此时正驻牧于"山后"（贺兰山脉以西地区）的哱拜家族，不仅没有第一时间选择归顺，反而不断袭扰俺答家族的牧区、盗取对方的牲畜。哱拜家族这些自以为得利的行为在嘉靖三十八年（1559）俺答彻底控制青海后遭到了全面的清算。

虽然，按照清初学者谷应泰所著的《明史纪事本末》中

在草原部族的相互攻伐中，杀掉敌对部族的成年男子，而将幼儿掠为奴隶是常规操作

的说法，哱拜在"父兄皆见杀"时，是躲在水草之中才得以幸免。但在草原部族的相互攻伐中，杀掉敌对部族的成年男子，而将幼儿掠为奴隶是常规操作。而也正是在战俘营中，哱拜结识土谷赤、阿术尚虎不亥等同样家破人亡的"黄毛鞑子"，以及一个名为郑旸的汉人。从后续史料来看，这位郑旸很可能是一名被俘的明军军官，正是在他的带领之下，哱拜等三百余人逃出了俺答部的控制，进入宁夏军镇。

按照传统的大明军律，郑旸这样的被俘军官即便能够成功逃回，也往往难逃罪责，更不用说他身后那几百名身份不明的异族少年了。幸运的是，此时主政宁夏的巡抚王崇古却出台了一系列安抚被俘人员的利好政策。《明史·王崇古传》中称："（王）崇古禁边卒阑出，而纵其素通寇者深入为间。又檄劳番、汉陷寇军民，率众降及自拔者，悉存抚之。归者接踵。西番、瓦剌、黄毛诸种一岁中降者逾二千人。"

嘉靖二十年（1541）进士出身的王崇古显然不是一个书呆子。自幼"喜论兵事，悉诸边隘塞"的他，早在嘉靖三十四年（1555）为常镇（今

在王崇古的领导之下，宁夏军镇云集了众多来自西北游牧民族的骑兵

江苏常州市）兵备副使时，便与总兵俞大猷密切配合，多次大败倭寇。受命巡抚宁夏之后，王崇古很早便提出了"修战守、纳降附、出兵捣巢"的战略方针。力图利用宁夏当地汉族与西北游牧民族杂居的条件，打造出一支以西北游牧民族为主力的精锐骑兵部队，从鞑靼部手中夺回战争的主动权。

王崇古亲自从降附的游牧民族少年之中挑选出哱拜等一批土著健儿，招募为待遇优惠的家丁。在经过一段时间"建牙则列侍卫、出征则为选锋"的磨合之后，这些异族少年很快便凭借"善骑射、习虏地、敢死"的优势成为大明边军越境打击鞑靼部族的利剑。

众多少年之中，身怀国仇家恨的哱拜很快便脱颖而出。《两朝平攘录》中称他"尤勇绝伦"，每次执行"捣巢"任务时，都能只携带两天的粮秣，出塞三四百里，利用鞑靼部族壮丁外出的机会，袭击留守营地的妇孺，然后再掠夺其牲畜而还。

这些突袭行动，令哱拜在宁夏边军中积累了一定的声望。甚至出现了"虏妇呼（哱）拜来、胡雏不敢夜啼""宁镇三百里外无虏马迹"的传说。但真正令他声名鹊起的，还是其于隆庆二年（1568）八月率部越过大青山斩杀鞑靼部贵族撒鬼大恰等九人的军事行动。此战之后，哱拜不仅升任把总，还获得了朝廷十两银子的特别奖励，被树立为"胡人归义"的楷模。

隆庆三年（1569）秋季，受命总督陕西三边的王崇古接到谍报，有塔不能等四位鞑靼部酋长，正在距离边境两百余里的白城子一带集结兵马，有大举入侵的迹象。王崇古随即召集陕西总兵官吕经、宁夏总兵官雷龙等人商议对策。在确定己方占据绝对的兵力优势后，王崇古最终决定主动出击。

九月二十日，来自宁夏、陕西两地的九千五百名大明边军于花马池一线集结，随后分四路向白城子方向扑去。然而，声势浩大的明军尚未抵达战场，便已然惊扰了营地里的鞑靼部族。在安排老弱妇孺骑马赶驼、往远处躲避之后，白城子内的鞑靼部族则一边向邻近的同胞求援，一边组织起五六百精锐披甲跃马冲出。

讽刺的是，此时的明军虽然出动了近万兵卒，但除去部署在两翼的三千骑兵和中途应援、殿后老营的部队之外，正面接敌者也仅有已经升任千户的郑旸麾下包括宁夏正兵营家丁哱拜在内的千余精锐。因此双方正式交锋之后，明军虽然迅速攻入白城子的鞑靼部营寨，并斩首两百余级，但随着邻近的鞑靼部族陆续驰援，其他的明军纷纷避战，直接导致哱拜所在的那股明军陷入了敌军的包围。

在鞑靼部骑兵的反复冲击之下，明军损失惨重，曾经与哱拜一同逃入宁夏的游牧民族少年土谷赤中箭身亡。但哱拜没有就此放弃，他跟随着郑旸奋力冲杀，各自斩获了一名身披重甲的鞑靼勇士，才最终侥幸成功突围。可其他各路明军非但没有赶来救援，反而要求郑旸带领着手下的残兵为其殿后。

白城子之战中，明军集结了绝对优势的兵力以多打少，却最终铩羽而归。令主导此次战役的王崇古很没面子。但这位总督大人还算有良心，他在写给朝廷的战报之中充分肯定了郑旸、哱拜等人的英勇

身披重甲的鞑靼勇士往往是一支部队的中坚力量

事迹："今次出边威虏，独擅英发。当其虏骑冲击，众势披靡，向赖郑旸、哱拜躬率健丁殊死血战，或直入虏营斩其骁骑，或别营殿后联其溃奔。东冲西击，兵恃以为保障；摧坚却敌，众仰有如神兵。"

正是凭借着白城子之战的军功，哱拜升任为都指挥，而战死的土谷赤被追授为旗官。随着隆庆五年（1571）的俺答封贡，大明与鞑靼全面停战，哱拜也得以暂时告别了刀口舔血的日子。也正是在这一时期，哱拜迎娶了一位汉族的女子施氏，并生下了长子哱承恩。

关于哱承恩的出生，明末清初的学者谷应泰在其所著的《明史纪事本末》中有这样一段颇为灵异的记载："（哱）拜妻施氏孕将产，（哱）拜梦空中大响，天裂出火焰，一妖物如虎，入施（氏）胁下不见，（哱）拜急手剑之。惊觉，遂产子，狼貌枭蹄，名曰承恩。"

谷应泰的这段记述，显然不是简单的怪力乱神，而是将哱拜由边军股肱向乱臣贼子的转变归咎于哱承恩的出生。而从更为现实的角度来看，对于父兄皆死于战乱的哱拜而言，能够过上这般老婆孩子热炕头的幸福生活，理应感到知足，甚至家庭开支的增长以及未来发展的长远规划，更能促进哱拜为大明帝国奋勇杀敌。

可惜，从隆庆五年（1571）开始，大明与俺答所领导的鞑靼右翼三部之间始终保持着较为良性的互动关系。虽然河套、洮河一线依旧时常有游牧部族越境劫掠，但为了维持来之不易的和平，接替王崇古总督陕西三边军务的石茂华非但没有出兵抵御，反而顺应盘踞河套、松山等地的鞑靼部族要求，广开互市，并不断赏赐钱物。在这样的背景之下，空有一身武勇的哱拜显然无从捞取战功，可谓升迁无望。然而，一场大明官场的权力斗争，却为哱拜送来了加官晋爵的东风。

自隆庆四年（1570）王崇古调任之后，哱拜一度沦为了政治孤儿。但随着原甘肃巡抚石茂华接手总督陕西三边军务之后，哱拜再度遇到了赏识他的伯乐。虽然石茂华此前并未与哱拜有过交集，但在担任甘肃巡抚期间，石茂华同样对大明边军的弊端洞若观火。

早在隆庆二年（1568）石茂华便上疏兵部，提出："言今边兵敢战，有功者率被虏来归之人，不即习战阵，称家丁者，以其识虏情伪，又经历险苦、不畏锋镝也。宜别为一营，每月加粮五斗，汰冗军以赡之，俾为军士之倡。"而在坐镇固原，主持延绥、宁夏、甘肃三边军务之后，复杂的边防态势更令石茂华颇为头疼：

隆庆五年（1571）俺答封贡之后，大明与鞑靼右翼诸部之间虽然形成了稳定的贸易关系，但鞑靼诸部游牧面积辽阔，少数几个互市显然无法满足所有人的需求。其中占据河西大小松山地区的俺答侄孙宾兔便嫌大明设于宁夏清水营的互市道路遥远，不断要求另开互市。

万历元年（1573）七月，俺答亲自出面为宾兔向明廷请求在邻近的甘凉地区开市交易，但被明廷所拒绝。为最终达到互市目的，宾兔纠结邻近诸部开始袭扰边境，并不断驱赶被大明称为西番的河湟谷地其他游牧部族向大明境内迁移，以求达到"以战逼贡"的战略目的。

万历二年（1574）九月，西番攻陷地处今甘肃康乐县西南的麻山关，随即大举劫掠阶州（今甘肃省陇南市武都区）、河州（今甘肃省临夏回族自治州）。而明军河州参将陈堂认为这是洮州番族，与其无关。洮州参将刘世英则认为番族抢掠河州，并非自己的责任。正是在两人的相互推诿之下，西番诸部盘踞甘肃长达一年之久。直至万历三年（1575）十二月，在石茂华的亲自干预下，明军才肃清了侵入甘肃的西番部族。

然而，西番诸部之所以铤而走险地主动进攻大明，无非是为了躲避宾兔等鞑靼贵族的袭扰。因此在百余人战死、九百余人自焚之后，剩余的七十一个部族选择向明军投降。但如此一来，如何安置这些降人，却又成为了摆在石茂华面前的新问题。

反映明军击败西番的《平番得胜图卷》（局部）

如果按照大明此前的常规操作，这些归顺的游牧民族大多会被拆散之后于内地分别安置。但偏偏石茂华向来主张灵活运用"羁縻政策"处理夷务，并在万历三年正月向明神宗朱翊钧提交了一份题为"推广德意收抚人心以固边疆事"的奏议。

在这份奏议中，石茂华指出俺答封贡，鞑靼右翼诸部虽然暂时停止了向大明的进犯，却将矛头转向了西番，在这样的情况下，大明已经积极地笼络这些部族，将其打造为外围的屏障和缓冲带，即所谓："河西地方极称孤悬，西番各族环居四境，诚所谓中国之藩篱也。迩年以来，仰仗皇上威武远震，北虏纳款，路虽止于一线而边垣堡寨修筑就绪，破堪保障，惟套虏盛归西海、嘉峪关外，日渐众多，番族与之并处，强弱不敌。其间吞噬侵掠，势所必至，而窃威力以私相交通者，间亦有之。"

按照石茂华原本的设想，是将这些西番部族安置在边境地区，"择其为众推服者，给予执照，大族自为一族，小族归并统束"，使其牢记责任；

原来从事耕种的，将境外"闲旷之地"与其开垦；想要躲避虏患的，将其安排在境外"远山空避之中"，自己修建房屋。而这些西番部族虽然分散各处，但有事仍需听从明军的调遣。但是经过一场大战之后，对于西番降族的安排显然已无法如此从容。石茂华也便有了将其直接编入行伍的设想，加上此时在"入卫兵"问题上，石茂华又与朝廷产生了矛盾，于是一个大胆的想法也便油然而生。

所谓"入卫兵"，指的是嘉靖年间为了防备鞑靼部威胁京师，而每年从"九边"各镇调兵前往蓟镇支援。这一制度表面上看，的确强化了蓟镇的兵力，但"入卫兵"远离自己所熟悉的防区，往往表现得战斗力极差，且长途运兵更是耗资巨大、劳民伤财。因此戚继光、谭纶、王崇古、杨博等官员都先后提议改革"入卫兵"制度。万历二年（1574），石茂华上疏朝廷，建议将延绥、宁夏的入卫兵马撤回休养。但兵部却以"蓟镇边患叵测，不容不借客兵"为由，要求其"照旧入卫"。此后，宁夏巡抚罗凤翔上疏竭力陈述宁夏边兵远戍的困苦之状，并指出边兵入卫，往返更换，募费多端等因，请求只存宁夏入卫游击一员，统领宁夏义勇士兵，无事操练兵马，遇警听调截杀。

显然为了减轻调动正规边军所带来的防区压力，石茂华已然决定将归降的西番壮丁以家丁的身份编组入"入卫兵"，而同样出身西番的哱拜自然便成为了率领这支"入卫兵"的最佳人员。因此万历五年（1577）六月，哱拜被正式擢升为"入卫游击"，带领两营兵马及千余家丁踏上了入卫之路。

值得一提的是，"九边"之中同样需要调兵入卫的延绥、大同两镇均设有"入卫游击"四人，分为春、秋两班轮流入卫，唯有宁夏镇仅设"入卫游击"一人，也就是说哱拜所领的这支兵马将不得不长期驻守于蓟镇所划定的防区——黄花镇路（今天北京怀柔区大水峪西至西水峪长城一线）。

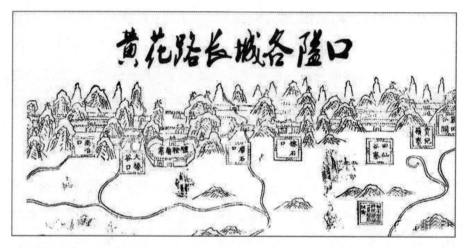

黄花路长城各隘口简图

讽刺的是，哱拜入卫蓟镇后不久，石茂华便被吏科都给事中陈三谟所弹劾，石茂华被迫以母老归养为由，主动请求致仕。而接任总督陕西三边军务的郜光先由于能较好地处理与鞑靼右翼诸部的关系，进而深得明神宗朱翊钧及首辅张居正的信任。在这种其乐融融的气氛之下，郜光先自然不会主动提及将哱拜所部入卫兵撤回宁夏的议题。直至万历十年（1582），哱拜所部才因为鞑靼右翼诸部的剧变而撤回了宁夏。

二、分裂

万历十年（1582）正月，鞑靼右翼诸部领袖俺答病逝。在自然环境相对恶劣的蒙古草原上，享年七十五岁的俺答虽然可谓高寿，但其晚年长期卧病，政务大多由其俗称"三娘子"的妻子钟金主持。

在俺答死后，"三娘子"钟金以亡夫的名义向大明发出讣告，进贡白马九匹，镀金撒袋各一副、弓一张、箭十五支，以示继续忠顺。而明廷派遣使者吊唁的过程中，发现鞑靼使者在奉表称谢时皆以"三娘子"为主名，凡赴关内者须携带"三娘子"签发的文书，方准通行。可以说，"三娘子"钟金在一定程度上掌握了土默特部的核心都采邑——归化城（今内蒙古自治区呼和浩特市）。

但是这样的局面显然不是俺答的长子乞庆哈所愿意看到的，是以他很快便提出自己将按照游牧民族的风俗迎娶钟金，以示全面接收自己父亲的政治遗产。但年仅三十二岁的钟金却并不愿意就此让位，她以乞庆哈老病貌陋为由，率众远遁。土默特部内部一度剑拔弩张，陷入了内战的边缘。

幸好，时任大明宣大总督的郑洛及时出面斡旋，派出使者向钟金阐明了利害关系："汝归王（乞庆哈），天朝以夫人封汝。不归，一妇耳！"显然，残酷的草原政治生态中本没有钟金这样一介女流的位置，要想继续把控土默特部，她便必须继续扮演好大汗夫人这个角色。

俺答与"三娘子"钟金的雕塑

或许，起初选择与乞庆哈婚配之时，钟金还带有几分无奈和不甘，但很快她便发现已经年逾六十的乞庆哈早已不复昔日之勇，每况愈下的身体状况令其无力秉政，根本就是第二个俺答。她不仅可以继续把持土默特部的内部政务，甚至已然借助乞庆哈的军队发动一场战争。

此时，土默特部所定居的前套平原（又称土默川平原、呼和浩特平原）之上拥有着两个核心地区。其一自然是作为政治中心的归化城；而其二却是长期扮演着经济中心的大板升。

"板升"一词为汉语百姓之音译，后引申为城、屋、堡子之意。明朝后期中原的汉族陆续北迁至土默特部境内，他们修筑房舍，开垦荒地，建立村落，从事农、副、手工业生产，并向俺答等鞑靼领主交纳租税。两族人民共同开垦了丰州滩上万顷的土地。自丰州滩西抵黄河三百余里也因此被土默特部称为大板升。

俺答在世期间，大板升地区无疑是土默特部最为富庶的经济板块。以至于在封贡之前，"每大举进寇，俺答必先至板升，于全家置酒大会，计定而后进"。但是随着俺答的离世，掌握在俺答孙子把汉那吉手中的大板升地区便成为了钟金的心腹大患。

毕竟，作为昔日引发俺答封贡事件的源头人物，把汉那吉在大明眼中是"首位功臣"，因而深得大明朝廷和汉族移民的信任。加上相较于伯父乞庆哈小了二十多岁的年龄优势，更令掌管大板升地区的把汉那吉拥有了问鼎汗位的实力。

就在钟金对把汉那吉颇为忌惮之际，他却突然在万历十一年（1583）四月狩猎时不慎坠马而死。消息传来，钟金大喜过望，立即着手安排自己的长子不他失礼迎娶把汉那吉的遗孀乌兰妣吉，进而一举并吞整个大板升地区。然而，乌兰妣吉同样拥有极强的政治野心，通过俺答生前的义子兼近侍恰台吉①的牵线，乌兰妣吉很快便勾搭上了乞庆哈的长子扯力克。

---

① 恰台吉：本名萨尔玛尼，根据大明方面的解释，"恰"为相似之意思，即说明其政治地位与"台吉"相同。恰台吉既为俺答义子，又是俺答直属部众的首领，领有部众两千余户。

　　乌兰妣吉此举显然具备双重政治含义，一方面，嫁给扯力克之后，她可以继续掌控整个大板升地区，断绝钟金的觊觎；另一方面，扯力克作为未来的汗位继承人，乌兰妣吉与之成婚之后，便等于提前锁定了大汗夫人的宝座。而后面一点恰恰是钟金无法忍受的。

　　万历十一年（1583）九月，钟金以乞庆哈的名义调动扯布、土谷赤、计龙等将领，率领两千精兵突袭大板升地区。得到消息的恰台吉随即率部赶来，与扯布等人展开激战。土默特部由此陷入了内战之中。消息传来，彼此沾亲带故的鞑靼右翼诸部首领自然不能坐视，最终在领导鄂尔多斯部的彻辰洪台吉主持下，双方一度约法三章，约定双方都不许杀人、赶马，如果违约则诸台吉共罚之。

　　但自恃兵强马壮的钟金却对这一约定不以为意，继续派人到大板升抄掠牲畜。最终逼得扯力克不得不由幕后走到台前，于万历十二年（1584）五月，亲率部众前往乌兰妣吉营地，与其正式成婚。随着乌兰妣吉统领的部众归入扯力克麾下，钟金与乌兰妣吉、恰台吉的大板升之战，正式升级为了钟金与扯力克之间的对立。

　　忌惮扯力克兵强马壮的钟金虽然短时间内不敢再度进犯大板升地区，但却对此怀恨在心。随着万历十三年（1585）十二月二十九日乞庆哈病逝，钟金再度凭借大汗遗孀的身份预谋夺取土默特部的继承权。由于钟金手握

壁画中的乌兰妣吉

着明朝册封的顺义王印，扯力克虽然可以自立为汗，却迟迟不能得到明朝的袭封。为此扯力克一度扬言要从钟金手中夺取王印，土默特部再度滑向了内战的边缘。

关键时刻，大明宣大总督郑洛再度派出使者对钟金反复导谕，劝说她与扯力克和好，并威胁扯力克说："夫人（指钟金）三世归顺，汝能与之匹，则王，不然封别有属也。"在大明官方的撮合之下，钟金最终与扯力克重新修好。

万历十四年（1586）十月钟金与扯力克成婚。扯力克虽然借此巩固了袭封顺义王的资格，却也被迫让出了继承自乌兰妣吉的大板升地区。钟金之子不他失礼正大光明地继承了把汉那吉的部众。至此，这场围绕大板升地区延续两年的政治、军事纷争才终于宣告结束。

万历十五年（1587）三月，在土默特、鄂尔多斯、喀喇沁、永谢布等鞑靼右翼诸部大小二百八十位首领的具名保结之下，明神宗朱翊钧终于听从了礼部的奏议，允许扯力克袭封顺义王，扯力克长子晃兔台吉与钟金之子不他失礼二人各袭龙虎将军之职，并加封钟金为"忠顺夫人"。表面上看，土默特部内部各方势力至此似乎终于达成了微弱的平衡，但实际上连番内斗的土默特部已然没有了鞑靼右翼诸部共主的超然地位，而俺答生前征服的青海大小松山、西海等地早已蠢蠢欲动起来。

俺答在世时雄霸青海，其他各部不敢随意出入。但乞庆哈、扯力克的威望大逊其父、其祖，导致大批鞑靼部族蜂拥迁入大小松山、青海一线。这些部族虽然规模不大："多者不过二三千骑，少者一二千骑耳"，但大举劫掠当地西番，令大明西北边防的压力陡然升级。万历十五年俺答第四子丙兔率部西渡黄河，移牧到位于今青海省贵南县的莽剌川地区之后，当地的局势更趋于复杂。

虽然丙兔的西迁是否源于其在内部政治斗争中失利，现有史料并未给出明确记载。但可以肯定的是，依照草原部族"以杀戮为耕作"的生活习性，迁入青海鞑靼诸部要想生存和发展，必然会寄希望于对外扩张和劫掠。万历十七年（1589），随着丙兔之子真相继承其父的官职和部众后，随即积极联络自己的远房堂兄弟火落赤、卜失兔等人，开始谋划攻袭明境。

一番安排妥当之后，真相率部进据莽剌川（今青海省贵南一带），火落赤则率部占据捏工川（今青海省同仁、泽库一带），开始蚕食和驱赶河、湟番族。而顶着明廷册封的"河套都督"头衔的卜失兔遣使力邀扯力克前往青海。此时的扯力克也极为渴望重振自家祖父俺答时代荣光，便打着前往青海湖南侧仰华寺礼佛的名义，大举率部西进。

万历十八年（1590）六月，扯力克尚未抵达，鞑靼部士兵便擅入西宁，射杀醉酒的副总兵李奎，因而引发全面冲突。早有准备的真相、火落赤等率四千骑攻入明境，大举围攻旧洮州古尔占堡。他们吸引驻守当地的大明岷洮副总兵李联芳率部来援，并设伏将其击败。大获全胜的真相随即从土默特本部召集了三千余骑，打着扯力克的旗号，在临洮一线虚张声势。火落赤则趁势攻掠河州，又击败了大明临洮总兵刘承嗣所部。史称"洮、河之变"。

鞑靼部的大举攻掠令西陲震动。自万历十四年（1586）九月开始便因"头晕眼黑，力乏不兴"而常年免朝的明神宗朱翊钧也为此破天荒地召集内阁商议。眼见此事竟然惊动正在"养病"的天子，那么内阁首先要做的自然是推一个人出来背锅。于是总督陕西三边军务的梅友松当即便被革职为民。

客观来说，在《山西通志》中被称赞为"练达吏治，洞彻人情"的梅友松，显然更擅于理民而非治军，更何况其主持陕西三边军务仅一年有余，让他来为明军在洮、河两州的失利负责，实在太牵强。不过，塞翁失马，焉知非福，据《内江县志》记载，梅友松归家后，寄情山水，吟咏自乐，远比那些继任者们要逍遥得多。

内阁罢免了梅友松，虽然算是为明神宗朱翊钧出了一口恶气，但事情却终究还是要有人去干。于是，时任内阁首辅的申时行便适时地说了一句废话："请推一大臣（担任）经略。"

借着申时行的台阶，朱翊钧随即把问题甩给了兵部。而兵部尚书王一鹗则第一时间把曾任宣大总督的郑洛推了出来。王一鹗的逻辑很清晰：既然入侵洮、河两州的鞑靼部族打着扯力克的旗号，那么此前因册封扯力克为顺义王而加官晋爵的郑洛自然难辞其咎。

无奈之下，郑洛以都察院右都御史、经略陕西四镇及宣大山西等处边务的冗长头衔出镇陕西。与此同时，明神宗朱翊钧又以敕谕扣发了以"市赏"名义发给扯力克的二十万两白银。自俺答封贡以来，大明与鞑靼右翼诸部之间首次进入了敌对状态。

面对可能全面爆发的战争，郑洛一边向扯力克和"三娘子"钟金派出信使，要求他们强化对麾下部众的控制，不要让更多的鞑靼部族加入真相、火落赤、卜失兔的行列中去，一边则将延安边军严重缺编的情况上报朝廷，提议从大同、宁夏方向调集精锐援军。

其中大同方面，郑洛点了李成梁长子李如松的将，要求"山西兵马必须酌调精勇已移该镇总兵官李如松"，并由李如松"委勇敢千总一员统领前至兰州听用"。而在宁夏方面，选调精锐一事交给了来自中央的特派员——尚宝司司丞周弘禴。

作为明代著名女诗人董少玉的丈夫，周弘禴的政治经历可谓"以邀直名"的典范。万历二年（1574）仅考中甲戌科进士第三甲第一百二十名的周弘禴政治起点并不高。此后十年也不过徘徊于从六品的无为州同知和正六品的顺天府通判。如果不是一次成功的政治豪赌，周弘禴这个名字可能永远不会出现在明史中。

万历十三年（1585）的春天，周弘禴上疏弹劾兵部尚书张学颜、太仆寺少卿李植，勾结司礼监太监张鲸、张诚。周弘禴此举表面来看是以卵击石，实际上却迎合了当时朝野上下弹劾张学颜一党的声浪。更重要的是，在别人只是一味攻讦张学颜、李植靠着出卖、清算张居正而上位，品行有亏之际，周弘禴以"（张）鲸既窃陛下权，而（李）植又窃司礼势，此公论所不容"开篇，进而指出张学颜、李植有成为另一个严嵩、张居正的可能。

收到周弘禴的上疏后，明神宗朱翊钧表面上盛怒，并将其贬出京师，但在从七品的代州判官任上待了一段时间之后，随着张学颜致仕、李植外放，周弘禴便调任了正六品的南京兵部主事，并在万历十七年（1589）被召入京师，担任掌管玉玺的尚宝司司丞一职。虽然尚宝司司丞的官阶依旧是正六品，可要知道这个皇帝近臣的岗位，当年却是严嵩为爱子严世蕃力求而不得的，更是名臣海瑞于隆庆、万历两朝大展拳脚的政治起点。

是以，在周弘禴出任尚宝司司丞后不久，明神宗朱翊钧便委派其以监察御史的身份阅视宁夏边务，全权协助郑洛选调宁夏边军驰援洮、河前线。面对突然空降的周弘禴，宁夏官场自然高度重视，以宁夏巡抚佥都御史梁问孟、巡察御史钟化民为首的各级官员自然是全力逢迎。而周弘禴

《寄夫在岢岚》

董少玉〔明代〕

流落客边州，刀环在马头。

莫怜杨柳色，管取只封侯。

作为明代著名女诗人董少玉的丈夫，周弘禴的政治经历可谓是"以邀直名"的典范

依旧摆出油盐不进的架势，直接以"取官帑银交际"的罪名弹劾梁问孟、钟化民二人，直接导致梁问孟被免职、钟化民被贬为礼部主客员外郎。

客观地说，梁、钟二人都不是真正意义上的贪官。梁问孟为官三十年，大多时间不带家属。终其一生，不曾养过一婢一妾。而万历八年（1580）进士出身的钟化民此前任惠安知县时，更有"不要官、不要命、不要钱"的"三不要县令"的美誉。或许也正因为囊中羞涩，两人才不得不挪用公款来招待周弘禴，以至于落人口实。

成功扳倒了宁夏地方上的两位大员之后，周弘禴开始正式插手军务。时任宁夏总兵张维忠最初的设想，是由昔日战死沙场的土谷赤之子土文秀率领千余骑兵赶往洮、河两州助战。但此时已然于万历十七年以副总兵身份致仕的哱拜主动找到周弘禴，表示："（土）文秀虽经战阵，恐不能独将。"

从军事角度来看，哱拜的意见自然有他的道理。首先，身为"烈属"的土文秀虽然自幼混迹于军旅之中，此刻也已经官拜游击，但这位成长于和平年代的新生代军官，显然没有经历过大规模的战争洗礼。其次，史料中虽然没有明确土文秀所部兵马的组成结构，但考虑到其与哱拜家族的关系，这千余骑兵显然来自哱拜长期统辖的那些昔日西番部族的降卒。那么以土文秀在军中的威望和资历，显然未必能够服众。

而最关键的节点，恐怕还在于从小看着土文秀长大的哱拜，对这个初次领兵的义子舐犊情深，因此才主动提出要为之保驾护航。眼见哱拜这样一员致仕老将还愿意发挥余热，周弘禴自然十分感动。当即便特许其率领本部三千兵马驰援前线。而哱拜所部抵达前线之后，也迅速在郑洛的指挥下投入了对真相、火落赤、卜失兔等部的围追堵截之中。

万历十九年（1591）正月，明军在甘肃水泉营边墙成功截击卜失兔部，阵斩八十八首级，成功将鞑靼部的势力逐出塞外。次月，郑洛又遣大同镇副总兵尤继先率部突袭莽剌川，一举大败火落赤部，成功斩首五百余级。然而就在郑洛打算继续派兵自西宁入青海追击残敌之时，京师方面以宣府、大同方向军情紧急，将郑洛火速召回京师。

显然，此时的大明帝国并不希望与鞑靼右翼诸部全面开战。因此在郑洛入朝后，总督宣府、大同、山西三镇的萧大亨、宣府巡抚王世扬、大同巡抚邢玠等人便一同上疏，提出扯力克既已推卸罪责，愿意臣服，而鞑靼右翼诸部亦有不少未与明朝对立的部落"驯服犹故"。他们希望能够继续维持双方和平共处的关系。而明神宗朱翊钧也从善如流，只要求扯力克擒回此前投靠大明而又复叛的朵颜部酋长史二官便可以既往不咎。

三、恩仇

有趣的是，这个史二官本是大明官方心目中的顺应王化的典范。嘉靖年间，史二官与其兄史大官因不满俺答长子乞庆哈抢夺其部牛马、妇孺，而选择率部投靠大明。在被安置于龙门所（在今河北省张家口赤城县东）一带驻牧之后，史二官部更一度成为了大明哨探鞑靼内情的急先锋。

在明廷"月有米，岁大赏凡一，小抚凡三"的恩泽之下，史二官及其麾下部族一度日子过得颇为滋润，便引来另一位朵颜部酋长车达鸡于隆庆初年的效仿。而明廷也同样将其安置在邻近龙门所的滴水崖一带。但就在史、车二部互为邻里后没多久，明廷选择了与鞑靼右翼诸部握手言和。

俺答封贡之后，史、车二部在边防上的重要性自然也就随之降低。而这一点逐渐在明廷给予他们的待遇上显现了出来。首先是地方官员时常克扣朝廷下拨给两部的米粮，其后更侵占他们的牧场。在日益恶劣的生存环境之下，史、车二部最终决定一同北逃。然而，就在行动即将展开之际，史二官出卖了盟友，主动提醒明军提防车达鸡部的异动。

借助着这一"以邻为壑"的操作，史二官部成功投身塞外，车达鸡部虽然也很快跟上，却最终因为准备仓促而丢失了大批牲畜，以至于本就不富裕的生活更加雪上加霜。更令车达鸡部感到尴尬的是，很快他们便又被作为鞑靼部向大明表示和平诚意的礼物与史二官一同被送了回来。

虽然为了表示宽宏大量，明神宗朱翊钧并未处决史、车二部的任何人，但将两部的首领圈禁于宣府城内，至死未得自由。其部众虽然多年之后仍"夷俗如故也"，但在放牧之外渐渐地开始耕种，生活自然是越来越像定居的汉地农民了。

随着史、车二部被遣送回来，大明与鞑靼右翼诸部之间因"洮、河之变"所引发近一年的准战争状态也随即画上了一个句号。但此事造成的恶劣影响终究是要有人出来负责的。于是兵科给事中张栋、太仆寺丞徐琰等接连上奏弹劾郑洛，认为他未能应对"洮、河之变"，处置失当，欺骗朝廷，又不能除凶雪耻，惩治扯力克及火落赤、真相等元勋首恶，反倒以重利媚之，请求治其误国之罪。在巨大的舆论压力之下，郑洛被迫告病归乡。

郑洛的倒台，虽然表面波澜不惊，但牵连甚广。郑洛对"洮、河之变"的处置是丧权辱国，其麾下兵将此番自然也是有过无功。此前朝廷许诺的恩赏自然发不下来，甚至此前已然下发的一些战时津贴也要全部收回。而此时谁也不会想到这一京师中枢的政治动荡会波及千里之外的宁夏镇。

宁夏镇之所以会首当其冲，很大程度上要算是拜"以直邀名"的周弘襕所赐。因为正是在其弹劾之下，此前干得还算不错的梁问孟丢了官。宁夏巡抚一职由陕西按察使党馨接任。或许在外人看来，党馨算是升了官，但他本人实在是有苦说不出。

党馨是山东青州府益都县人，隆庆二年（1568）便已因进士出身而实授山西襄垣县知县。此后历任徽州府同知、延安府知府，也算是稳步升迁。进入万历朝之后，党馨却原地踏步。坊间有传言说其得罪了首辅张居正，以至于获得了"有小才，刻而且暴"的负面评价。但平心而论，张居正如果真的厌恶党馨，自然有无数种方法令其滚出官场。如果真给过党馨这样的评价，恐怕也是在肯定对方的"有小才"。

但是张居正这一句随口的点评，却将党馨按死在了延安府知府的岗位上。直至张居正死后的万历十一年（1583）才终于熬成了陕西按察副使。三年之后，正式晋升为按察使。万历十七年（1589）二月，吏部更发表了擢升其为湖广右布政使的公文。可以想见，对于此时已过不惑之年的党馨来说，他的政治生涯似乎终于迎来了一丝曙光。

然而，无情的现实很快便击碎了党馨的全部幻梦。由于"洮、河之变"的爆发，作为战区行政长官的党馨被留任在了陕西，并随即以按察司副使的身份被派往固原去整饬兵备。当年十二月，随着梁问孟去职，党馨正式被任命为了宁夏巡抚。

虽然从职务上来说，巡抚的权威远在布政使之上，但已在陕西待了二十余载的党馨显然早已厌倦了西北生活。而正是带着一股怨气，本就"刻而且暴"的党馨到任宁夏之后，出于泄愤和立威，开始了一番几近寻衅般的肆意施政，并最终将自己推上了死路。

党馨履任宁夏巡抚后做的第一件事情便是敲打哱拜家族。他之所以这么做，大约有两方面的理由：其一，于公而言，此时在"洮、河之变"中立下功劳的哱拜家族，已然在宁夏边军占据了半壁江山。党馨要想坐稳宁夏巡抚之位，自然要拿他们开刀。其二则是党馨的个人私心，他本就不是高风亮节之辈，此番既然做了一方封疆大吏，自然想着将手中权力变现。而眼见哱拜家族在宁夏经营多年，手中积累足以豢养数千家丁的资本，党馨也便萌生了趁势狠狠敲一笔的念想。

正是基于上述想法，党馨上任后不久便遣人向哱拜索求"瓜种"。面对新任顶头上司如此赤裸裸的暗示，哱拜不知道是老迈昏聩，还是觉得自己另有靠山，竟真的以为对方是对宁夏当地长于树上的盐池甜瓜感到好奇，便只派了一个帐下的"夜不收"（侦察兵）亦力赤刀儿送了一些盐池甜瓜过去。而党馨本就醉翁之意不在酒，便借题发作，竟以瓜薄为由，将亦力赤刀儿活活杖毙。

眼见党馨如此作态，哱拜恍然大悟，连忙命自己的义子哱弈、哱襄带上白银五百两、猞猁狲皮四十张敬献给党馨。客观地说，即便党馨身为巡抚，其每年的合法收入也不过白银两百两左右。哱拜一口气送出五百两，还有四十张在内地价值不菲的猞猁狲皮可谓是下足了本钱，但党馨对此依旧不满。这其中除了有欲壑难填的因素之外，很大程度上恐怕还在于前后两次送礼，哱拜本人都没有出面，俨然是故意轻视了自己这个顶头上司。

当然，党馨此时并不愿意把事做绝，所以只是把哱弈、哱襄这两个哱拜的义子打了一顿便关了起来。然而，面对这样的步步紧逼，哱拜似乎已然不愿意低头。于是乎，党馨更进一步暂停哱拜义子哱云升任守备、土文秀转迁游击的人事任命，同时又翻出哱拜长子哱承恩此前强娶民女为妾的民事案件，将哱承恩拷打了一番。

事情发展到这一步，党馨与哱拜之间还没到你死我活的程度。可偏偏此时，把总王徹、中军官朱绶等中下级军官又联名弹劾哱拜家族在出兵平定"洮、河之变"的过程中，有"纵曹掾冒粮"的行径。党馨随即命自己的政治盟友、儿女亲家——兵备副使石继芳逮捕哱拜多名的近侍、心腹，摆出了要将此事彻查到底的架势。

客观地说，在大明军队之中"冒领钱粮"的罪名向来是可大可小。其实此前，王德、朱绶也将同样的问题上报给了当时总督陕西三边军务的郑洛，但郑洛只是轻飘飘地给出了一个"以降夷置不问"的处理意见，便直接将事情揭过了。此时的党馨虽然摆出了严查到底的姿态，却也还是并未打算对哱拜家族下死手。就在党馨试图维持一种对哱拜家族的高压姿态，以便获取更多政治、经济利益之时，宁夏边军却率先鼓噪而起了。

导致宁夏边军全面哗变的直接原因，是此前党馨下令要求兵士将万历十七年（1589）至十九年（1591）所欠银两一次缴清，且规定凡"包赔未完者，即于月粮扣之"，因此，士卒怨气极大。当时又正值冬日，党馨又长时间扣着士卒们的"冬衣布花""草价银"久久不发。这一直接威胁全军将士及其家属最基本生计的行为自然引发了全面的反弹。

在宁夏镇"军心动摇、人皆怀怨"之际，哱拜长子哱承恩与来自靖虏卫的军士刘东旸等八十余人在关王庙中歃血为盟、共举大事。不过此时的哱氏家族显然并不愿意冲在哗变的最前线。因此便出现了滑稽的一幕——大家以酒碗中的气泡大小来决定谁做老大，最终因为刘东旸酒碗中的气泡最大且迟迟没有破灭，而成为了此次哗变的领导者。

然而，作为底层士兵的刘东旸显然没有组织大规模哗变的经验，行动尚未展开便已然被坐营官①江廷辅发觉并上报。宁夏巡抚党馨听从了心腹——掌宁夏卫官李承恩、药局官陈汉等人的建议，仍拒绝下拨冬衣布花、草价银等生活物资，直接导致正月十八日兵变的全面爆发。

面对这些来势汹汹的兵卒，时任宁夏镇总兵的张维忠多少显得有些手

---

① 坐营官：明代军职，掌管军营内部的日常事务。

足无措。其实，这些士兵的诉求他非常清楚——无非就是求个温饱而已。偏偏就是这个最基本的诉求此刻却无法给予满足。毕竟按照李承恩等人的说法，面对哗变既不能"以乱挟而与之"，更应该坚决予以武力镇压，毕竟"彼不畏族（灭）乎"？

可惜的是此时张维忠手中根本没有可以调用的部队。按照明军的编制，宁夏镇边军除却驻守各地的墩台、边堡的戍边部队外，野战军主要由总兵、副总兵统率的正兵营和奇兵营以及参将和游击指挥的援兵营、游兵营构成。哱拜家族之中哱承恩、哱云、土文秀既然分别担任参将、游击之职，那便已然占据了宁夏边军野战部队的半壁江山。那么张维忠亲自指挥的正兵营、奇兵营自然也饱受此次党馨的催偿之苦，而本就是正兵营中军卒的刘东旸成为了哗变首脑，自然也加剧了这些部队的群情汹涌。

巳时（上午九时至中午十一时），兵卒们拥到了总兵府门外，大声叫嚣着："边军何罪，而开府裁扣月粮，坐置之死。"张维忠无力弹压，又怕引火烧身，便干脆要求怂恿兵卒们去河西兵备道讨要说法。张维忠这一不负责任的做法，直接被抓住了口实。兵卒们一边骂骂咧咧地出门，一边打着总兵特许的旗号朝着河西兵备道衙门涌去。途中，刘东旸等人又以河西兵备道有相当数量的卫兵为由，要求士兵们披甲，并发出了"不从者杀"的威胁。至此，原本相对平和的请愿，彻底演变为了武装哗变。

接下来的局势发展，不同史料中的说法不一。如《万历武功录》中便宣称："是时哱拜服红袍，马首号召诸军，非复前日阿拜也。已乃令诸军皆披甲，曰：'所不如令者斩'。于是诸军并披甲，拥众入军门。"但在《两朝平攘录》中，攻打河西兵备道的行动却是刘东旸直接指挥的，甚至在河西兵备道衙门被攻破，哗变士兵进逼至大堂台阶之下时，也是刘东旸一句："且寻党都堂再来"，众人便又喧哗而出了。

有趣的是，上述描述看似相互抵触，其实却又相辅相成。作为宁夏边军中颇有威望和势力的宿将，哱拜对于巡抚党馨的步步紧逼，显然是无法忍受的。《两朝平攘录》中称其"自念结发效死疆场五十年，受宠秩，乃以衰迟见僇辱，不胜怨望"的心理揣测，可谓是极为到位的。但正因为是沙场宿将，哱拜深知发动一场哗变的政治风险。因此，从一开始他便选择隐藏于幕后，而由自己的长子哱承恩居中串联。而哱承恩在串联刘东旸等底层士兵时，也为他们设计了退路，即"有如异时绳我等以军法，我等谓党军门裁削我禀食也"。

或许正是因为从一开始便设计了一旦哗变失败，哱承恩将出面将刘东旸等人逮捕的"剧情"。因此，整场哗变可能被分为前后两部分，打头阵的乃是刘东旸等人煽动的底层官兵，哱拜所部家丁则稍后出动。而冲击宁夏总兵府及河西兵备道衙门则可以被视为两次投石问路。一旦前面的哗变士卒因遭遇弹压而失利，那么哱拜很可能便会第一时间出动所部家丁将其以平叛的名义悉数斩杀，以达到杀人灭口的目的。

哱拜家族在这场哗变之中首鼠两端的状态，从《两朝平攘录》中记录的一个细节便可见一斑：在哗变前夕，哱拜的发妻施氏突然换上了"胡妇"的装扮，劝谏自己的丈夫说："以将军功高，

党馨政治盟友、儿女亲家兵备副使石继芳的画像

得命妇服。今恐不得长为汉臣妾矣。"但遭到了自己的亲生儿子哱承恩驳斥："老狐媚不死，而喋喋挠夫子所为，是何与汝爨下事。再言，并尔砍讫。"

然而，宁夏的官僚阶层远比哱拜想象的还要无能。眼见哗变士卒从河西兵备道衙门退出，早已吓得魂飞魄散的兵备副使石继芳连忙带着自己的妻儿翻墙而出，躲入千户黄培忠家暂避。黄培忠则一边安置石继芳及其家人，一边前往总兵府，恳请张维忠出兵弹压。而就在张维忠仍犹豫不决时，哱拜所部家丁突然杀入，直接将张维忠挟持到宁夏书院之中。在控制了总兵府之后，哱拜所部家丁又迅速控制了河西兵备道衙门，并从邻近的民宅之中将石继芳揪出，同样押往书院。而此时刘东旸所部哗变兵卒还在巡抚衙门外叫嚣着……

尽管在外人看来，这场哗变至此仍未闹出格，但对于哱拜而言，随着宁夏镇总兵张维忠及兵备副使石继芳被自己所控制，他已然成功瓦解了宁夏镇的军事指挥系统，接下来要做的便是报仇泄愤而已。

在家丁的簇拥之下，哱拜来到了巡抚衙门外。党馨一开始还想摆出上司的威仪，命人召哱拜入内展开谈判。但哱拜显然并没有与之交涉的欲望。他只是确认党馨在巡抚衙门后，便随即转出，用胡语招呼所部家丁大举杀入。而党馨完全乱了方寸，慌忙带着家人躲入后院的高楼之内，并试图用抛撒金钱的方式来换取活命，但哱拜所部家丁丝毫不为所动，直接逼着党馨从楼上跳下，随后将其绑在马上押往书院。

四、反旗

事情发展到这一步，其实双方都已经没有了转圜的余地，但哱拜还是要对党馨等人展开最后的羞辱和报复。在宁夏书院之中，哱拜当众斥责了党馨犯有贪腐等二十一项罪名，随即命人将其与石继芳一同处斩。早已被吓破了胆的张维忠虽然连连叩首，却终究不肯跟从反叛。

不过哱拜此时并不急于处决张维忠，毕竟在全面控制局面之前，他还需要这个宁夏总兵的政治旗号。于是在将党馨、石继芳的首级悬挂出去示众的同时，哱拜以张维忠的名义向朝廷上奏，宣称党馨和石继芳两人克扣军粮以至引发哗变，并建议朝廷对哗变军卒进行招安。

可惜，张维忠在交出总兵大印后不久便选择了自戕，但他的死并没有打乱哱拜的全盘计划。老于军旅的哱拜早已知道自己的所作所为不可能得到朝廷的原谅，所谓乞求招安不过是他的缓兵之计而已。而为了最大限度地充实和动员自己手中的军事力量，哱拜同时下达了封闭城门、收缴各府符印、释放在押囚犯，并在城中有组织地劫掠城中各级府库及富商，以充

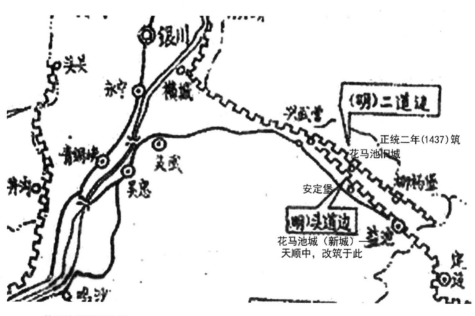

花马池的地理位置

实所部军资。

哱拜之所以敢于在此时发难，很大程度是认为郑洛请辞之后，总督陕西三边军务的魏学曾初来乍到，面对自己以张维忠名义发出的"招安"请求，很难做出当机立断的回复。果然，此时正在花马池巡边的魏学曾虽然第一时间便得知了消息，却并未采取军事行动，只是派遣标下千户郜宠前往宁夏"谕降"，试图通过这种方式令哗变士兵停止行动、听候处分，以求稳定局势。

眼见魏学曾未能识破自己的计谋，哱拜随即扣押了郜宠一行，同时迅速在城内军营之中清除异己。党馨的心腹军官李承恩、陈汉；曾经检举哱拜冒领军粮的守备朱绶、把总王徽等人悉数被杀。哱拜进一步掌握了宁夏镇内的全部驻军。但此时的他也非常清楚，要走出宁夏镇叛军还需要一个更具政治号召力的金字招牌，那便是被册封于宁夏的皇亲贵胄——庆王。

大明皇朝的初代庆王是明太祖朱元璋的第十六子朱㭎，其本被分封于甘肃庆阳，洪武二十六年（1393）才移封至宁夏。朱元璋在世时，考虑到宁夏穷苦，无法承担庆王府庞大的开支。一度令朱㭎改驻韦州城（今宁夏回族自治区同心县韦州镇），就近由延安、绥德、宁夏的租赋供给。但随着一心想要削藩的建文帝登基，又明旨庆王迁回宁夏，并要求其暂时以宁夏卫衙署作为临时的王府。

或许正是源于这份待遇上的落差，庆王朱㭎在"靖难之役"中并未有任何"勤王"之举。而明成祖朱棣在成功夺取皇位之后，也适时地投桃报李，命派内官太监杨升、工部主事刘谦、王恪和钦天监阴阳刘俊卿到宁夏，共同负责为自己的十六弟营造庆王府，并特许其每年前往韦州透夏（避暑）。

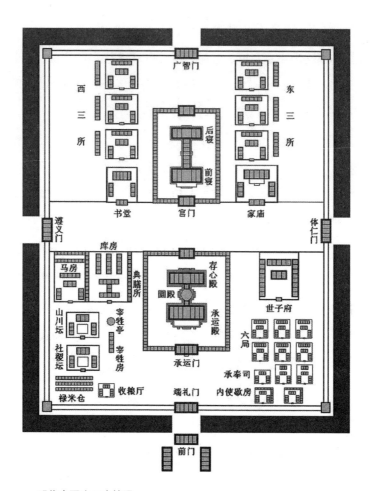

明代宁夏庆王府简图

　　然而，随着明成祖朱棣的病逝，在诸位藩王之中最具贤名的朱栴也开始不安分起来。整个宣德年间，他两次请求移封韦州、五次请求入朝，令明宣宗朱瞻基颇为不满。是以，在明英宗朱祁镇接掌皇位之后，宁夏总兵史昭随即上奏称朱栴圈占灵州草场，煽惑当地游牧民族，旋即更有人告发朱栴检阅卫队、打造兵器，图谋不轨。明英宗朱祁镇虽然表示相信自己这位曾叔祖父的为人，但年逾六十的朱栴还是在提心吊胆中走向了人生的末路。

朱栴之后的历任庆王大多庸庸碌碌，倒是其庶出后裔——安化王朱寊鐇利用明武宗朱厚照信任的太监刘谨，以"度田"（丈量土地）为名在宁夏多征亩银、盘剥边军之际，果断于正德五年（1510）打着"清君侧"的旗号发起了叛乱。尽管这场"安化王之乱"仅持续了十八天，便为镇守固原的署都督同知充总兵官曹雄所镇压，却也成功地将权倾朝野的大太监刘谨扳倒。因此，至少在宁夏地区，庆王一脉还是有着极高的声望的。所以，哱拜在选择与大明皇朝正面对抗后，第一时间想到的便是挟持庆王。

然而，此时的庆王一脉正处于一个异常尴尬的时期，由于第八代庆王朱倪爝于万历十六年（1588）病逝之后，而其庶长子绥德王朱伸域虽然一度执掌庆王府中大小事务，但没等到正式继承庆王的爵位便一命呼呜了。那么空悬的庆王之位究竟会落在朱伸域之子朱帅锌的头上，还是由朱伸域暂管庆王府事的二弟——镇原王朱伸雒继承，一时尚没有定论。

对于哱拜而言，如果能够说服较为年长的朱伸雒与自己合作，自然能够拉起一面政治上的大旗。但人家一个好端端的太平王爷，又怎么可能选择铤而走险的造反之路呢？是以，哱拜要想将庆王府绑上自己的战车，唯有武力胁迫一途。但是庆王府拥有完备的府墙及多达数百人的卫队，并储备有丰富的粮秣和物资。贸然进攻势必将演化成一场旷日持久的攻防。而这一点显然是兵贵神速的哱拜所不愿看到的。

为了能够一击得手，哱拜从自己的家丁之中挑选出两百名精锐，打着总督陕西三边军务的魏学曾所部的旗号，前往庆王府"拜望"。深居简出的朱伸雒似乎完全不知道外面的局势，竟真的大开府门相迎。结果自然是久疏战阵的王府卫队被瞬间消灭，朱伸雒本人也成了阶下囚。

不过朱伸雒本人还算强硬，坚决表示不与哱拜合作。不过，身为皇亲国戚的他多少也算个筹码，因此哱拜选择将其暂时关押起来。恰在此时，哱拜的义子哱云和土文秀各率五百精兵从边境互市回来，哱拜随即便与两人取得联系，授意他们在途中袭杀了依旧懵懂的游击梁琦和守备马承光，并夺取这支野战部队的指挥权。

声势愈壮的哱拜随即向被囚禁的张维忠索取宁夏总兵的敕印。情知给与不给都难逃一死的张维忠，最终选择了自行了断。至此，哱拜集团理论上掌握了宁夏边军的最高指挥权。不过为了给自己留后路，哱拜还是选择了将刘东旸推到前台。

万历二十年（1592）正月二十六日，自称总兵的刘东旸身穿吉服，乘坐八抬大轿，在一路旗帜飘扬和吹吹打打中，再次来到关帝庙，自举行祭告皇天后土的盛大仪式，并发表了"欲以宁夏为家，长安为国，唯天其佑之"的政治主张之后，又册封哱承恩、许朝分别为左右副总兵，土文秀、哱云为左右参将，算是正式建立起了叛军的指挥机构。

也是在这一日，久久没有等到郜宠回复消息的魏学曾又派出了一个名叫张云的部下，试图招安哗变军队。但此时已然控制了宁夏全城的哱拜早已没了顾忌。他通过刘东旸提出了自己的要求："必欲我降，依我所自署，授官世守宁夏。不者，与套骑（指游牧于河套地区的鞑靼部族）驰潼关也。"而正式与朝廷摆明车马后，哱拜随即命长子哱承恩、义子土文秀各率五百精骑出击，扫荡宁夏镇周边寨堡，其中哱承恩所部向西，扫荡以玉泉营、广武营为核心的宁夏镇西线堡垒群。

玉泉营地处贺兰山灵武山口，自古便是兵家必争之地。又因为当地有天然的泉水涌出便于驻军，故而自明初以来便是宁夏边军长期屯驻三千人以上的要塞。客观地说，以哱承恩麾下这区区五百人，很难撼动这座拥有"周回三里"的土城防御体系的军营。

但堡垒永远是最容易从内部攻破的，哱承恩尚未抵达玉泉营，城内便已经出现了哗变的迹象。守将傅垣虽然强势弹压，一股脑地砍掉了六名乱军的手脚，但随着哱承恩的兵马开始攻城，傅垣身边的家丁被派往各处督战，玉泉营千户陈继武突然发难，成功将傅垣捆成了粽子送到了哱承恩的马前。

陈继武是早已与哱拜集团暗通款曲还是临时起意，史料中并未给出明确答案。但可以肯定的是，宁夏边军对巡抚党馨此前种种克扣粮饷的行为是普遍性的心怀不满。而千户陈继武的临阵反水，更令如据守广武营的参将熊国臣等依旧忠于朝廷的边军将校心怀狐疑，纷纷弃城而逃。以至于哱承恩仅以五百精兵便迅速夺占了宁夏镇以西的诸多城堡。

与哱承恩的势如破竹相比，向北进军的土文秀起初也颇为顺利，直至抵达了宁夏镇北方边境事实上的尽头——平虏城下，才遭到了守将萧如薰的顽强抵抗。之所以说平虏城是宁夏镇北方边境事实上的尽头，是因为理论上，在其以北八十里外，还有一个名为镇远关的关隘以及附属的黑山营军寨。

但是从正德初年开始，由于"各处征调轮拨不敷"，宁夏边军主动放弃了镇远关和黑山营。嘉靖年间又逐步放弃了扼守贺兰山要冲的打硙口。令本处于后方的平虏城，成为了"北当镇远，打硙诸关口之冲，东当套虏浮河之扰，西南当汝箕，大风，小风，归德，镇北，宿嵬，黄峡诸口之警"，三面受敌的突出部。

在极端不利的战略态势之下，建造于弘治年间的平虏城，虽然"（城墙）高三丈五尺，池深一丈，阔倍之（就是二丈）"，也算是城高池深，但城中额定的兵马不断减少。最严重的嘉靖年间，城内一个千户所仅能凑出马军三百五十余骑，仅为满员兵马的三分之一。因此当土文秀兵临城下之际，平虏城守军恐怕也不满千人。正常情况下，本就对自身所处环境极度不满的平虏城守军，只需土文秀稍加煽动，便可能加入叛军的行列，但驻守此城的参将萧如薰却以一己之力扭转了整个危局。

萧如薰是陕西延安卫人。其家族自祖先萧春跟随朱元璋起兵以来，便为世袭百户。而得益于嘉靖、隆庆年间大明与鞑靼部的战事，萧如薰的祖父萧汉一路因战功被擢升至凉州副总兵，两个儿子萧文奎、萧文璧也跟着飞黄腾达，分别官至宁夏镇副总兵和济宁知州。

家族阶层的跃升，自然离不开政治联姻。萧文奎便迎娶了号称名将之后的赵氏为妻，生下了萧如兰、萧如蕙、萧如芷和萧如薰四兄弟。而萧如薰成年之后，也被同乡名士杨兆相中，招为了东床快婿。值得一提的是，虽然万历十五年（1587）病逝之时，杨兆的官职是工部尚书，但在此之前其却也曾以兵部右侍郎兼金都御史的身份总督蓟辽边务。万历五年（1577）更一度转任南京兵部尚书。

不过身为杨兆的女婿，萧如薰似乎并没有享受到太多的政治红利，加上此前其父萧文奎一度因冒领军功而被革职，导致此时仍只是参将的萧如薰被安置在了环境恶劣的平虏城内。在土文秀咄咄逼人的兵锋前，萧如薰却表现出了一个堪比古之名将的潜质。他迅速拿出个人积蓄犒赏军卒，更向他们申明了守城的利害关系。他的妻子也秉承着"（丈夫）若为忠臣，妾何难为忠妇"的宗旨，拿出自己的首饰赏赐给士卒。面对上下一心的平虏城，土文秀不敢轻易发动进攻。而这座小小的边境要塞也由此成为了"宁夏之役"的转折点。

五、围剿

哱拜集团之所以选择出兵扫荡沿边寨堡，除了稳固后方之外，很大程度上还是为了打通与鞑靼诸部之间的联系。虽然哱拜早年与俺答家族有血海深仇，但此时不仅俺答已死，连直接杀死了哱拜家人的俺答之子乞庆哈也已经过世，这便令这段恩怨有了可以就此揭过的可能。

更关键的是，此时哱拜非常清楚，自己手中的兵力虽然能够控制宁夏，却不足以与即将汇聚而来的各路明军抗衡。那么，曾经与之不死不休的鞑靼右翼诸部反而成为哱拜此时最后，也是最大的依仗。因此，哱拜自起兵反乱之初便已然派人前去联络了鞑靼右翼诸部首领。

然而，刚刚经历了"洮、河之变"的鞑靼右翼诸部普遍无心与大明交恶，仅有与火落赤、卜失兔同宗的著力兔愿意火中取栗。但是著力兔驻牧于大、小松山一线，要进入宁夏助战，最为便捷的通道自然是扼守贺兰山口的平虏城一线。而正是得益于萧如薰在平虏城的坚守，令著力兔及其他鞑靼部首领，暂时选择了作壁上观。

眼见平虏城一时难以被攻克，哱拜迅速调整战略方向。在留下一部分兵马继续围困平虏城的同时，一边怂恿著力兔率部迅速从玉泉营等地突破长城，一边命长子哱承恩率领主力渡过黄河直取灵州。但此时哱拜的战略机遇期终究已经结束了。

三月四日，就在哱承恩前锋部队乘坐舟船偷渡黄河之际，却突然遭到明军的伏击。仓促之下，叛军于正以下八人被俘、十八艘大小舟船被缴获。哱承恩虽然意识到情况有些不妙，但考虑到灵州裨将吴世显之前与自己约定三月九日里应外合破城一事，最终还是决定继续率部向灵州方向突进。

好不容易，哱承恩在三月九日抵达了灵州，却迟迟没有等到有人打开城门。反而是斥候传递来了固原镇副总兵李昫率大队明军奔袭而来的消息。无奈之下，哱承恩只能放弃灵州，向宁夏方向撤退。但此时大队明军已然蜂拥而至，不仅迅速控制了黄河沿线，更兵分三路朝着宁夏镇合围而来。

局势之所以会在短时间内出现如此剧烈的逆转，很大程度要拜明神宗朱翊钧的高度重视所致。当宁夏发生兵变的消息传到京师，朱翊钧起初的反应不过是"边军穷苦、抚臣等不加体恤"，打算只是简单地处分几个官员便把事情平息下去的。但随着局势的全面失控，朱翊钧立即向总督陕西三边军事的魏学曾发出明旨，要求对方"驰赴宁镇，擒元凶，赦余党，听便宜处置，务昭朝廷恩威，毋得延误军机"。

此时依旧停留在花马池的魏学曾已然通过各种渠道了解到宁夏兵变的具体情况，并做出了应对。在截留了茶马官银充作军饷之外，魏学曾得以从容动员起了长期充当延绥、宁夏、甘肃三镇后备的固原兵马，以副总兵李昫、游击吴显率部直驱灵州，游击赵武则分兵前往据守"东南则据沙山，西北则阻大河"的战略要冲——鸣沙州。

面对来势汹汹的明军，哱承恩失去了与之一战的勇气，忙不迭地率军撤过了黄河，而魏学曾以"宁（夏）镇内多虏外且逼虏，非广集兵马钱粮难以扑灭"为由，向朝廷广为调集兵马。除了固原之外，延绥、甘肃方向的明军也陆续抵达了宁夏境内。

在全面控制了黄河沿线之后，李昫迅速分兵西渡黄河，开始收复宁夏镇周边寨堡。此时叛军在兵力上的短板一时显现无余。短短十几天内，此前为哱拜所控制的宁夏周边四十七座寨堡便悉数光复。但此时著力兔所率领的三千余鞑靼骑兵也由宁夏南部青铜峡一线的邵刚堡越过长城。本来已处于穷途末路的哱拜连忙指示土文秀、许朝等人率部前往迎接。

期初，哱拜是想将著力兔所部安置在宁夏镇以东的金贵堡方向，以抵挡渡河西进的明军主力。但著力兔显然对这一安排并不满意。无奈之下，哱拜只能于三月二十七日邀请著力兔率军进入宁夏镇城外的演武场驻扎，并命人送上了从宁夏镇中搜刮来的财帛女子，著力兔大喜过望之余，当即便表示愿意与哱拜并肩作战。

　　承诺归承诺，在具体的用兵方向上，著力兔依旧表现得非常滑头。他先是率部西进，试图再度夺占刚刚被明军所收复的玉泉营，而在攻击失利之后，著力兔所部又转而向北，再度将兵锋对准了扼守贺兰山要冲的平虏城。显然，对于著力兔而言，打通与塞外草原的联系，以便自己进退从容，才是当下最为要紧的工作。

　　面对来势汹汹的著力兔与哱拜联军，据守平虏城的萧如薰却没有慌乱。这是因为此时萧如薰的长兄萧如兰正在魏学曾帐下担任中军副总兵一职。为了鼓励自己四弟继续坚守，萧如兰果断派出亲信家丁越过叛军的包围圈、潜入平虏城中。在得知了明军已然展开战略反攻的消息后，萧如薰颇为振作。

　　抓住哱拜所部急切想要破城，著力兔却"出工不出力"的情况，萧如薰在三月二十九日主动开城出战，并很快便佯装败退。哱拜所部果然穷追不舍，却不料萧如薰早就在平虏城南关设下伏兵，担任叛军先锋的哱拜义子哱云回撤不及，当即被乱箭射死。

　　就在哱云战死之际，本该全力压上的著力兔却选择带领部众，越过正在混战中的平虏城，遁回草原去了。一时间，失去了外援的哱拜集团只能选择困守宁夏镇城。面对由李昫及原宁夏镇总兵牛秉忠、新任宁夏镇总兵董一奎、副总兵李蕡、延绥镇副总兵王通所统率的各路明军，哱拜选择了放手一搏，于宁夏镇城东、北两线各派出两三千人的战阵，并推出了数百辆"火车"构筑起了一道临时防线。

　　这里所谓的"火车"，并不是后世的蒸汽机车，而是"车厢用铁索连，木板藏神铳于内"的"火器战车"简称。这些明军自永乐年间便视为对抗北方游牧民族的战场利器，其主要的作战模式便是在敌军骑兵逼近时，先以车载火器进行远程打击，随后再出动布阵于车列四周的步、骑展开逆袭。

作为边境重镇，宁夏镇城内显然储存了大量的"火车"，但是哮拜手中显然没有足够的火器。于是在四月五日展开的全线战斗之中，哮拜叛军的"火车"防线被轻易撕裂。大批叛军士卒在后撤过程中，慌不择路，被赶入护城河中淹死。

就在局势一片大好的情况下，各路明军之间却出现了互不统属、指挥失灵的情况。如延绥镇副总兵王通本已率部紧随叛军溃兵，一举攻入宁夏镇城北门。但由于后续援兵迟迟未至，最终导致榆林游击俞尚德战死、王通本人负伤，明军第一次对宁夏城的攻坚不得不以失败而告终。

眼见野战失利、守城艰难，哮拜集团不得不再度乞求于鞑靼部的支援。但此前搜刮全城所获得的钱财已然大半分发给了哗变士卒及著力兔所部，实在没有余钱再去贿赂鞑靼诸部。万般无奈之下，哮拜只能再度打起了庆王府的主意，他一方面命许朝、土文秀将囚禁中的镇原王朱伸蘺押上城楼，在令明军投鼠忌器的同时，顺势开出"乞暂罢兵，愿缚首恶献"的空头支票。

另一方面，哮拜却放纵兵卒大举冲击庆王府，意图揪出镇原王朱伸蘺的侄子、绥德王朱伸域之子朱帅锌。可惜，朱帅锌此时早被自己的母亲藏进了王府的地窖之中，哮拜所部不熟悉庆王府的地形，自然是遍寻不着。不过这并不影响哮拜将庆王府中的金银、粮秣劫掠一空，婢女丫鬟也全部掳走。混乱之中，朱帅锌的生母方氏为免受辱而选择了自杀。

拿着庆王府上百年积累的金银和从城中各地掳来的女子，哮拜再度有了与鞑靼诸部讨价还价的底气。这一次，他不仅再度联络了老朋友著力兔，更直接致信于顺义王扯力克，以此前的"洮、河之变"进行挑唆："火落赤北奔，那颜以马力弓铤雄于塞下，至今不报复。拜窃耻之。我事苟济，那颜亦亦一洗焉。"

哮拜这段话虽然有颠倒黑白之嫌，却是一举戳中了扯力克的痛处。作为土默特部乃至整个鞑靼右翼名义上的首领，扯力克理论上掌握着这片草原最为强悍的战力。但是在火落赤等人被明军围剿和驱逐的过程中，扯力克始终没有施以援手，而这样的作为在迷信武力的草原部族之中恰恰是无能和虚弱的表现。因此，扯力克虽然没有公开援助哱拜，但暗中大开方便之门。一时间，宁夏周边的局势又紧张了起来。

第七章：叛军与"虏骑"
——哱拜叛乱引发的西北边防恶化

一、土族

就在哱拜急切地向鞑靼诸部求援之际，明军再度对宁夏镇城展开了攻坚。为了迅速平定叛乱，从花马池城移营至"小盐池"①的魏学曾不仅继续从延绥等镇抽调兵马，更于西北方向动员了大批的"庄浪兵"参战。所谓的"庄浪兵"，表面上看指的是隶属于"庄浪卫"的兵马。但区区一个卫所的兵马又缘何会如此重要呢？原因自然要从明朝西部一个特殊的部族——土族说起。

土族在中国西北地区有着悠久的历史，但由于没有系统的文字记载，民间传说在各部土族中又相互歧异，因此其族源问题至今尚无定论。今天学术界的说法，大致有蒙古人说、吐谷浑（霍儿人）说、蒙古人与霍儿人融合说、阴山白鞑靼说、沙陀突厥说、多源混合说等。

无论如何，到元末明初，汉文史籍中已然明显出现了"土人""土民"的相关记载，说明此时的土族已具有明显的民族特征。而其中地处黄河以北的庄浪河和大通河下游中间地带的"庄浪卫"，更聚居了近十万土族百姓，并在当地形成了以忽必烈的侄重孙——脱欢后裔自诩的鲁氏

① 小盐池：也称惠安堡池。在今宁夏盐池县西南惠安堡镇西南。

土司家族。

自永乐年间以来，鲁氏土司家族便不断以麾下土族军队为大明王朝负弩前驱。正德、嘉靖年间，其家主鲁经一度以都督同知充总兵官，镇守延绥。其所部不下五千兵马，也常被称为"庄浪鲁家军"。但是嘉靖三十五年（1556）鲁经病逝之后，庄浪鲁家军便相对沉寂了起来。

在大举征调土族兵马来援的同时，魏学曾还撤换了此前表现不佳的副总兵李贲，代之以同样是异族出身的军中宿将麻贵。麻家祖籍本在甘肃祁山地区，后来迁移至大同右卫（今山西省朔州右玉县境内）。嘉靖三十六年（1557），俺答长子乞庆哈提兵两万猛攻大同右卫。当时右卫兵少粮缺，一时在鞑靼大军围攻下军民伤亡惨重。

眼见城破在即，本在城中为朝廷养马的麻禄与其兄弟子侄登台高呼，号召百姓齐心抗敌。麻家子弟也和城中军民一同抢修城堡，拆屋为薪，杀马为食，马尽，继以皮革充饥，顽强抵抗，坚守右卫城八个月之久。次年四月援军抵达之后，血战右卫的麻家子弟因战功赫赫，一一受封。其中麻禄升为大同右卫的指挥使。

嘉靖三十九年（1560）夏，大同总兵刘汉利用俺答率部至大青山避暑之际，命参将王孟夏、右卫指挥使麻禄各率三千精锐骑兵，分进合击、奔袭板升。在成功将正在土默特部修建的城郭、宫阙付之一炬后，明军又在玉林川大沙口一线设伏，成功重创了前来追击的俺答部主力。经此一役，麻禄的三个儿子：麻锦、麻富、麻贵皆崭露头角。

麻氏三兄弟之中，最为骁勇善战的当属老二麻富。据说其鞍马娴熟，被誉为"飞将军"。可惜，这位名将胚子却在嘉靖四十年（1561）因病去世，年仅二十七岁。此事之后，作为长子的麻锦便成为家族的希望，其先后历任宣府游击将军、大同参将，并在隆庆初年升任为大同副总兵。

但此后随着俺答封贡，麻氏一族的升迁也逐渐停滞了下来。麻锦在调任宣府总兵之后，便再难有所突破，继任大同副总兵的麻贵更在万历十九年（1591）遭到了阅视少卿曾乾亨的弹劾而一度被贬斥至边地。但麻氏一族终究历任军中，豢养有相对数量名为"苍头军"的私人武装。因此随着哱拜之乱的兴起，麻贵迅速被魏学曾带着所部兵马至军前效力。

客观地说，无论是调动庄浪土兵还是起用麻贵，本质上都是大明正规军怯于攻城，甚至怯于作战，只能将希望寄托于各路私兵的身上。正因如此，直至庄浪兵抵达战场后的三月二十一日，明军才展开了新的攻势。但是面对宁夏镇这样的坚城，明军通过堑壕中竖起云梯的方式显然无法打开局面，只是徒增伤亡。

三月二十九日，随着麻贵所部进抵城下，明军又尝试以"乘风纵火，复以云梯攻城"的方式展开进攻。但哱拜早已在城中准备了大量的滚木礌石，更同样以大量的火把投掷明军，最终导致各路明军在损失数千人后不得不暂时后撤。而就在明军连续攻坚失利的同时，哱拜长子哱承恩却带着从城中搜刮的金银财货潜出塞外，往来于鞑靼诸部之间，最终成功促成鞑靼诸部联合出兵。

有趣的是，在《明史》之中将哱承恩的成功，归结于其成功说服了鞑靼诸部的一位头面人物——"黄台吉（即乞庆哈）妻"。考虑到曾为乞庆哈正妻的钟金在《明史》中多被称为"三娘子"或"忠顺夫人"，因此这位"黄台吉妻"可能指的是乞庆哈早年的发妻、扯力克的生母。

麻贵画像

虽然在乞庆哈迎娶钟金的过程中曾被迫"尽逐其妻"，以至于这位被称为"黄台吉妻"的妇人失去了合法的政治权力。但作为现任大汗的生母，这位"黄台吉妻"不仅在鞑靼右翼诸部中有着非比寻常的影响力，更能够替扯力克站在台前，完成一些当代顺义王不便于直接出面的事情。

正是在这位"黄台吉妻"的居中串联之下，明军的老对手卜失兔亲自统军，与鄂尔多斯部首领庄秃赖合兵三万骑，以用土昧铁雷为前锋，直扑明军空虚的延绥镇，并大肆劫掠了砖井堡等边防寨堡。同时，著力兔也与其弟宰僧合兵，袭扰花马池一线，一时间竟形成了围魏救赵的局面。而在鞑靼骑兵的协助之下，哱承恩更于汉延渠^①一线劫掠了两百余辆明军的粮车，隐隐切断了明军后方的补给线。

鞑靼铁骑的大举参战，令明军阵脚大乱。在魏学曾仓皇将自己的指挥部从小盐池撤回灵州的情况下，明军主力也被迫放弃了对宁夏镇的围攻，而在撤军途中，明军更一度遭遇哱拜部叛军的追击，负责断后的前宁夏总兵牛秉忠右腿负伤，场面一度非常混乱，战局更陷入了相持状态。

二、增兵

明军在宁夏城下失利的消息传回京师，一度引发了朝野上下的恐慌。关键时刻，兵部尚书石星挺身而出。

石星，字拱辰，号东泉，乃是大名府东明县石家井村（今山东省东明县解放街仁义胡同）人。嘉靖三十七年（1558）其以顺天府乡试第一百二十名中举人，次年又以会试第二百七十五名，即三甲第八十名的成绩中进士。虽然也算是连中两元，但这个成绩委实不算出色，因此也只得

---

① 汉延渠：相传始凿于汉，唐称汉渠，元后始有汉延之称。渠长二百三十里，自今宁夏吴忠市西南引黄河水入渠，北流经银川市东，又北合惠农渠，东西两岸有支渠十余道。

到了一个从九品的行人司行人的职务。

所谓行人司，乃是明太祖朱元璋设立的一个外出办事机构，负责掌管朝廷的传旨、册封等事。也就是朝廷颁行诏敕、册封宗室、抚谕四方、征聘贤才，及赏赐、慰问、赈济、军务、祭祀，都由行人司出使。因此整个行人司除了司正，左、右司副之外，总计有行人三百四十五人。石星以这个职务起步，看似前途茫茫，却胜在其此时才二十二岁，还有足够的时间可以慢慢地朝上爬。

果然，熬了八年之后，随着明世宗朱厚熜驾崩，明穆宗朱载垕登基，三十岁的石星也如愿以偿地被提升为了吏科给事中。虽然依旧只是一个从七品的小官，但好歹有了直接上奏天子的特权。

但不知道是真的怀着一颗报国之心，还是试图效仿海瑞以直邀名，总之石星上任仅仅两个月，便直接上疏切谏："陛下为鳌山之乐，纵长夜之饮，极声色之娱。朝讲久废，章奏抑遏。一二内臣，威福自恣，肆无忌惮。天下将不可救。"结果当即被明穆宗朱载垕下旨在金殿上廷杖六十，罢黜为民。更倒霉的是，消息传回家中，石星的结发妻子郑氏误以为自己的丈夫注定将被活活杖毙，竟选择了触柱而死。

虽然石星最终从廷杖之下侥幸得生，但其政治生命也接近于死亡。在此后的几年里，他不得不隐居乡里。直至五年后明神宗朱翊钧即位，吏部要求起用隆庆年间因言获罪的官员，名列其中的石星不仅得

石星画像

以官复原职，更由给事中一路晋升，至万历四年（1576）三月，石星已然当上了掌管国家车马的南京太仆寺卿，也算是"六部九卿"之一了。但就在仕途顺风顺水之际，石星因不满张居正"丁忧夺情"，进而上疏弹劾首辅，结果自然再次被一撸到底，解职归田去了。

万历十年（1582）随着张居正的逝世，石星再次被起用，并一路从太仆寺卿升至兵部左侍郎。而万历十五年（1587）二月，随着萧如薰的岳父——工部尚书杨兆在总督定陵工程时突然病故，石星被钦点为代理工部尚书。

明神宗朱翊钧此举的本意只是想找个官吏来临时负责定陵修建事宜，却不想此时的石星表现出了极强的调度和管理能力，同时还针对黄河和京杭运河的治理问题提出了切实可行的建议。是以，仅一年之后，石星便以督建定陵有功，被授予了加太子少保的殊荣。两年之后，改任户部尚书，主导了一系列的财政改革。而从万历十九年（1591）九月开始，为了应对"洮、河之变"，石星又由户部尚书改为兵部尚书。

从石星的个人履历不难看出，他既不是才华横溢的政治天才，也并不拥有明哲保身的圆滑个性。他或许是真的想要"了却君王天下事，赢得生前身后名"，但没有赶上一个属于他的时代。无论如何，多年的基层工作经验加上工、户两部尚书岗位的历练，石星虽然刚刚接手兵部不久，却依旧给出自己的意见。

在他看来以哮拜为首的宁夏叛军虽然勾连鞑靼，但由于平虏城仍在萧如薰坚守之下，鞑靼骑兵无法越过贺兰山口而大举深入。同时，由于万历十九年冬季草原遭遇雪灾，导致了诸多牲畜死亡。正值春季，战马未肥的鞑靼骑兵战斗力也会大打折扣。因此明军只需分兵坚守要冲，同时派出使者诏谕扯力克，便能令鞑靼诸部知难而退。

而坚守宁夏镇的哮拜所部叛军，石星则给出了一个非常极端的处理意见："黄河水高宁夏城数丈，决坝灌之，贼当立死。"因此只需要"亟遣劲兵，先据大灞，以遏胜机"，在配合"绝其饷道"，则最终在"一城坐困"的情况下，必定会出现"斩贼出应者"。

当然，决开黄河大坝、水灌宁夏的战术看似简单，却依旧需要明军有强大的野战能力才能执行下去。是以，石星建议进一步从辽东、宣府、大同等镇调集边军精锐赶赴宁夏助战。但如此一来，这么多兵马由谁来统领便成为了一个新的问题。

按照军中资历来说，此时最合适的人选自然当属刚刚卸任了辽东总兵的宁远伯李成梁。但李成梁卸任辽东总兵，便是因为有言官弹劾其"贵极而骄，奢侈无度""杀良冒功、委败为胜"。眼见又要由其统领大军，兵部给事中王德完第一时间跳出来，宣称此举有"拒虎进狼"之忧。

各方意见相持不下之际，浙江道御史梅国桢以身家性命作保，最终促成明神宗朱翊钧下定决心，拜李成梁长子李如松为宁夏提督，总督一线军事。但梅国桢作为保人，自然也不能置之度外，必须以监军的身份同行。同时，为了充实前线的指挥系统，明神宗朱翊钧又钦点了右副都御使朱正色为宁夏巡抚与上疏请战的甘肃巡抚叶梦熊一同赶赴前线。

眼见各方援军逐渐调集，师久无功的魏学曾也便暂缓攻城，转而对宁夏城内的叛军展开了心理战和离间计。他派出心腹家丁叶得新进入城内，面见刘东旸，宣称朝廷愿意招安，并将任命其为参将。在取得刘东旸的信任后，叶得新又秘密拜见了哱拜、土文秀，告知二人杀刘东旸和许朝则可戴罪立功。

此时得到了鞑靼诸部支援的哱拜集团对叛乱前景满怀信心，不仅不会轻易地自相残杀，更利用了叶得新与魏学曾虚与委蛇。当年五月，新任宁夏巡抚朱正色抵达前线，在大量的赏赐面前，明军一时士气大振。哱拜趁势请降，魏学曾信以为真，派出与哱拜私交不错的前任宁夏总兵张杰进城招安。结果自然是张杰被拘押，叶得新被杀。明军白白错失了宁夏当地夏季高温天气到来之前最后的进攻窗口期。

整个五月，天气炎热干燥，明军士兵中很多是从外地调遣而来，水土不服，疾病迅速在军营中蔓延，加之哱承恩与鞑靼骑兵在侧后威胁着明军的运粮通道，令明军迟迟无法展开攻势。直至六月初，叶梦熊带着四百余辆安装火器的战车和数千苗兵由甘州抵达灵州，明军才重新组织起了攻势。

按照魏学曾的布置，六月二十日明军分成五路，由董一奎、刘承嗣、牛秉忠、李昫分别率部猛攻宁夏镇的南、北、东、西四门，麻贵率骑兵在外围策应。面对明军的大举攻城，哱拜亲自率部从北门冲出，意图从外线联合其子哱承恩和鞑靼骑兵来冲击明军的攻城序列。关键时刻，麻贵与本部参将马孔英率骑兵冲杀而出，成功截住了哱拜及其麾下的精锐家丁。双方两支同样由所谓"苍头军"的私兵组成的军队正面冲突，自然异常惨烈。最终在损失了百余人后，哱拜还是不得不率领残部撤回宁夏镇内，而其与鞑靼骑兵内外夹击明军的战略也至此归于破产。

六月二十二日，随着李如松统领辽东、宣府、大同等镇的增援部队抵达，明军更是士气大振。但是考虑各路援军远到疲敝，梅国桢还是决定先礼后兵，于宁夏镇城内竖起受降旗，要求城内叛军首领以绳索缒下，当面前来洽谈招安事宜。

就在明军方面以为宁夏镇叛军断然不敢下城之际，刘东旸却带着许朝在城头弓箭手的注视下，从城上缓缓而下，虽然面对剑戟鳞次、刃芒曜目的明军，许朝一时无法自制，竟当场下跪。但他个人的怯懦并不能改变交战双方利益诉求上的矛盾。相关史料虽未详细记载谈判的过程，但明确了这次谈判的结果。策马而出、参与谈判的梅国桢回来后，便以"贼实绐我、无降意"的名义，要求李如松尽力攻城。

三、易帅

六月二十五日，明军收集了三万个布袋，用"盛土填集"的方式开始攻城，但宁夏作为"九边"重镇，不仅城高池深，而且储备了大量的箭矢炮石。而在城头疯狂的阻击之下，明军白天的强攻最终被击退。但李如松并未就此放弃，当天午夜时分，李如松的四弟李如樟率精锐以云梯登城，一度占领了南城城楼。但随着宁夏叛军蜂拥而至，并以茅草包裹硫黄烧毁云梯，明军不仅未能扩大战果，而且白白损失了数十名李氏家丁。

次日天明，明军再度以游击龚子敬统率千余苗兵猛攻城南，猛烈的炮火引燃了城上的昭阳、怀恩等城楼。但明军试图强行登城的努力依旧被叛军密集的矢石所阻击。到了中午时分，叛军利用明军后撤用餐的当口，大举缒城而下，焚烧明军在城外放置的云梯、大盾等攻城器械。

激烈的拉锯战一直持续到傍晚时分，明军虽然伤亡惨重，却始终无法取得实质性进展。但这样的惨烈攻防也在一定程度上动摇了城内叛军的意志，当天晚上，城内叛军指挥赵承光、葛臣、戚钦等人与武生张遐龄、百户姚钦合谋，试图里应外合、引明军入城。

到了半夜时分，宁夏城楼四面举火，城内同样乱作一团。但负责与城外明军联络的张遐龄、姚钦行动迟缓，直接导致明军尚未准备好攻城，赵承光、葛臣、戚钦等人的小股武装便已然被哱拜集团歼灭。但饶是如此，随着城内存粮的快速消耗，哱拜集团也逐渐失去了往日的战斗力和凝聚力，宁夏城破似乎只是时间问题。

就在形势逐渐明朗的同时，城内的明军却因为梅国桢与魏学曾之间相互倾轧而一时无心发动新的攻势。作为御史的梅国桢其实本不应该在军事上发表太多的意见，但他偏偏自诩知兵，尚未抵达前线，便针对宁夏的情况提出了自己的六条建议："一曰谕诸臣以急公义，二曰赏完守以鼓忠义，三曰分逆顺以散虏党，四曰专责成以制寇患，五曰豫处侍以济士马，六曰禁妄杀以安人心。"

客观地说，梅国桢的这些建议皆是泛泛而谈，并没有太多的可操作性，但对同样喜欢纸上谈兵的明神宗朱翊钧而言很合胃口。因此朱翊钧对其在战场上的表现颇为期待。然而，梅国桢率大军抵达宁夏后，先后发动了三次攻城战，都功败垂成。为了掩饰自己的无能，梅国桢指斥魏学曾治军不严，在处理叛乱过程中多有不妥之处。在给明神宗朱翊钧的奏折中，梅国桢特意讲述了一件当时发生的恶性事件——攻城的混战之中，此前被叛军劫持的巡抚衙门官吏——佥事隋府带着官印从城上跃下，结果隋府因胳膊受伤而不能起来，被叛军从城上缒下兵卒又抓了回去。即所谓"佥事从府跃下，贼令四人下取，我军咫尺不敢前。又北虏数万断我粮道，杀戮无算，（魏学曾）匿不以奏"。

虽然魏学曾同样上疏朝廷，在为自己辩护之余，要求朝廷明确自身权威，但这种做法无疑进一步触怒了明神宗朱翊钧。在朱翊钧看来，自己之所以派梅国桢前往宁夏监军，本身就是对魏学曾迟迟无法镇压叛乱的不满。而魏学曾非但没有领会上意，全面听从梅监军的正确意见，反倒刚愎自用，试图凌驾于自己派出的特使之上。盛怒之下，明神宗朱翊钧当即下旨，以"酿乱损军、耽延日久致贼勾虏入犯、残黎民、绝饷道，皆前督魏学曾辱国之罪"的名义，派出锦衣卫将其逮捕回京师究问。

有趣的是，魏学曾倒台之后，梅国桢反倒积极地为他说起话来。不过梅国桢上疏朝廷替魏学曾求情时的话语倒更像是在警告军中其他诸将："（魏）学曾应变稍缓，臣请责诸将以振士气，而逮（魏）学曾之命，发自臣疏，窃自悔恨。（魏）学曾不早雪，臣将受万世讥。"

梅国桢此时终究只是一个御史监军，虽然成功扳倒了魏学曾，但三军主帅的权柄落在了叶梦熊的手中。而作为曾经于"洮、河之变"中与鞑靼诸部有过数次交手的甘肃巡抚，叶梦熊深知此刻的哱拜部叛军已成瓮中之鳖。真正应该忧虑的反而是云集于宁夏周边的鞑靼骑兵。于是，领收了明神宗朱翊钧御赐的尚方宝剑之后，叶梦熊于七月二日开始，一方面积极部署水淹宁夏镇的相关事宜，另一方面开始调整兵力以应对鞑靼诸部的来袭。

果然，随着明军绕城筑堤，城内的哱拜也很快便明白了对手的意图。在宁夏生活多年的他，很清楚宁夏城地势低下，且与金波、三塔诸湖之水相近；东南逼观音湖、新渠、红花渠，形如釜底，一旦遭遇水攻后果不堪设想。是以，第一时间委派义子克力盖等人率精锐骑兵，带着自己的信物向著力兔等鞑靼部首领求援。

然而，魔高一尺，道高一丈，深谙军事的李如松早已在宁夏城外部署了大量的哨骑。克力盖等人出城后不久便被李如松麾下的神将李宁率部截住。事实证明，李如松所部的野战能力远强于叛军，一场小规模的骑兵混战之后，克力盖及其所率领的二十七骑被悉数斩杀，哱拜求援的信物也被李如松缴获。

七月十七日，随着明军周长一千七百丈的绕城大堤修筑完成，并决开黄河大堤、引水灌城，外围的鞑靼诸部才终于意识到大事不妙。于是鄂尔多斯部首领庄秃赖与卜失兔迅速行动起来，他们一边派出土昧铁雷率少数骑兵佯攻小盐池城；一边命宰僧率一万余骑从花马池以西的沙湃口一线潜行入塞。

不难看出，庄秃赖与卜失兔是试图以土昧铁雷所部牵制明军，而以宰僧完成在更大范围内的迂回包抄。明军也一定程度上的确被土昧铁雷的行动所吸引。第一时间派出了担任外围机动任务的麻贵所部正面迎战，而由董一奎的弟弟董一元率部秘密北上，奔袭庄秃赖与卜失兔所部在张春井一线的大营。

果然，在右沟一线遭遇了麻贵所部的阻击之下，土昧铁雷所部迅速向鸣沙州奔袭而去。作为南线的战略要冲，明军在鸣沙州一线依旧驻守有游击赵武所部，因此土昧铁雷并未讨到什么便宜。但随着其将矛头转向更后方的下马关时，局势陡然变化

根据《平远县志》记载，下马关一线自古便"峰峦环拱，沟涧萦旋，形壮边陲，势凭险阻，黄河回绕其北，萧关雄镇其南，东北扼庆（阳）宁（夏）咽喉，西南连巩（昌）固（原）肘腋，控制羌胡之地，屏藩沙漠之区"。因此作为连接宁夏和固原镇两段的重要关隘，下马关自嘉靖五年（1526）修筑以来，便始终扮演着交通和防御枢纽的双重角色。下马关南、北两门分别悬挂着"重门御暴"和"橐钥全秦"的匾额。而历代固原总兵官，每年秋季带兵巡视边防，必下马于此休息，故而得名"下马关"。

然而，如此一座"外砖内土，周五里七分，高厚均三丈五尺"的雄关此时仅有刚刚升任宁夏总兵的萧如薰带领着小股部队据守。萧如薰缘何会出现在下马关？这个问题恐怕还要从明军内部的权力倾轧说起。

成功坚守了平虏城后，萧如薰被擢升为宁夏镇副总兵，其妻杨氏也因助夫守城、毁家纾难有功，为朝廷所旌表。事情发展到这一步，萧如薰的功绩事实已经得到了应有的奖赏。接下来他只需要守好平虏城，等待明军攻克宁夏、平定叛乱即可。可偏偏在明军各路援军齐集、互不统属的情况下魏学曾又做出了以萧如薰顶替董一奎为宁夏总兵，尽统延绥、甘肃、固原诸镇援军的决定。

然而，董一奎这样的军中宿将都指挥不动的骄兵悍卒又岂是萧如薰可以驾驭的。随着魏学曾被免职，萧如薰这个有名无实的宁夏总兵自然也就当不下去了。为了避免彼此尴尬，新任总督叶梦熊将萧如薰安排在了下马关一线，主管一些督运粮草之类的后勤工作。

由于身处后方，又是个闲职，萧如薰此时麾下的兵马极为有限，是以

其所面临的局面，或许比此前在平虏城时更为危险。好在萧如薰虽然已被罢官，但其兄萧如兰依旧身为中军总兵。得知消息后，萧如兰第一时间请求叶梦熊急邀麻贵火速支持下马关，随后更动员所部家丁赶往前线助战。

经过一路奔袭，两路明军终于在晒马台一线堵住对手。明军此时虽然已是人困马乏，但土昧铁雷所部同样已是强弩之末。一番混战之后，土昧铁雷部率先支撑不住，全线崩溃。麻贵、萧如兰率部紧紧追赶，最终于薛家洼一线将该部鞑靼骑兵歼灭。此役明军虽未留下阵斩土昧铁雷的记录，但考虑到土昧铁雷日后再未出现在史料之中，想来是与其麾下部众一同遭受到了毁灭性的打击。

下马关危机被成功化解的同时，董一元也率部成功突入了鞑靼部张春井一线的营地。由于大多数青壮骑兵皆已出击，留守营地的妇孺老幼无力抵挡奔袭而来的明军铁骑，只能四散奔逃。是以，此战尽管董一元所部仅斩首一百三十余级，却缴获牲畜一万五千余头。

对于鞑靼诸部而言，牲畜不仅是财富和资产，更是赖以维持战争的运输工具和战备物资。是以，在董一元捣毁鞑靼位于张春井地区的老营，掠走其大多数牲畜之后，鞑靼诸部事实上便失去了继续作战的能力。而在同一时间，一场血腥的阻击战正在花马池一线惨烈地进行着……

四、灌城

花马池地处宁夏镇东部，自古就有"灵夏肘腋，环庆襟喉"之称。又因宋元时期便是中原与塞外游牧民族"以盐易马"的主要市场，因此最早被称为"换马池"，久而久之才被以讹传讹地读作了"花马池"。

为了应对游牧民族的威胁，明廷于正统八年（1443）置花马池营，成化年间再筑花马池城。弘治六年（1493）改置为花马池守御千户所，正德二年（1507）又改为宁夏后卫，现在隶属宁夏管辖，不过因为朝廷让杨一清总制宁夏、陕西、延绥三边，花马池城里的守军时有调度，延绥的官兵有时也会去那里防御。嘉靖年间曾议将指挥西北四镇长城防御的陕西三边总制府移镇花马池，可见其战略地位之重要。

仅以花马池城本身而言，这座城高三丈五尺的关隘足以抵挡上万鞑靼铁骑的围攻。但是花马池本身的坚固，并不能改变其周边已经存在防御漏洞的现实。宁夏叛乱之初，鞑靼骑兵便通过花马池周边的沙湃口等关隘大举侵入内地。事后，明军虽然也做出了亡羊补牢的尝试，但碍于机动兵力的严重不足，仅派出了游击龚子敬麾下的一支偏师。

或许，相较于李如松、麻贵、董一奎、董一元、萧如兰、萧如薰等将门虎子，龚子敬并没有在中国军事史上留下显赫的名号，但这个来自江南的汉子用一生践行了"大丈夫应以社稷为重，尽忠报国乃吾辈之本分"的誓言。

龚子敬，字伯头，号阳山，出生于浙江义乌县石塔鱼头村（今义乌市城郊黎明村）。据说他自幼就不喜文牍，专爱习武，更常以抗金名将岳飞为榜样，立志当一名保家卫国的英雄。龚子敬年仅十六岁时，便已身高八尺，能力举千斤。但在身处江南，他的一身武艺更多地被用于私斗。

嘉靖三十八年（1559）秋，义乌百姓与永康矿夫为争夺八宝山矿产开采权发生了大规模械斗。义乌以陈大成等人为首组织护矿队，在本县内招募勇武之士。年仅十七岁的龚子敬应募入伍并当任百夫长。在和永康矿夫的械斗中，龚子敬表现十分勇敢，手持大刀冲锋陷阵，威猛异常。好在不久之后，为抗击倭寇，戚继光经朝廷批准，于同年九月来义乌募兵组建"戚家军"。总督胡宗宪命义乌县令赵大河协助戚继光。赵大河提出招募护矿队伍，于是，龚子敬加入了抗倭队伍，走上了一条新的人生道路。

龚子敬入伍后，因英勇善战，戚继光任命他为部下先锋。此后的十四年间，龚子敬跟随戚继光征战于浙、闽二省，在定海、汀州（今福建长汀）、漳州诸役中所战皆捷，立下了赫赫战功。戚继光调任蓟镇时，龚子敬也随之北上，但此时龚子敬的职责更多是修复城垣，可谓"英雄无用武之地"。

万历四年（1576）倭患再起，朝廷命胡守仁回闽治倭。胡守仁知龚子敬骁勇，遂奏请调龚子敬屯兵福建。第二年，倭寇侵犯刘澳口，龚子敬身先士卒，冲锋陷阵，杀得倭寇落花流水，被迫退至大海之中。龚子敬又一鼓作气，率兵追剿至大海，杀敌数百名，夺回被倭寇掳去的男女百姓和财物无数。沿海倭患被其清除。

此后的数年间，龚子敬率部驻守福建，多次镇压当地匪患。如万历七年（1579），民匪谢二聚众打家劫舍，谋财害命，祸及地方，荼毒生灵。龚子敬闻报，立即率兵进剿，一举歼匪五百余人。匪患一扫而清，百姓得以安居乐业。万历十年（1582），海坛山发生匪患。龚子敬领兵征剿，由于每次战斗他均冲锋在前，做出了表率，因而士兵都争先恐后、奋勇杀敌，杀得匪寇闻风丧胆，取得了名噪一时的海坛山大捷。

因龚子敬战功累著，万历十三年（1585）升为蓟辽保定都指挥使司火器总教练，不久又升为蓟东路游击将军，镇守刘家营。在任期间，为加强防御力量，他组织民兵自卫队伍。因民兵不属国家正规部队，朝廷不发军饷。为稳定军心、民心，龚子敬不惜卖掉义乌老家的田产，悉数充为军费，有效地巩固了北方边防。但龚子敬万万没有想到他的这一正义举动，却为他惹来了一场无妄之灾。

万历十九年（1591），龚子敬因"私自招兵，图谋不轨"而遭到弹劾，最终被迫罢官归里。此时已然四十八岁的龚子敬回到义乌老家后，才发现自己的家产已被变卖一空。面对家徒四壁，度日维艰的他心灰意冷，竟将珍藏于家的龚氏家族官职名录、事迹等记载文字付之一炬。即便如此，龚子敬的拳拳报国之心却终究未冷。随着宁夏叛乱的消息传来，龚子敬毅然接受了浙江巡抚常居敬的招揽，率领招募而来的千余浙兵，自备粮饷，展开了一场千里赴援。

然而，缺乏派系势力庇护的龚子敬所部注定只能成为炮灰。在宁夏城的攻坚战中，该部浙兵伤亡惨重，连龚子敬本人都在攻城时被火铳所发射的铅弹射伤了面门。可不等其伤势痊愈，龚子敬又被要求带领所部兵马赶赴沙湃口一线据守。当然，考虑到此时这股浙兵恐怕已因战损、疫病、逃亡等情况而十不存一，因此总督叶梦熊才又补充给龚子敬八百苗兵。

以步兵为主的龚子敬所部抵达沙湃口时，宰僧所部已经越过了长城防线。在旷野之上面对上万鞑靼铁骑，龚子敬从容布阵，依照戚继光传授的兵法，以弓矢、火器、长枪、刀盾次第消耗对手的骑兵。以至于宰僧所部骑兵将龚子敬的人马包围了十余层，却一时无法将其歼灭。

随着时间的推移，龚子敬所部的火药和箭矢逐渐耗尽。后方的援兵却迟迟不见踪影。终于，相对完整的防御阵型因为减员而出现缺口，鞑靼铁骑趁势冲入明军的步兵阵列之中，形势由此急转直下。眼见部队伤亡惨重，已身中数枪的龚子敬最终选择了自刎而亡，享年四十九岁。

沙湃口一战，龚子敬所部虽然几近全军覆没，但是有效地阻止了宰僧麾下上万鞑靼精骑的迂回包抄。在得知张春井的营地被董一元捣毁、牲畜尽失的消息后，宰僧果断选择了后撤。至此，庄秃赖与卜失兔所部对宁夏城的大举救援以失败告终。

叶梦熊在写了几首诸如"楼船海上追倭奴，几欲鱼腹葬头颅。陈钱壁下帆涛壮，北平西域阵云孤"的悼诗之后，便将龚子敬战死一事抛诸脑后了。毕竟此时身为总督的他，要考虑的是如何在军中树立自己的威望。龚子敬所部浙兵和自己此前招募来的苗兵，本就在各军体制之外，正好利用这一机会清除出攻城序列。

随着鞑靼诸部的败退，明军正式决开黄河大坝，以滔滔大水猛灌宁夏镇城。至八月一日，宁夏镇城外围悉数被淹，水深达八九尺。哱拜虽然招募了一批亡命之徒，试图乘小舟夜袭明军的绕城堤坝，但是遭到明军的伏击，当即被斩杀十六人、被俘一人。正是从那个俘虏口中，明军得知城内的粮食已然被吃光了。哱拜所部叛军已然开始宰杀军马，而普通百姓更是只能吃树皮。

事实证明，宁夏镇城虽然坚固却不耐水浸。就在哱拜试图破坏大堤失败后的第二天，宁夏镇城东、城西各有百余丈的城墙崩塌。但就在明军准备趁势攻城之际，城外都司吴世显、参将来保所驻守的大堤也各自发生了二十余丈的垮塌。水势大减之下，明军只能被迫搁置了进攻计划。盛怒之下，总督叶梦熊处斩了吴世显，来保却因为此前坚守灵州而得以赦免。就在明军和城内叛军各自忙于重修堤坝和城墙之际，著力兔再度率精锐骑兵攻入明境。

五、火并

显然，此前多次抛下哱拜部叛军自行撤离战场的著力兔并不是突然变得讲义气了。而是在鞑靼诸部首领看来，宁夏城破已然进入倒数计时。如果不趁此时再捞取一些战利品，那么往后便难有机会了。也正是怀揣着这样的投机心理，鞑靼诸部选择命著力兔先带着八百铁骑攻占了贺兰山东麓的镇北堡，随后再以宰僧率上万铁骑前突至宁夏镇城以北的李刚堡。

面对着来势汹汹的鞑靼骑兵，李如松决定亲自出马。他一边命裨将李宁率部奔袭黄硖口，以截断鞑靼诸部可能的后援并威胁著力兔、宰僧两兄弟的侧翼，一边亲率千余精锐正面迎击对手。

行至宁夏镇城以北数十里的张亮堡时，李如松所部便一头撞上了宰僧麾下的鞑靼骑兵主力。双方随即展开了激烈的遭遇战，李如松麾下虽然都是其父李成梁时代便豢养的精锐家丁，但面对十倍于己的对手也打得十分吃力。眼见战斗从卯时（上午五时到七时）打到巳时（上午九时到十一时），明军始终无法突破敌军的围困，气急败坏的李如松甚至持剑杀死了两名行动迟缓的士兵。好在麻贵和李如松的弟弟李如樟等率援兵及时赶到，陷入明军左、右两翼夹击的鞑靼骑兵这才仓皇撤走。

虽然张亮堡之战明军仅斩首一百二十余级，却彻底终结了鞑靼铁骑在宁夏镇肆意驰骋的历史。毕竟，对于著力兔、宰僧及其背后的投机者来说，利用明廷内讧趁火打劫自然没有问题，但要牺牲本部兵马来救援哱拜却是大可不必。是以，此战之后，鞑靼诸部便不再出兵宁夏了。值得一提的是，李如松草率冒进的毛病也在此战中逐渐显现，并最终在日后酿成大祸。

九月三日，随着参将杨文率领又一批浙兵抵达战场，早在四月便被征召的庄浪土司部也终于来到了前线。兵力得到进一步加强的明军开始大规模整顿攻城器械、拟订攻城计划。身为总督的叶梦熊更在军中张贴告示，称最先冲到城下者可获万金之赏。

五天以后，宁夏镇城北关城墙因为长时间的水浸而发生崩塌。守备当地的叛军将领薛永寿等人认为大势已去，于是暗中向城外明军投诚。李如松果断拟定了一个南北夹击的战略。他假装调集船筏猛攻北关，吸引哱承恩、许朝等人率领精锐部队到南城发动总攻。

在众多明军的攻城部队之中，已然七十岁高龄的前宁夏镇总兵牛秉忠奋勇先登，令身后的梅国桢大为感动，当即呼喊道："老将军且先登城，诸君如何退怯？"事实证明，牛秉忠之所以能够迅速登上城楼，完全是因为哱拜所部叛军早已放弃了外城，全部退守内城去了。面对猬集重兵且困兽犹斗的宁夏内城，明军连续攻打了几天也未取得进展。

战事虽然再度陷入僵局，但极端绝望的叛军内部早已开始分崩离析。

在哱拜的指使之下，哱承恩释放了此前扣押的劝降使者——前宁夏总兵张杰并送出城去，以释放和谈诚意。但这一举动恰恰被明军方面抓住了破绽，成为了破局的要害。

在明代小说家的演绎中，宁夏之乱的收官是由一位名叫李登的卖油郎完成的。据说，在攻破宁夏外城之后，身为监军的梅国桢因迟迟无法攻破内城而忧心忡忡，于是日夕巡逻，严行稽查。而正是在这个过程中，他意外听到有人在市井中放声唱道："痈不决，毒长流。巢不覆，枭常留。兵戈未已我心忧，我心忧兮且卖油。"

梅国桢听出对方歌词中有奉劝朝廷斩草除根的意思，便命人将那个卖油郎请来，一番交谈之后发现此人虽落魄到被迫卖油糊口，却极有胆略。于是梅国桢便委派其作为自己的特使，进入内城去离间哱拜父子与刘东旸、许朝等人的关系，以达到令叛军不战自乱的目的。

在梅国桢的安排下，李登成功潜入宁夏内城，先是面见了哱承恩父子，说了一番"哱氏曾有安塞功，监军不忍骈诛"的鬼话，并要求他们速杀刘（东旸）、许（朝）自赎。随后，李登又跑去见了刘东旸、许朝，又表示："将军本系汉将，何故从哱氏作乱，甘心婴祸？试思镇卒几何，能当大军？将军所恃，不过套援，今套部又已被逐，区区杯水，怎救车薪？为将军计，速除哱氏，自首大营，不特前愆可免，且有功足赏哩。"而就是在这样的两边忽悠之下，哱拜父子最终与刘东旸、许朝等人反目成仇，大举火并。

这段"卖油郎独成大功"的故事听着虽然过瘾，却终究只是小说演义。真正导致叛军内部发生分裂和火并的，还是长期遭遇围困之后，官兵精神的高度紧张以及对未来的绝望。而哱拜父子与刘东旸、许朝等底层士兵之间本就存在严重的利益分歧。因此在绝境中相互猜疑，自相残杀也便不足为奇了。

　　第一个倒在自己人屠刀之下的，是在整场叛乱中为哱拜集团立下汗马功劳的土文秀，而杀死他的人正是名义上的叛军领袖刘东旸。随后哱承恩又与刘东旸的部下周国柱密谋，两人联手杀死了许朝和刘东旸。随着刘东旸、许朝、土文秀的首级被悬挂在宁夏内城的城楼之上，哱承恩正式率部向明军投降。

　　事情发展到这一步，宁夏镇城的叛乱算是全部平定了。但对于已经拥有自己私人武装的哱氏集团，明军也不会轻易地放过。第二天一早，身为败军之将的叛军头目哱承恩去南门拜见监军梅国桢。谁知道梅国桢一出来，便命参将杨文将哱承恩逮捕。随后李如松又率兵包围哱拜家，哱拜和他的家丁起初仍然想要抵抗，但面对全副武装的明军，彻底绝望的哱拜选择了在家中上吊自杀。

　　李如松之弟李如樟的部将何世恩在火中砍下了哱拜的首级，官军又生俘哱拜次子哱承宠、养子哱洪大，以及同党土文德、何应时、陈雷、白鸢、陈继武等人。总督叶梦熊、巡抚朱正色、军监梅国桢等随后进入宁夏镇城中，慰问宗室、官吏、百姓。叶梦熊为斩草除根，下令将哱拜的同伙和投降的两千余人就地处死，而哱氏一族的叛乱首脑则被献俘押解到北京。宁夏叛乱就此宣告平定，官军向朝廷报捷，明神宗朱翊钧也难得地登殿受群臣祝贺。

　　之后，明神宗朱翊钧下诏处死哱承恩、哱承宠、哱洪大、土文德等人，又下诏慰问被叛军劫持的宁夏庆王，免除宁夏田租，并大赏平叛功臣，允许叶梦熊、朱正色、梅国桢的子孙世袭官职。武臣李如松功劳第一，加封宫保。其余人，如萧如薰、麻贵、刘承嗣、李如樟、杨文、牛秉忠等也陆续受封，并追赠战死的龚子敬为都督佥事。但是这些受封的明军将领来不及卸甲，便要急匆匆地赶赴朝鲜战场，去对抗来势汹汹的日本侵略军……

第八章：信长与秀吉

——日本战国的风云激荡与两代霸主的别样人生

一、尾张

对于这场由日本侵朝所引发的中、日、朝三国的全面冲突，东亚史学界依照国别不同向来有着不同的称呼，中国方面多以明神宗朱翊钧的年号，称"万历援朝之役"。由于朝鲜王国为了表示对大明帝国的恭顺，长期没有形成自身的年号系统，对这场战争多采用东亚古老的天干地支的纪年方式，冠以"壬辰倭乱"或"壬辰卫国战争"之名。

而日本方面在丰臣政权统治时期及其后的江户时代，将出兵朝鲜半岛笼统地称为"朝鲜阵""高丽阵"，明治维新之后则为了彰显"兴王师，攻无道"的所谓"正义"，改称"朝鲜征伐"。今日常见之"文禄·庆长之役"的提法，则出现在 1910 年之后，当时"日韩合并"已宣告完成，征伐之名显然不能用于这场"和、鲜两族的内部矛盾"。为了叙述上的方便，本文将统一使用"壬辰战争"的提法。

作为"壬辰战争"的始作俑者，以一介平民出身成为日本列岛实际统治者的丰臣秀吉，向来是一个颇具争议的人物。撇去中、朝两国对其狂妄自大、穷兵黩武的主观认知之外，即便在日本岛内，史学界也长期存在两种截然不同的看法。

赞许者认为丰臣秀吉虽出身卑微，但智计过人，不仅长于军略，堪称"日本战国第一智将"，而且治国有方，最终成功终结了"应仁之乱"，从而解除了日本列岛的纷争态势，一度令日本全社会呈现出国泰民安的景象。而反对者则以其晚年包括远征朝鲜在内的种种倒行逆施为依据，攻讦其不学无术，种种成功无非机缘巧合而已，垂暮之年更是原形毕露，并无统治一朝一国的能力。其死后丰臣政权迅速土崩瓦解便是最好的明证。

上述两种说法均有一定的道理，但要客观地评价其人，厘清"壬辰战争"的来龙去脉，仍需从头梳理丰臣秀吉的人生历程。嘉靖十六年（1537）二月初六（日本天文六年，公元 1537 年 3 月 17 日），居住于尾张国爱知郡中村的木下弥右卫门家中诞下一子。

丰臣秀吉的出生地

木下弥右卫门留下的资料并不多，虽然一般认为此时的他以务农为生，但在当时日本普通农民普遍有名无姓的情况下，弥右卫门竟然领有"木下"这样的"苗字"①似乎并非泛泛之辈。因此，有人认为木下弥右卫门曾是武士木下广义的养子。

不论其出身如何，从有限的史料来看，木下弥右卫门并不甘于躬耕。其早年做过木工、铁匠，走街串巷贩卖过针线，更曾与横行尾张、美浓交接地带的"黑社会头目"蜂须贺小六正利有过交集。不过最终木下弥右卫门选择了投效于尾张守护代织田一族。

所谓"守护代"，顾名思义就是代行守护之职的官吏。在日本历史上这一官爵并非室町幕府首创，但是在室町幕府后期逐渐盛行开来。为了强化中央权力，室町幕府长期以来都招揽守护大名进入中枢辅政，长期忙于幕府事务的守护大名们无暇顾及自己领地的日常事务，于是便委任守护代行使其地方职权。

这些守护代多为守护大名的亲信武将或当地大族，在其"代行守护"的过程中逐渐鸠占鹊巢，成为新的地方实权人物。尾张织田氏正是在这一时期从越前国（今日本福井县）来到了尾张（今日本爱知县），并在守护斯波氏忙于幕府事务之际，受命出任守护代一职。而给日本列岛带来天翻地覆变化的织田信长，其远祖伊势入道正是在当时从越前国来到了尾张出任守护代一职，并以其世代生活的越前国丹生郡织田町为苗字，改名织田乡广。

明成化元年（1465），日本室町幕府第八代将军足利义政，终于在三十岁时迎来了自己的嫡子——足利义尚，这本是一件有利于室町幕府传

---

① 苗字：日语中苗字虽与中文的姓氏同意，但形成相对复杂。平安时代源氏、平氏和藤原等大氏族分成若干家族，这些家族以其职业、居住地、官职名或以其私有农庄地名相称，统称为"苗字"。而正式场合或上表中依然可以将本家氏姓写在苗字之前。

据信战国织田氏的先祖曾为剑神社的神官

承的好事，但悲剧的是就在两年前足利义政由于厌政，收养小自己三岁的弟弟足利义视，这种做法尽管在中国传统文化中实在有违人伦，却是室町幕府册立继承人的一种有效背书。

在弟弟和儿子之间，足利义政无疑偏向于自己的骨肉。但他迟迟不做任何表示，只是用中立和拖延的方式来逃避问题。在足利义尚的生母日野富子和足利义视的大舅子细川胜元分别发展党羽，水火不容的情况之下，一场室町幕府空前规模的内战一触即发。

随着分别支持足利义视和足利义尚的两派势力矛盾日益激化，最终引发了名为"应仁之乱"的大规模内战。尽管起初双方都认为这不过是一场武力夺取京都的短暂政变，但是各地守护大名的加入使战火迅速蔓延至全国。客观地说，"应仁之乱"虽然波及面广，但真正血腥的大兵团会战并不多。就在守护大名们忙于觥筹交错的重新洗牌之时，被他们引为爪牙的守护代却早已不甘寂寞。以越前国守护代朝仓敏景在"应仁之乱"前后驱逐了守护大名斯波氏为标志，守护代逐渐成为即将到来的乱世主宰。

而在"应仁之乱"时，还有一位命运与朝仓敏景紧密相连，同样引领时代的风云人物，他就是出身卑微的骨皮道贤。骨皮道贤不仅名字古怪，履历更是神秘莫测。一般认为"应仁之乱"前，这位仁兄正在京都附近的寺庙挂单。京都附近向来是寺院势力的角力场。在频繁的天灾人祸面前，各派教宗为了争夺信徒往往不惜刀兵相见。公元 1464 年，自日本南北朝以来始终保存着庞大僧兵部队的延历寺，砸了新晋崛起的净土真宗本愿寺的场子。骨皮道贤从属于哪一方寺院势力虽然不详，但大体应该也是个披着袈裟的流氓。

在"应仁之乱"爆发时，骨皮道贤在京都已经小有名气，以捕快和特务的身份（目付）维持一方治安。而战争和混乱的到来更给了这样"会武术的流氓"以充分展示自我的空间。面对连正规军都敢抢的骨皮道贤"黑社会团伙"，控制京都的细川胜元自然感觉奇货可居，随即将其招安，派去祸害对手的地盘。骨皮道贤本人不是武士，手下也大多是地痞无赖之辈，自然不能以正规军相称呼，于是细川胜元从古籍中挑出了含义模糊的"足轻"一词为其冠名。

僧兵长期都是日本封建时代的重要武装力量

"足轻"一词本非"应仁之乱"才有，在日本历史上的历次动荡之中均有以农民为主体组建的轻步兵参战。在镰仓幕府建立前的"源平合战"时代他们被称为"步卒"。而在日本南北朝时代装备弓箭的步兵大量参战，名曰"射手足轻"。但是"应仁之乱"中出现的"足轻"与前代有着本质的差异，他们不再是建立于土地依附关系之上的武士随从，而是为了个人利益而战的雇佣兵集团。

以"足轻大将"的身份深入敌后的骨皮道贤，在当时的历史条件下堪称是特战先驱。毕竟日本武士早已习惯了真正之师的较量，对于他那套游击战术颇不适应。但是要说完全拿他没辙倒也不现实，随着对手的大军云集，骨皮道贤的"足轻队"最终陷入了铁壁合围之中。

兵败之后骨皮道贤穿上女装试图潜逃，应该说此举在日本历史上并不乏成功的先例，但此前穿女装的多为名门贵族，骨皮道贤五大三粗，一抹络腮胡子最终露了怯。尽管骨皮道贤最终被斩首示众，但是在日本列岛即将到来的战国时代，和他一样满怀着野心的"足轻"们在战场最终将由"无足轻重"上升为"举足轻重"，并在风云激荡之中孕育出"天下人"——丰臣秀吉。

被驱逐出越前的斯波氏，此后又被今川氏夺取了领下的远江一国。自此这个曾经拥有越前、若狭、越中、山城、能登、远江、信浓、尾张、加贺、安房、佐渡等地的豪族，手中仅剩下尾张国一地。无可避免地成为了已经深植当地的织田氏手中的傀儡。

尾张国南临伊势湾，其东是与三河国接壤的冈崎平原，从北到西通过浓尾平原与美浓国相接，西南的木曾川则是与伊势国的分野。虽然从地形上看，尾张恰处于近畿与关东之间的必经之路且三面受敌，但织田氏在"应仁之乱"后的近一个世纪中虽然内讧不断，但始终屹立不倒。而在其背后支撑其战争机器不断超负荷运转的，除了领内土壤肥沃，又兼有渔盐商业之利之外，还有诸多类似于木下弥右卫门这样，渴望在战场改变命运的普通民众。

可惜的是木下弥右卫门武运不佳，虽然在其以"足轻"身份加入织田军之时，号称"尾张之虎"的织田信秀东征远江、北抗美浓，为其子织田信长的崛起打下了坚实的基础。但木下弥右卫门在战斗中腿部负伤，在向来自诩"不养无用米虫"（织田信长日后的名言）的织田家，拖着残疾之躯的木下弥右卫门实在混不下去，只能回家养老，并最终在长子藤吉郎七岁时因病去世。

一般认为木下弥右卫门死后，其妻阿仲带着藤吉郎改嫁了织田家的同朋众（负责艺能、茶事的杂役）竹阿弥。当然坊间也有负伤归农的木下弥右卫门在出家后改称竹阿弥的说法。但无论如何，由于在藤吉郎之后，阿仲又生下了一儿两女，沉重的生活负担，令竹阿弥对藤吉郎态度恶劣，最终导致这个十五岁的长子选择了离家出走。

此后藤吉郎一度流浪于织田家的两大对头——斋藤氏控制的美浓今川氏领下的远江境内，直到十九岁时才重返尾张，

丰臣秀吉之母阿仲晚年的画像，在丰臣秀吉的崛起道路上，其母也曾频繁被作为人质用于外交

跪拜在刚刚接任家督不久的织田信长的马前。这一场景日后甚至漂洋过海，成为《明史》中那段漏洞百出的记载："（信长）偶出猎，遇一人卧树下，惊起冲突，执而诘之。自言为平秀吉，萨摩州人之奴，雄健骁捷，有口辩。信长悦之，令牧马，名曰木下人。"

二、信长

客观地说《明史》中的这段记载，更像是日本民间演义中藤吉郎与蜂须贺正胜在矢作川桥头发生冲突的场景。一般认为藤吉郎离家出走后，首先前往了自己母亲的娘家——美浓，并在那里投效于与自己父亲曾有交际的地方豪族蜂须贺一族。

但由于此时的蜂须贺一族正处于尾张织田氏与美浓斋藤氏的包夹之中，秉承着"君子不立危墙之下"的宗旨，藤吉郎不久便远走远江，侍奉臣属于今川氏的武士——松下之纲。而正是在松下之纲统领的头陀城中，

反映少年丰臣秀吉和蜂须贺正胜初见的浮世绘

藤吉郎第一次系统地学习了兵法和枪术。

　　客观来看松下之纲选择对藤吉郎传授家学，并非是看出此子未来必成
大器，而是源于此时今川氏正雄心勃勃地想要并吞尾张，松下之纲所部
作为进入远江的前锋部队，必须厉兵秣马、枕戈待旦。因此当时的一介
小厮藤吉郎日后发迹，对松下之纲也并未给予太多的回报。倒是在德川
家康的手中，松下之纲受封 1 万石的领地，开创了江户幕府时代的远江久
野藩。

松下之纲教导少年时代的丰臣秀吉之场景想象图

　　藤吉郎离开头陀城的原因至今不明，有人说是因为其看破了今川氏外
厉内荏的本质，最终选择另投明主，也有人说是因为当时武士阶层豢养娈
童的恶俗，令藤吉郎不胜其扰。总之最终窘迫的他，只能高呼着"我亲爹
为织田家流过血，我养父为织田家吹过箫"，恳求织田信长的收留，而织

田信长最初给予他的待遇，也并未超过松下之纲。在此后长达数年的时间里，藤吉郎都不过是织田信长身边的一个怀揣草履供主公随时更换的"小者"（奴仆）。

关于藤吉郎如何在织田信长麾下崭露头角，坊间传闻很多，但归纳起来无非是为了展现其过人的组织和管理才能。但仔细分析此时织田氏所处的内外环境，便不难发现，织田信长日后对藤吉郎的种种见用，与其说是有鉴于个人能力，不如说是实在无人可用。

织田氏在信长之父信秀手中以参加"连歌会"的方式奇袭那古野城为标志，开启了一段高速发展时期。室町幕府自足利义满以降，附庸风雅便不再是公卿的专利。各国大名之中虽然像土岐赖艺这样的"资深艺术家"终究是凤毛麟角，但类似于"赛诗会"的"连歌"早已成为武家日常的娱乐方式，据说为今川氏亲驻守尾张桥头堡的幼子今川氏丰便是一个"连歌发烧友"，经常会在自己所居住的那古野城邀请一干社会名流，由于"连歌"往往历时数天，因此今川氏丰还特意在城内为客人修建了客房。

今川氏丰之所以频繁地召集"连歌"或许有收买尾张国人心的用意，但是以今川氏丰前哨据点的那古野城作为主场多少有些不合时宜。正是利用今川氏丰邀请自己参加"连歌"之际，尾张国豪族织田信秀奇袭了那古野城，一举拔出了这个今川氏打入自己领土的钉子。而这座日后进化为名古屋的城市也成了织田氏走向战国大名的第一块铺路石。

面对被俘乞命的今川氏丰，织田信秀大度地放了他一条生路。显然面对今川氏这头巨兽，羽翼未丰的织田信秀还不敢贸然与其决裂。而此时刚刚亲政的今川氏辉也正忙于联合自己的舅舅北条氏纲去找武田信虎的晦气，一时也顾不上替自己的六弟出头，本来仅有尾张国四郡管理权的织田信秀利用这一难得的契机开始逐渐坐大。

在逐步统一尾张全境的同时，织田信秀的主要对手除了今川氏之外，还有风头正劲的邻居——盘踞三河国西部的松平氏。在十三岁便继承家督之位的松平清康的领导之下，松平氏的势力一度进入了全盛期。明嘉靖十四年（1535）在草草平定三河国西部地区后，松平清康纠集了上万人马向尾张进军。

松平清康在起兵之初便做了一系列的外交工作，盘根错节的各方势力也都有意看到织田与松平这两家后起之秀拼个你死我活。在排除了外部干扰的情况下，松平清康很快便深入了织田氏的腹地，开始围攻织田信秀居城清州城的外围据点——守山城。但就是在松平氏的军队忙于进行一系列攻坚筹备之时，松平清康却意外地被自己的家臣阿部正丰所刺杀。

因为是日后德川幕府的老祖宗，所以日本史学家向来对松平清康不乏褒美之词，甚至断言说："（他）如果能活到三十岁，必能夺取天下！"这种无意义的假设显然不足以阻挡织田氏反攻的铁骑，在织田信秀的衔尾追击之下，松平氏的内讧也进入了顶点，甚至连松平清康的嫡子松平广忠也被赶出了家门。走投无路的松平广忠只能投奔今川氏寻求庇护。今川氏辉虽然有心利用这一良机侵吞松平氏，无奈天不假年，明嘉靖十四年（1535）二十四岁的今川氏辉离奇病故。

因为今川氏辉生前没有子嗣，所以空悬的家督之位随即引发了一场兄弟争衡的"花仓之乱"，最终今川氏辉的五弟今川义元胜出。在今川义元的鼎力支持之下，松平广忠最终得以重返三河国。不过经历了连番内讧之后，松平氏不仅沦为了今川氏的属国，而且在织田氏的连续施压下步步后退。

明嘉靖二十六年（1547），为了获得今川氏的援助，松平广忠不得不将自己四岁的嫡子竹千代送往骏府。但这位可怜的人质还未被送达今川义元的手中便被松平氏的政敌绑架，几经周折之后落入了织田氏的手中。

织田信秀秉着奇货可居的心理，将竹千代安置在那古野城中。而此时那古野城的城主正是比竹千代年长九岁的织田家嫡子——织田信长。织田信长是一个向来不拘理法的顽童，因其喜欢在市井与各阶层的孩童玩耍，而获得一个"尾张大傻瓜"的诨号。对于身为人质的竹千代，织田信长自然也没有太多的门户之见。因此，许多日本小说家抱着想当然的心态描述了一幅两代枭雄自幼相善的动人画卷。

织田信长的成长历程恰是其家族壮大的历史。明嘉靖二十七年（1548）在多年刀兵相向之后，雄踞美浓的斋藤道三最终选择了接受织田家伸出的橄榄枝，将自己的爱女——斋藤归蝶许配给织田信长。应该说此时的日本列岛，战国大名已经走出了"应仁之乱"后一夜暴富的阶段，彼此之间的竞争日益白热化，以子女联姻为纽带的同盟如雨后春笋般出现。

如明嘉靖十六年（1537）长期敌对的武田、北条、今川三家便通过建立一系列的政治联姻缓和了关系，并在明嘉靖二十年（1541）武田晴信将自己的父亲武田信虎流放之后，逐步建立起了所谓的"善德寺三国同盟"。

作为执掌美浓的枭雄，斋藤道三并非全无亲情可言。据说在自己女儿出嫁的前夜，斋藤道三曾将一柄短刀赠予斋藤归蝶，表示："若信长果真如其名，汝可杀之。"但被自己父亲作为政治筹码的斋藤归蝶并不领情，反唇相讥道："若夫君乃大才，归蝶或与夫君杀父！"

事实证明斋藤归蝶嫁给织田信长后，双方感情很好。而斋藤道三在富田正德寺与织田信长会面之后，也深感自己此前的预测有误，发出了"呜呼！我儿只配为上总介（织田信长）拉马为奴矣！"的感慨。不过这些终究只是小说家言，对于身处四战之地的斋藤和织田两家而言，能够摆脱多线作战的不利局面才是这一政治联姻最直观的成果。

在岳父美浓国主斋藤道三的支持下，织田信长用六年的时间最终击败织田信友、织田信行等家族内部的竞争者，最终得以一统尾张。而从理性的角度分析，斋藤道三之所以选择将女儿斋藤归蝶嫁给织田信长，也并非对其未来的飞黄腾达早有预见，无非是远交近攻（织田信长当时控制的尾张下四郡不与美浓直接接壤）的外交手段而已。

明嘉靖二十七年（1548），在今川氏的大力扶植之下，松平广忠于小豆坂险胜织田军。但就在松平广忠想要迎回自己嫡子竹千代之际，松平氏内部再度发生了扑朔迷离的暗杀事件。

因为刺杀松平氏两代家督的凶手所使用的都是伊势桑名出产的"村正"刀，所以在日后由德川家康所建立的江户幕府统治时期，有关"村正"乃妖刀邪剑的传说不胫而走。但事实上真正巧合的是松平清康、松平广忠父子遇刺之时，都是由一位名叫植村氏明的武士砍杀了凶手。

面对再度群龙无首的松平氏，今川义元反应迅猛。明嘉靖二十八年（1549）今川氏的军队攻占了织田氏在三河国的据点——安祥城，以俘虏织田氏庶子的方式要求换回松平氏的法定继承人——竹千代。不过在此后的十二年里，这位未来统一日本列岛的枭雄还是过着寄人篱下的生活。甚至在元服的成年礼上也不得不拜受今川义元的"元"字，更名为松平元康。而这位松平氏名义上的家督也在骏府城见证了今川氏富国强兵的一系列政策。

明嘉靖三十九年（1560）五月十日，苦心经营多年的今川义元俨然已经成为了日本列岛最强的战国大名。在"东海道第一弓取"的威名之下，今川氏动员数万人的大军浩浩荡荡地打着"上洛"的旗号向尾张进击。此时织田信秀已于九年前中风而死。继承了家督之位的织田信长首先要面对的是自己岳父家的内讧。

由于继承权及血统存疑等原因，斋藤道三于明嘉靖三十五年（1556）

遭遇了自己长子斋藤义龙的反叛。尽管兵败之前，斋藤道三还写信给女婿织田信长要对方不必急于出兵支援，美浓就作为自己女儿的嫁妆送给织田家云云。但事实上织田信长继位之后的织田氏内部同样纷争不断，不要说进取美浓，即便是完全控制尾张仍需耗费一番力气。

自明嘉靖三十年（1551）织田信长继承家督以来，织田氏便始终处于内忧外患的风雨飘摇之中。对外，除了今川氏的虎视眈眈之外，还有同宗的大和守织田信友等人的威胁。对内，织田信长一些离经叛道的举措更引发了诸多老臣的不满。如平手政秀般切腹死谏者有之，如柴田胜家般密谋拥立织田信长之弟织田信行者有之，如鸣海城城主山口教继倒戈投敌者有之。在实在无人可用的情况之下，织田信长只能重用如藤吉郎、池田恒兴这类贴身家仆以及泷川一益、墙直政、前田利家等下级武士。

如今复原的织田信长的崛起之地——清须城

在直面今川氏的大军之前，织田信长虽然夷平了尾张国内部的反对势力，但可以动员的兵力也不足五千人，其中还必须分出两千人监视美浓方向的斋藤义龙。面对以松平元康所指挥的三河国武士为前锋的今川氏大军，织田家的外围据点不断被攻占。而织田信长却始终按兵不动，也没有做出任何的迎战部署。一时间织田家上下无不弥漫着末日般的绝望。

认定织田信长无力翻盘的今川义元率领五千余人的本阵于五月十九日正午抵达了东海道与大高道交汇处的丘陵地带。由于前线捷报频传，今川义元的心情大好，随即选择了距离前沿约三千米的桶狭间山就地休整。显然今川义元并不知道就在这一天的黎明时分，织田信长以一段名为《敦盛》的"能剧"表达了必死的信念，动员全部的机动兵力正在向桶狭间奇袭而来。

所谓《敦盛》指的是昔日"源平合战"时代平氏一族中深谙音律，擅吹横笛的少年将军平敦盛。世人感慨他战死沙场，平氏一族灰飞烟灭的实际，以其为原型编纂了一段"人生五十年，与天地长久相较，如梦又似幻；一度得生者，岂有不灭者乎？"的唱词，织田氏自诩为平家后裔，此时织田信长唱出此词俨然已是做好了孤注一掷的准备。

织田信长的举动并非无谋的猪突，事实上自今川氏大军压境以来，他便通过各种情报渠道寻找今川义元本阵的位置，而秉承"要欺骗敌方，首先要欺骗友方"的宗旨，织田信长始终未将自己的计划向家臣透露，甚至在突击之初也仅有织田信长自己麾下二百余人的亲卫队，其余人马都是在得知家督出阵之后才匆忙赶来会合的。因此，抵达桶狭间之时，织田家也仅有两千多人可以投入战斗。

但在织田信长的鼓舞下，织田军人人奋勇争先。今川义元的部下却大多在午餐中喝得酩酊大醉，借着一场突如其来的大雨，织田军迅速突破了对手的前锋。惊慌失措的今川义元在不足三百人的亲信保护下向东逃去。

但在大雨中泥泞的道路上本就足短身长不善骑术的今川义元此时酒意未退，最终倒在织田家武士的刀下。

桶狭间之战不仅挽救了濒临灭亡的织田氏，更令长期沦为今川氏附庸的三河豪族松平氏借机获得独立。以源氏后裔自居的松平元康在跟随今川氏败军撤回三河之后，随即怀着向源义家致敬的名义改名为松平家康。此时织田、松平两家正式结盟迈向了并肩夺取天下的道路。而此时已经在织田家打杂多年的木下藤吉郎依旧籍籍无名。唯一值得欣慰的是次年他迎娶了织田氏弓众（弓箭手）浅野长胜的养女宁宁，同时又通过织田信长的侧室生驹吉乃与美浓豪商生驹家宗搭上了关系。

桶狭间之战的浮世绘，画师特意将策马赶来的丰臣秀吉画入其中

此时织田信长已经北上攻略美浓，全面接收已故的岳父斋藤道三的政治遗产。而木下藤吉郎早年辗转于美浓等地的打工生涯，令其成为调略尾张、美浓两国边境各路豪强的不二人选。而在织田信长连番对美浓用兵的过程中，藤吉郎成功在长良川前线修筑要塞墨俣城的举措，更令其从此走

上了独当一面的将帅之路。

据说藤吉郎受命筑城之时，曾向织田信长夸下海口"无须本家一兵一卒"，便孑然一身前往美浓，找来昔日好友——美浓土豪蜂须贺正胜，调集各路为金钱所驱使的"野武士"，利用木曾川、长良川的水势，将飞骅国出产的原木运抵战场，再由木匠制作成板材。最终借助一场大雨，在敌前筑成了一座由防马栅、土垒、箭橹组成的简易要塞，号称"一夜城"。

日后改名丰臣秀吉的木下藤吉郎曾回忆说："余一生攻砦三十，攻城五十，筑城无数，唯墨俣此城得最为艰辛。"作为一名成功人士，藤吉郎此番言论固然有感叹"创业不易"的意味，但从后世的角度出发，此战奠定了丰臣秀吉毕生军事理念的基础。

纵观其日后历次用兵韬略，基本均遵循了"墨俣一夜城"的经典模式。首先展开密集的外交活动，争取更多的盟友参与行动，即便是仅有百十人的"野武士"集团，也能聚沙成塔，组成一支令人生畏的大军。其次便是尽量调集各类物资，全力保障前线需求。最终通过在敌前修筑堡垒，形成反客为主之势。

以墨俣城为据点，织田信长很快便击败了斋藤道三之孙斋藤龙兴。明隆庆二年（1568），领有尾张、美浓两国一百一十万石高①的织田信长，以拥立足利义昭为幕府将军的名义出兵近畿。

此时昔日执掌日本的室町幕府早已在各派势力的疯狂互殴之中名存实亡。而成功控制京都之后，对于足利义昭继承昔日幕府管领斯波家或出任副将军的提议，织田信长也一笑置之。而正当天下均以为织田氏大公无私之际，织田信长却最终露出了獠牙，他所追求的并非是控制室町幕府，而是要另起炉灶并取而代之。

---

① 石高："石高制"是日本战国时期，不按面积而按法定标准收获量来表示（或逆算）封地或份地面积的制度。

三、上洛

受封为征夷大将军，通过私人幕僚机构——幕府，掌管天下武士，进而架空公卿阶层和天皇，以达到大权独揽的目的，这固然是自诩为"武家人"的日本各地豪强家族孜孜以求的成功之路。但就在无数野心家沿着这条镰仓幕府的创始人源赖朝所开辟的康庄大道上前赴后继之时，却往往忽视了其实要登顶权力之巅，从来不只有这一条途径。

早在源赖朝建立镰仓幕府之前，与源氏武士集团长期分庭抗礼的平氏武士集团的首脑平清盛便依靠武力，通过出任日本律令制度下的最高官位——太政大臣，从而左右政局。尽管无论是征夷大将军还是太政大臣，都需要寰宇之内无人可敌的强大实力。而就"职务含金量"来看，在武士左右国家政局的当时，似乎征夷大将军要略高一筹。如果跳出"存在即合理"的思想桎梏，不难发现日本列岛的实权掌握在一个武职官员手中，本身就是一种不合理的非常态。

明隆庆二年（1568）十月二十八日，织田信长受朝廷所授之弹正少忠一职。尽管这一职务在当时毫无实际意义，官阶也仅为从五位下。但仔细分析，却不难看出织田信长从这个职务切入背后的勃勃野心。

首先，自日本效仿唐帝国，实行律令改革以来，弹正台就是一个非常特殊的机构，一方面其职能上类似于中国的御史大夫，掌握着监督左大臣以下所有朝廷官员的弹劾权；另一方面其还掌握维持京都乃至近畿地区社会风纪和治安的职权。

尽管日本列岛连番的政治动荡乃至内战，早已令弹正台名存实亡，但从法理上来讲，其作用从未废止过。织田信长出任这一职务，对内可以左右朝纲，对外则可以弹劾不法、维护秩序之名，行征讨之事，可谓切中要害。

其次织田信长的出身在当时来看颇为尴尬，织田氏本出自以神官为主的忌部氏。在公卿招摇过市、武家群雄并起的日本战国时代显得格外另类，织田信长虽然下了一番功市，伪造谱系向藤原氏或平氏靠拢，但依旧缺乏从政传统无疑是一个硬伤。

于是织田信长便干脆宣称织田氏世代自称"弹正忠"，摆出一副"我即弹正台"的架势。最后可不要小看这个从五位下的官阶，在律令改革之中，日本位阶制度明确规定"从五位下"以上者为"通贵"。织田信长以之起步，无疑是从一个侧面宣告自己家族并非"草根"，不仅与庶民拉开了距离，更将众多武士也比了下去。

次年，日本改元"元龟"，织田信长也趁势进位为正四位下的弹正大弼，并开始着手出台了一系列限制幕府将军权力的法令。心怀不满的足利义昭随即与对织田氏"挟将军以令大名"艳羡不已的各方势力合流，开始组建"织田包围网"。

不过和历史上所有的多方联盟一样，"织田包围网"虽然云集了朝仓、浅井、武田、三好等强力大名，又有叡山延历寺、石山本愿寺等宗教寺庙势力的加入，但各方利益诉求不同，难免各行其是，最终被逐个击破。甚至在局面大好的情况下，织田信长只要对步步紧逼的朝仓氏家督义景说一句"天下是朝仓大人所有，我将不再妄想"便能从容脱身。

"织田包围网"的最高潮出现在明隆庆六年（1572），多年以来一直忙于在北信浓及关东地区开疆扩土的武田信玄率领三万五千大军开始向京都进发。应该说尽管多年以来利用种种手段，武田氏的领土迅速扩张，甚至连昔日盟友今川氏的骏府城亦被其收入囊中，但是在整体国力上，武田氏依旧与织田氏有着不小的差距。究其原因，除了武田氏核心势力范围甲斐国的土地贫瘠和商旅不振外，很大程度上要归结于织田信长所推行的兵农分离政策。

所谓兵农分离顾名思义就是将"应仁之乱"以来的军中动员制改为常备军制。此举不仅可以有限地保证部队的战斗力,更不会因为战争而荒芜国内的四季耕作,极大地提升了部队的机动性。

不过武田氏也有自身的优势,多年以来与继承了关东统领之位的越后国大名上杉谦信围绕北信浓的恶斗,连续五次的川中岛会战令本便以精锐著称的甲斐武士锤炼成了一支百战之师。

当年十二月,在远江的三方原,武田军轻松地击溃了此时已经改姓德川的松平家康麾下的德川、织田联军。据说德川家康在战场上仓皇而逃,甚至被吓得尿了裤子。在躲进相对安全的滨松城后,德川家康立即找来画师,记录下自己落魄的样子,并在此后多年将这幅肖像挂于自己的卧室之内,以激励和鞭策自己。

对于年仅二十九岁的德川家康而言,三方原会战的失利无非是人生的一次历练。对于武田信玄而言,这场辉煌的胜利却无法挽回他油尽灯枯的生命。明万历元年(1573)春季,在一时无力攻克德川氏遍布远江、三河国的大小据点的情况下,武田信玄的肺病日益恶化,不得不在三河国的长筱城休养一个月后放弃其上洛的雄心。

五十三岁的武田信玄最终病死于撤军回甲斐的路上,他的死与其说是武田军功败垂成的偶然因素,不如说

德川家康狼狈的自画像

是一块遮羞布。毕竟此时织田信长已经彻底击败了浅井、朝仓两家，长期秘密与织田氏为敌的叡山延历寺也被烧成了白地。所谓的"织田包围网"已然崩溃，而武田军历时四个月都未能瓦解德川家康在远江、三河的势力，战争再继续进行下去，倾国而出的武田氏更有春耕荒芜的风险。

暂时解除了来自东部的威胁之后，织田信长再无后顾之忧，肆无忌惮地选择将足利义昭流放，并为自己加官晋爵，升任为从三位的参议。此举不仅标志着织田信长正式跻身公卿的行列，更使其可以名正言顺地上奏天皇、获取敕令。

也许是为了检验这一功能是否有效，织田信长在升任参议后的第十天，便以正亲町天皇方仁的名义，要求东大寺中保管什器宝物的正仓院交出国宝级文物"兰麝待"（一作兰奢待）。"兰麝待"本身只是一块树脂化的沉香原木，文物价值远高于其经济价值。但织田信长此举与所有政治人物的旁敲侧击、悄然试水一样，布局深远、意义非凡。

通过索取"兰麝待"，成功试水了"挟天皇以令天下"之后，织田信长可谓食髓知味，此后频繁通过敕令为自己张目。明万历三年（1575），织田信长在就任地位仅次于"三公"（太政大臣、左大臣、右大臣）的大纳言的同时，又兼任了右近卫府大将。

至此织田信长不仅在官阶上力压仅为近卫中将的幕府将军足利义昭一头，同时也向世人宣告了织田信长所谋并非延续源赖朝所开创的"幕府—武家"统治，而是效法平清盛，倡导"公武合一"。

织田信长基于怎样的考虑才做出这样的抉择，后世学者有着各种不同的分析和推测。但总体来看，随着室町幕府在其统治后期逐渐衰弱并最终"僵尸化"，各地割据一方的武士集团均在谋求与公卿阶层靠拢，织田信长只是凭借其成功"上洛"而比他人更进一步而已。而足利义昭这个"贫乏公方"与室町幕府这个"政治僵尸"的长期存在，并不断组织各地豪强形成"织田包围网"，也迫使织田氏不得不另辟蹊径。当然更为重要的内部因素还在于：织田氏本身没有源氏、足利氏那般强大的武家号召力和世代效忠的庞大家臣团，转而选择介入并控制朝廷体系也是迅速确立自身权威的不二法门。

似乎是为了维护武士政权最后的尊严，武田信玄的继承者武田胜赖不顾自己父亲临终前"三年不离甲斐"的训诫，于当年五月贸然出兵。却最终于武田信玄昔日养病的长筱城下大败于织田、德川联军之手。由于织田、德川联军在此战中出动了三千挺以上的"铁炮"（火绳枪），而武田氏又长期以骑兵著称，因此长筱会战一度被日本史学界吹嘘为"世界历史上第一次大规模使用火枪"的战役。仿佛一夜之间日本便进入了"热兵器"时代。

"长筱会战"的浮世绘

但实际上早在"长筱会战"之前，雄踞东亚大陆的明帝国便组建了专习枪炮的神机营，并频繁将火器用于漠北等边境地区冲突之中。而在西欧1525 年的"帕维亚战役"中，西班牙人更凭借火绳枪手和轻步兵的配合重创了横行欧洲多年的法兰西重甲骑兵和瑞士长矛手。

在"长筱会战"时，日本的所谓"骑兵"仍不过是以马匹进行机动作战的步兵，策马冲击只是少数武士的特殊技能而已。真正击败武田氏的除了其自身对单兵素质的骄傲和迷信之外，主要还是织田、德川联军近三倍于敌的兵力优势和预设战场的木栅、壕沟工事。

自"长筱会战"击败武田氏之后，织田信长在日本列岛的扩张进入了"快车道"。为了追求自己"天下布武"的梦想，织田信长于当年将家督之位传给自己的嫡子织田信忠，此后便长期以隐居的方式在琵琶湖畔修筑的安土城内遥控指挥自己麾下的各路战将向各个方向展开扩张。

四、惊变

面对织田氏一家独大的局面，日本各地的大名们虽然以上杉谦信及在本州岛西部崛起的毛利氏为首组建了"第二次织田包围网"。但随着明万历六年（1578）常年嗜酒的上杉谦信死于脑溢血，上杉氏随即陷入了内讧。"第二次织田包围网"也随即全面崩溃。

再度获得战略优势的织田氏大军疯狂地涌入东、西两线战场。其中负责攻略毛利氏领土的正是改名为羽柴秀吉的木下藤吉郎。应该说以雄踞西国的毛利氏的力量要击败织田氏的一个方面军并非难事。但吉川元春和小早川隆景始终无法形成合力，致使羽柴秀吉不断以断粮、水淹、迫降等方式逐步蚕食毛利氏的领地。

羽柴秀吉虽然连战告捷，但其在反复拉锯中所取得的战果显然无法令雄心万丈的织田信长感到满意。明万历九年（1581）在京都举行了空前规模的阅兵式之后，借助着天皇的无上权威和近畿富庶之地的经济优势，次年，织田信长以正亲町天皇方仁的名义，宣布雄踞琵琶湖东岸美浓、远江、骏河、甲斐、信浓、上野诸国的武家豪门——武田氏为"朝敌"，随即联手德川、北条等盟友，出动十万人以上的庞大军队，一举将号称"东海道一弓取"的武田胜赖逼到无路可走，只能自刃身亡。

织田军迅速席卷了武田和上杉两家的大片领土。在一派降者如潮的情况之下，武田氏几乎没有进行有组织的抵抗便归于灭亡，而上杉氏在内乱不断中也陷入了苟延残喘的窘境。武田氏的灭亡固然与武田信玄、武田胜赖两代家主一系列错误决策，家臣团离心离德，领地经济机构不合理等因素有关。

但织田信长主导的这场声势浩大的甲州征伐也展现了一种全新的战争模式，即在政治上指认对手为天皇的敌人，从而树立大义的名义，经济上最大限度集结战备物资以形成压倒性的优势，最终在泰山压卵般的强弱对比之下，迫使对手内部崩溃。面对掌握政治、经济上绝对优势的织田信长，一时间日本列岛之上的各路豪强，无不为之股栗。望风而降者有之，抱残守缺者有之。只有少数不知死活者还敢叫嚣"信长孰与我大乎？"

自诩天下无人能敌的织田信长于明万历十年（1582）下达扑杀武田遗臣的"狩猎武田令"后，便命令各路人马向京都集结，打算以同样的雷霆万钧之势支援羽柴秀吉，一举扑灭毛利家。但就在已经掌握日本列岛大半富庶之地的织田信长一路从甲斐回归安土城，并下榻京都本能寺之际，长期被织田信长委以重任的家臣明智光秀突然举起了叛旗，率军冲入本能寺中。身边仅有百余亲信的织田信长虽然亲自上阵，但最终仍因寡不敌众，被迫切腹自焚，史称"本能寺之变"。

"本能寺之变"浮世绘

关于"本能寺之变"日本学者以各种笔记为出发点，拼凑出了一幅织田信长与明智光秀逐步结怨的长卷。但事实上明智光秀不仅与织田信长的正室斋藤归蝶是表兄妹，更长期为织田氏东征西讨，发动"本能寺之变"时，明智氏已然从昔日的美浓土豪跃升为丹波一国的守护。应该说诸多所谓织田信长当众羞辱明智光秀的记载无非是织田信长的性格使然，也是两人关系不凡的另类证明。真正促使明智光秀铤而走险的并非是意气之争，更是赤裸裸的利益矛盾。

自织田信长控制京都并修筑安土城以来，一个有实无名的安土幕府便已然成型。而昔日的织田氏家臣亦坐领一国甚至多国之地，拥有不输于战国大名的实力。但是在织田信长所追求的"公武合一"的政治体系中，无法给予这些"从龙之众"合法化的政治地位，毕竟一方面公卿政治的基础是出身和血统，武家政治则依赖根植于土地的封建从属关系。这两者对于跟随织田信长从尾张、美浓等地一路杀入近畿乃至日本列岛各地的那些织田家武士均不具备。一旦天下平定，他们自然难逃兔死狗烹的命运。

明万历八年（1580），统一指挥织田氏所属尾张、三河、大和、河内、和泉、纪伊六国之兵的佐久间信盛，因为长期围攻石山本愿寺无果，而被织田信长一撸到底。佐久间信盛自幼便跟随织田信长之父织田信秀转战沙场，跟随织田信长之后更每每在战场之上舍生断后，被称为"撤退佐久间"。这样的两代老臣都被弃如敝履，其他织田氏武将自然人人自危。

织田信长本人也留意到了这些躁动的情绪，开始多次以各种方式敲打和试探其忠诚。对于明智光秀，织田信长虽然曾有过一些过激的言行，但总体上还是信任的。因此在支援羽柴秀吉的军事行动中，以明智光秀所部为前锋。为了激励其斗志，还特意许下了出云、石见二国的封赏，不过作为交换，明智氏必须先吐出已经入账的丹波国。此举在织田信长看来是要明智光秀置之死地而后生，但被明智氏上下视为卸磨杀驴，因此明智光秀一呼"敌在本能寺"，全军上下便不无诛杀织田信长而后快。

明智光秀袭杀织田信长之后，织田氏的合法继承人织田信忠也在京都附近的二条城遭遇了明智氏大军的包围，自感前途渺茫的织田信忠最终选择了切腹自杀。在肃清了京都附近的织田氏人马之后，明智光秀以征夷大将军的名义传檄天下，指望一举成为日本列岛的主宰。但他等来的并不是贺信，而是从西国前线连夜赶回的羽柴秀吉三万大军。

羽柴秀吉之所以能够从与毛利氏大军的对峙中顺利回师，很大程度上要感谢"毛利两川"的政治体制。毛利氏虽然历史悠久，但真正崛起为西国霸主，是从安艺国猿挂城小领主毛利元就手中开始的，利用西国豪强尼子和大内两家忙于征战杀伐之际，毛利元就在朝秦暮楚之间逐渐崛起。而在以小吞大的过程之中，招降纳叛和鸠占鹊巢自然必不可少。于是毛利元就很早便安排其三子毛利隆景、次子毛利元春分别以过继的形式执掌竹原小早川氏和山阴名门吉川氏。

据说毛利元就曾言由吉川和小早川两翼辅弼，毛利氏这只西国雄鹰就可以放胆展翅高飞。但事实上毛利元就此举也有理顺家族内部继承关系的意味，毛利元就颇能生育，除了名不见经传的私生子和女儿，仅正史中记载的儿子便有九人之多。其中最受毛利元就宠爱的还是长子毛利隆元。

作为嫡长子，毛利隆元虽然从十四岁开始便作为人质、入赘领有周防、长门等国的大内氏，因此在战场鲜有战功。但正是通过毛利隆元向大内氏求助，毛利元就才成功地渡过了创业初期的多次危机。因此当毛利隆元结束了人质生涯归来，四十九岁的毛利元就便将家督之位相授，自己则归隐幕后。

毛利元就之所以如此急于完成家督之位的传承，固然是鉴于当时复杂的外部局势，希望在自己有生之年能够为长子毛利隆元肃清障碍，起到"扶上马再送一程"的作用。但另一方面也是迫于毛利氏内部兄弟失和的无奈之举。

后世对于毛利隆元的评价多是：勇不如毛利元春、智不如毛利隆景，是一个所谓的"宽厚仁者"。殊不知这样的表现，正是毛利隆元常年在外为质、在家族内部缺乏威信的写照。为了巩固长子的威信，毛利元就不得不亲自出面，在归隐的当年写下了总计十四条的《三子教训状》，后世以之为基础编造了一个"三矢之训"的故事。

面对自己父亲的训诫，吉川元春和小早川隆景只能暂且收起争雄之心。而毛利隆元也频频领军出征，以求建功立业。明嘉靖四十二年（1563），正当毛利氏在尼子氏全线衰弱之际，连年西征开疆扩土之际，身为家督的毛利隆元却突然病逝于奔赴前线的途中。

晚年丧子虽然一度令毛利元就陷入悲痛和盛怒之中无法自拔，但在家族传承问题上，毛利元就还是坚持扶植长子一脉，甚至不惜将毛利隆元年仅十一岁的儿子幸鹤丸（即日后的毛利辉元）推上家督之位。

明隆庆五年（1571），七十四岁的毛利元就因食道癌去世，临终之前仍交代吉川元春和小早川隆景两人："汝等虽入嗣他家，但凡事必先以毛利为重……汝兄（毛利隆元）早死，汝等必要辅助幸鹤丸，不可忘记三矢之约。"

但此时的吉川元春和小早川隆景早已有了自己的家臣团和势力范围，即便其本人大公无私，下属也不得不为自己打算。也正是因为毛利、吉川、小早川三家之间有所嫌隙，羽柴秀吉才在宇喜多直家、黑田官兵卫等西国豪强的支援下，不断蚕食毛利氏的附庸和领地。而在"本能寺之变"前夕，毛利氏事实已无力再战，委托外交僧安国寺惠琼与羽柴秀吉交涉停战事宜。

安国寺惠琼据称是安艺国豪族武田氏的后裔，安艺武田氏为大内、毛利两家夹击而亡时，惠琼年纪尚幼，便被送入了安国寺出家。这个说法是否成立，其实在纷乱的日本战国时代并无太大意义，僧侣作为外交使节游走于各方豪强之间，主要依仗的还是背后的宗寺势力。

惠琼出家的安国寺虽然在安艺，但背后是赫赫有名的临济宗东福寺一脉（日本历史上著名的神童一休就是在京都安国寺出家的）。因此安国寺惠琼在各方势力间折冲樽俎，与其说是代表毛利氏，不如说是一个中间人。

而由于日本宗寺所拥有的情报系统，安国寺惠琼可能很早便知道了"本能寺之变"的相关情况，却仍对毛利氏有所隐瞒。最终导致毛利氏在局面即将逆转的情况下，仍要求高松城守将清水宗治切腹，令毛利氏颜面扫地。日后羽柴秀吉感念安国寺惠琼此次出卖雇主的行为，授予其伊予国六万石的领地。

在与羽柴秀吉的交涉之中，安国寺惠琼扮演的角色固然不光彩，但力促毛利氏与羽柴秀吉和谈的关键性人物还是"毛利两川"之一的小早川隆景。在小早川隆景看来毛利氏无力长期与织田氏对抗，与其鱼死网破，不如降服以谋求保全独占西国的局面。

基于这一目的，早在"本能寺之变"之前，小早川隆景便已与羽柴秀吉秘密接触，而在羽柴秀吉率军赶回京都，与明智光秀争夺织田氏政治遗产之时，小早川隆景更力阻吉川元春等人试图展开追击，甚至有些坊间传闻更直指小早川隆景还秘密向羽柴秀吉借出多面毛利氏的军旗，以造成羽柴秀吉已与毛利联军的假象。

五、秀吉

在决定性的山崎会战中，明智光秀最终兵败被杀。作为一个投衅而起的野心家，明智光秀并未选错时机。纵观当时日本列岛的格局，织田信长所属各兵团均陷入与当面之敌的紧张对峙之中。所谓的"织田四天王"之中除了羽柴秀吉正在西国征伐毛利之外，丹羽长秀正在辅佐织田信长的三子织田信孝准备渡海平定四国，柴田胜家在越后与上杉氏对峙，刚刚完成武田征伐任务的泷川一益则要维持信浓、上野等地治安，背后还有北条氏在虎视眈眈。因此从这个角度来看，明智光秀成功在"本能寺之变"中薨除了织田信长父子及其亲随之后，的确有很大机会控制近畿地区，随后与各地豪强联手，将织田氏在各方的军团逐一击破。

与明智光秀的战略眼光形成鲜明对比的，是其兵力上的孱弱和战术部署上的一系列昏着。在姻亲细川氏、旧友筒井等多方势力都保持观望的情况下，明智光秀的"三日天下"最终宣告终结。此后在著名的"清须会议"之上，羽柴秀吉抓住了柴田胜家、丹羽长秀等人急于瓜分织田信长遗产的心理，成功剥夺了织田信长次子织田信雄、三子织田信孝的继承权，以年仅两岁的织田信长嫡孙织田秀信为傀儡，由此开始了其全面窃取织田氏的历程。

在此后的两年时间里，羽柴秀吉先后击败了织田信孝及其幕后的柴田胜家。但就在羽柴秀吉自问已将织田信长全盘纳入囊中之际，长期被视为无能之辈的织田信长次子织田信雄却在德川家康的支持下，向羽柴秀吉发起了挑战。明万历十二年（1584）三月，羽柴秀吉与织田信雄、德川家康联军于尾张、伊势一线展开对峙，是为"小牧·长久手之战"。

纵观"小牧·长久手之战"的交战双方，羽柴秀吉胜在兵多将广、财货雄足，但所部夹杂着织田信长旧臣、近畿豪强等各路人马，在战场之上难免会出现协调不利等情况。而德川家康与织田信雄虽然兵力处于劣势，但凭借占据小牧山等要冲，加之全军上下同仇敌忾，可谓立于不败之地。最终羽柴秀吉方面屡次出击都未能撕破对手的防线，只能与之讲和。

"小牧·长久手之战"虽以德川氏的战术胜利而告终，但从战略上看，德川家康不仅未能阻止织田信长的次子织田信雄向羽柴秀吉屈服，更几乎坐视了后方牵制丰臣秀吉的各方势力被各个击破。眼见昔日声势浩大的"秀吉包围网"只剩下自己仍在奋战，德川氏上下的惶恐可想而知。

而此时德川氏虽然通过配合织田信长的"甲州征伐"并在"本能寺之变"后的"壬午之乱"中击败了进入信浓的上杉、北条两家，将势力扩充至三河、远江、骏河、甲斐、信浓五国，领有一百四十万石兵力。但较之号称领有六百万石的羽柴秀吉仍力有不逮。同时，信浓等地的武田旧臣虽然名义上投效德川，但背后也是蠢蠢欲动。

好在相较于消灭德川氏，此时的羽柴秀吉更关注自身的政治地位。以军事实力而言，此时羽柴秀吉已经有能力问鼎征夷大将军的宝座了。但是公卿阶层以羽柴秀吉并非正统的武士出身为由，希望他能出任相当于宰相的关白一职。

所谓的"关白"与"幕府"一样是中国大陆的舶来词汇。其最早出现于《汉书》——"诸事皆先关白（霍）光，然后奏天子"。日本取其总理之意，于平安时代设立摄政与关白两职。即天皇成年之前，由权臣出任摄政，天皇成年之后摄政改任关白，合称"摄关"。

客观地说，公卿阶层很大程度上是在忽悠羽柴秀吉，目的自然是复活早已作古的公卿政治。而自惭形秽的羽柴秀吉连自己是天皇私生子的谣言都不惜编造，自然不会耻于认前任关白近卫前久为"干爹"。不过即便如此，日本公卿也不肯让羽柴秀吉这个泥腿子挤进自己的阶层，于是随手编了一个"丰臣"的姓氏。于是，改名后的丰臣秀吉便顶着"关白"的头衔干起了征夷大将军的差事。

就在丰臣秀吉志得意满，腾出手来准备收拾德川家康之际，相继发生的两场"地震"，却令两家的对立情绪逐渐消散：

万历十三年（1585）十一月十三日，德川氏重臣冈崎城代石川数正突然投奔丰臣秀吉。石川氏是德川氏的谱代老臣，石川数正本人更是与德川家康自幼相识、一起长大，此时突然率家臣、族人出奔，对本就人心不稳的德川氏而言可谓一场政治上的大地震。

因为石川数正熟知德川氏的战备情况，所以事情发生后仅两天，德川家康便令驻守信浓的德川氏各部迅速南撤，回防滨松城。与此同时，德川家康改筑石川数正曾经管理的冈崎城，命武田氏遗臣提交武田信玄、武田胜赖时代的军制文书，改三河军制为武田军制。

德川氏的此番军制改革，由于长期以来缺乏具体的史料，因此各方褒贬不一。但日本战国时期所谓的军制本身就是大同小异。德川家康崛起之前，三河武士虽忠诚骁勇，但实则并无专门的传世兵法。因此，德川家康的这一举动与其说是改革，不如说是订立相关的管理。

而德川家康如此高调地征集武田氏的相关资料，可能还有另一层深意，便是趁势收拢武田遗臣的人心。毕竟信浓已成必然放弃的态度，如果甲斐地区再出现动荡，那么德川氏将被压缩在三河、远江、骏河的狭长地带，战略态势更为糟糕。

幸运的是就在织田信雄向德川家康通报丰臣秀吉即将出兵，劝说其归降之际，当年十一月二十九日，丰臣秀吉治下的日本中部地区发生里氏 8 级左右的大地震。在这场"天正大地震"面前，丰臣秀吉不得不暂时停止对外用兵，全力抗震救灾，对德川氏也只能转而采取怀柔的态度。

明万历十四年（1586），丰臣秀吉先是将自己的妹妹旭姬嫁入德川氏，此后又将自己的母亲大政所也送了过去。最终以最大的诚意将德川家康邀请到京都，达成了两家的和睦。而在德川家康"上洛"之前，上杉景胜也在京都正式宣布臣从于丰臣氏。至此丰臣政权开启了鲸吞织田信长遗产之后的第二个高速发展期。

与织田信长崇尚武力征服不同，丰臣秀吉更愿意在向自己效忠的基础之上，维持各地豪强原有的领地和统治秩序。丰臣秀吉之所以做出这样的选择，除了其自身的才干和抱负不如织田信长之外，"本能寺之变"似乎也向丰臣秀吉揭示了织田信长所追求的"天下布武"不过是一条扶植新军阀消灭旧军阀的不归路。

与其养肥又一个明智光秀反噬己身，不如多与几个小早川隆景这样的地方实力派结盟。不过小早川隆景这样的"智将"终究是少数。"四国霸主"长宗我部元亲、南九州豪强岛津氏虽然最终都选择了向丰臣秀吉臣服，但终究不过是向丰臣秀吉所掌握的强大军事优势臣服的无奈之举。此时日本列岛之上唯有以北条氏为代表的关东地区仍"未服王化"。德川家康深知此时丰臣氏的实力之强难以力敌，于是不断怂恿北条氏政、北条氏直两父子效仿自己向丰臣秀吉低头。

明万历十七年（1589）五月二十一日，德川家康受命向北条氏政父子写作誓文，言及三点要求：一是北条家必须进京称臣，只要做到一定会保证北条家领地；二是不仅北条氏政一人前来，北条氏政的所有兄弟，亦即北条家散布领地内的全部城主都要一同进京；三是如果不进京称臣，德川家只能要求自己的女儿与北条家督北条氏直离婚。若真如此，那德川家就等于是宣布与北条家决裂。这番警告对北条家影响甚巨，八月二十二日，北条氏政派遣弟弟北条氏规进京拜见丰臣秀吉，事态出现大幅好转，算是满足了丰臣秀吉的要求。

但此举并非毫无代价，北条氏随即向丰臣秀吉提出了重新划分关东各国的属地，要求真田氏吐出沼田城。客观来说，北条之所以如此执念于沼田并非完全出于意气之争。毕竟在北条氏看来，随着上杉和德川的从属，丰臣政权已对北条领地形成西、北两线包围之势。西线北条氏有箱根山天险可以依托，北线却是一马平川。因此，必须拿下沼田才能保证安全。

丰臣秀吉也不愿意为了真田氏的领地和北条多作纠缠。随着德川家与真田家和解，北条家派遣家臣板部冈融成来到京都拜见丰臣秀吉，表示北条氏政父子不愿进京的原因在于真田昌幸不愿意将沼田城交付给北条家。面对这种小事，丰臣秀吉当即作出决断，将包括沼田城在内的三分之二的领地让渡给北条家，另外三分之一领地是真田家祖先墓地所在，仍属于真田家。之后要求德川家康将信浓国南部三郡（小县、佐久、伊那）让渡给真田昌幸作为补偿。

这个裁决让北条家大喜过望，家督北条氏直立刻送来感谢信，表示北条氏政会在当年冬季进京称臣。之后七月底，北条家接管沼田城。到此为止，北条、真田两家的矛盾顺利解决。而从十月十四日开始，北条家为北条氏政的进京准备各项仪仗与礼物，如果不出意外，北条家会按部就班地成为丰臣氏家臣。这场政治博弈充分体现了丰臣秀吉高超的政治手腕，他借助德川家康对北条家的影响说服北条氏政父子，最后关于沼田城领地的解决虽然稍显不妥，但如此一来北条氏的诉求也算得到了部分的满足。

因此，从德川、北条、真田三家的博弈来看并没有大的问题，不失为一份恰当方案。十一月三日，就在北条氏政决定进京之后，在具体的交割过程中，北条氏却违背丰臣秀吉不得出动超过一千兵力的要求，派出两万大军。屡次败于真田的北条氏家臣猪俣邦宪突然出兵强占名胡桃城，自此吹响了北条氏灭亡的号角。

第九章：太阁与国王
——丰臣秀吉的人生巅峰及日本与朝鲜的历史纠葛

一、锁城

北条氏政之所以做出这样的决策，后世有多种不同的看法，但总体来说，作为一个日本战国时代崛起的豪门，其显然还是极度信奉实力决定论，作为关东霸主的北条还是认为比起丰臣秀吉刚刚建立的所谓"公仪"（公权力），沼田领三分之一领地必须靠自身实力夺取，而这也说明其政治嗅觉全然不如同时代的小早川隆景等人。

关于北条氏政一直有一个趣闻：每次吃茶泡饭，北条氏政都掌握不好茶与饭的比例，要不然是放米饭太多，要不然是倒茶太多。父亲北条氏康看到他这个样子，便觉得自己的领地早晚要葬送在这个儿子手中。这则趣闻在江户时代以后流传甚广，正史对此自然没有什么记载，可以看作是后世的艺术化创作。但之所以有这番创作，恐怕也与北条氏政在沼田领问题上始终找不准政治定位有关。

其实若真是前线将领擅做主张，夺取这个名胡桃城，那么北条家应该予以惩罚，并将领地退还给真田家。然而北条氏政不但没有惩罚前线家将，反而还派遣家臣前去勘察地形，此举自然更加激怒了丰臣秀吉。明万历十七年（1589）十一月二十四日，丰臣秀吉正式发布讨伐北条家的檄文，对这个日本列岛上最后的敌人宣战。

出人意料的是，北条家第一件事并不是迎敌，而是通过德川家康求情。十二月九日，北条家家督北条氏直给德川家康写信，希望他能够调停双方关系，但德川家康并没有理会。明万历十八年（1590）一月十三日，德川家康要求其第三子德川长丸进京作为人质，由丰臣秀吉亲自为其进行成年礼，并授予"秀"字将其取名为德川秀忠。德川家康完全倒向丰臣氏，令北条家的议和梦想彻底破灭。

明万历十七年（1589）十二月，丰臣秀吉召开了针对北条家战争的军事会议，同时也是一次变相的总动员。会上决定：由长束正家担任兵粮总奉行，负责在规定时间内采购二十万石粮食，准备用于战场；东海道先锋为德川家康，率兵三万人，先行开拔，丰臣秀吉则带着本队十四万人紧随其后。毛利家以及长宗我部家率一万人从水路进攻；越后上杉景胜、越中前田利家、信浓真田昌幸共带四万人南下直逼武藏、上野两国。定下以上方针之后，从第二天便开始了准备。此外，根据会议精神，凡是被点名要求出战的大名，必须在次年二月到三月间率军赶到指定的集合地点，违背者军法处置。

事实上，对于丰臣秀吉的行动，北条家早就有所耳闻，也早就开始做起了准备，其中，最引人注目的是建造山中城（静冈县三岛市）。北条家首脑北条氏政、北条氏直父子打算将箱根作为防御线，根据情报选择要害场所防御，可以在战术上更有效地发挥作用。

从明万历十五年（1587）开始，箱根的两条道路，即箱根路和足柄路都已建成。为控制箱根路而建的是山中城，为控制足柄路而建的是足柄城。山中城位于箱根山顶偏西，足柄城正是以足柄山顶为其城郭。后北条氏准备以足柄城—山中城—菲山城一线来防御丰臣秀吉进攻。

北条氏政及其子北条氏直都预测丰臣秀吉如果攻过来就会是十五万甚至是二十万的大军。因此北条氏也必须聚集相当的兵力。与此相对应的就是百姓大量动员体制，也就是说北条氏对于农民也下了征兵令。于是，在当年的日本关东出现了非常壮观的一幕：几乎从十五岁到七十岁的所有男子，都被应征入伍，腰挂利刃，手提长枪，晃荡晃荡地俨然一副保家卫国状。就这样，北条家终于凑起了一支将近六万人的队伍。

北条家考虑到要尽可能拖延守城战的时间，等待东北地区的伊达家等盟友前来支援，那么必须能够维持城内补给，于是他便把守备圈大面积扩宽，在围绕小田原城等诸多城池周围挖掘所谓"障子堀"。

"障子堀"是指一条"四"字形的深沟。如文字一样，每段深沟中间会留有细长的土地，敌人只能从中间走过，方便守城士兵用火枪、弓箭等武器瞄准，形成一夫当关、万夫莫开的局面。在当时日本所有城池的防御工事中，最长的是小田原城的障子堀，周长达九公里，从小田原城北侧山地一直延伸到南侧的海岸附近。北条家坚信，这座曾经抵挡过上杉谦信、武田信玄等绝世名将的坚城足以抵抗丰臣军的攻击。

三月一日，丰臣秀吉率领三万余人从京都出发，并在三月十九日与西路军先锋德川家康相会于骏府城，商定全盘的进军计划。在做过最后的动员之后，总共超过二十万的大军浩浩荡荡地向着北条家的领地开去。

二十九日，西路军丰臣秀次攻克小田原城的门户山中城，随即南下包围菲山城。四月三日，丰臣军主力军队二十二万人包围小田原城，而城中守军有五万六千人。然而北条家的策略非常固定，任你如何来攻，全体士兵就是不外出主动求战，而是在城中把守各路据点，防范偷袭。北条家的战略就是赌定丰臣秀吉没有足够粮草支援庞大军队，敌军越是数量众多，后勤补给线的压力就越大，就越不可能长久支撑。

对于丰臣秀吉来说，北条家防线最重要的就是山中城。作为控制东海道的要塞，如果不将其攻下，那么就无法展开下一步的军事行动。于是，丰臣秀吉在三月二十九日，任命其外甥丰臣秀次为总大将进行攻击。丰臣秀次亲自率领一万九千五百人的军队，再加上中村一氏、山内一丰、田中吉政、堀尾吉晴、一柳直末等成员，总数超过了七万。而德川家康则率部负责攻打足柄城，剩下防守人数最少的菲山城，则交给了织田信雄。

丰臣秀吉的目标是：至少攻破这三座城中的两城，这样一来就算是打破了对方的防线。面对汹涌而来的大军，山中城主将北条氏胜估计是吓怕了，居然二话没有，丢下城里的几千人便逃之夭夭。

二十九日下午，丰臣秀次发起了进攻。两个小时后，城落。次日，德川家家臣井伊直政也顺利攻落了足柄城，并迅速将部队开到了小田原城下。而织田信雄则被菲山城牢牢黏住了，既打不下来，又不能放弃，只得将城池团团围住。这一围就围了三个月。好在只要攻下两城便算达成了目标，所以丰臣秀吉也懒得搭理织田信雄，就让他这么带人围着吧。有着"天下第一巨城"之称的小田原城，终于就在眼前了。

小田原城建于明永乐十五年（1417），城郭总长达到九公里，总共有十三道栋门，八个大橹，小型的箭楼更是密密麻麻数不胜数。城门多用铜铸成，异常牢固。高度超过三米的土墙，将城和町包围得严严实实，在外郭上有通往城外的九个出口，要想进出城只能通过这九个口，而且每个口都由一族、重臣把守，防守十分严密。天守阁总共有三重四阶，高达三十几米。

面对这样一座近似铁疙瘩的要塞，丰臣秀吉自然不会发动迅速强攻。他下令各部，做好长期围困作战的准备。接着，他又抽调出了一部分军队，开始对小田原城周边的小城池展开攻略，打算将其完全孤立起来。从四月上旬开始，丰臣秀吉率大军将整个小田原城分别从水陆两路像围铁桶一样地围了起来，作为一个攻城高手，他最擅长的就是围而不打，等你自垮。

反正丰臣家有的是钱，就跟你耗上了。而小田原城里的将士们，似乎也看出了对手的意图，知道他们无意强攻，只能围困，也干脆将计就计，大家伙一起耗上了。于是，在接下来的几个月里，两军之间已经丝毫看不到任何战争画面了，取而代之的是一幅和谐美满、其乐融融的景象。

二、封赏

丰臣秀吉如此大张旗鼓地对关东用兵，固然有一举铲除异己，统一日本的意味，也不乏削弱德川家康等人，通过战争扶植自己号称"贱之岳七本枪"的核心家臣团及得力干将石田三成的意味。所谓"贱之岳七本枪"指的是丰臣秀吉与柴田胜家决战于贱之岳时表现出色的七名武将，其中以福岛正则与加藤清正两人最为有名，由于与丰臣秀吉沾亲带故而长期被视为丰臣系武将的核心。

石田三成出身不过是一个小沙弥，据说明万历二年（1574）左右丰臣秀吉曾因外出打猎而在石田三成所在的寺院饮茶，结果石田三成先以凉茶相奉，再待以温茶，最后才献上热茶。丰臣秀吉深感此子心思缜密，随即将其引为心腹，常年侍奉左右，参详军机大事。

事实证明石田三成确有才干，其在丰臣秀吉麾下不仅成功修建了被称为"战国无双"的大坂城，更在全国范围内推行了"太阁检地"。但是内政上的才能不等于战场的胜利，在丰臣秀吉大军围攻北条氏的战场上，石田三成便闹出了一个大笑话。

面对丰臣秀吉麾下的大军，北条氏放弃了野战龟缩在以小田原为中心的城堡之中。此举不但令丰臣秀吉借机削弱各方大名力量的图谋落了空，更使战争有演变为长期对峙的局面。为了尽快地解决问题，丰臣秀吉命石田三成率军攻占小田原的外线据点——忍城。

在遭到石田三成两万七千大军围困之时，忍城内仅有三千多人的守军，石田三成如果按部就班展开进攻未必就不能取胜。但是在勘探了战场环境之后，石田三成灵光一闪，打算效仿丰臣秀吉在与毛利氏交战中的成名之役——水淹高松，在忍城周围筑坝，引荒川之水倒灌忍城。计划上报到丰臣秀吉的案头，这位已经六十三岁的关白当然击节叫好。但是真的实施起来，石田三成才发现困难重重，不过此时再向丰臣秀吉请示已经为时晚矣！

在丰臣秀吉"有困难要上，没有困难更要上"的死命令之下，长达二十八公里的堤坝虽然在重金雇佣的民夫们努力之下建造了起来，但是瓢泼大雨之中守军突然出击，掘开石田三成刚刚修筑好的工事，大水不仅溺死了丰臣秀吉方面的许多兵马，更令忍城周围成为一片泽国。

好在此时关东各地以伊达政宗为首的各路豪强审时度势纷纷加入了丰臣秀吉一方，而北条氏内部也在长期围困中分崩离析，忍城才最终在小田原方面宣布投降之后向石田三成敞开了大门，但此战之后石田三成也被丰臣系武将嘲笑为不擅掌兵的"战下手"。

万历十八年（1590）七月五日，紧紧关闭了三个月之久的小田原城正门，终于打开了。北条氏直亲自出城，首先找到了自己的丈人德川家康，表示愿意投降。德川家康不敢怠慢，赶紧让之前从织田信雄家投靠过来的新家臣泷川雄利带着北条氏直找到了丰臣秀吉。

当着丰臣秀吉的面，北条氏直表示：这场战争，作为北条家的大名，自己应该负全部责任，所以愿意用一人的切腹来换取城内所有人的性命。被其诚意打动的丰臣秀吉也当场承诺：发动战争的是关东北条家上层，广大的关东人民是无罪的，所以对于责任人的处理，自己将采用"惩前毖后，治病救人，祸首严惩，胁从不问"的方式。

很快，处分安排就下来了：北条氏直被流放至高野山，出家反省；其父北条氏政因死活不愿投降，并强烈要求自尽，丰臣秀吉决定满足其愿望；几个临阵投降或私通的，比如松田宪秀、大道寺政繁等，也被处以了极刑；而点燃这场战争导火线的猪俣邦宪，则受到了特别待遇——被拖出去砍了。

不过北条氏直以戴罪之身遭到流放，一年之后便解除刑罚回到京都，其继承者成为江户幕府的河内狭山藩藩主，作为一个普通大名延续到江户时代。日本战国三枭雄之一的北条早云所建立的关东王国北条家，在历经一百五十余年的风雨荣耀后，终于覆灭了。

北条氏的最终灭亡虽然标志着丰臣秀吉对日本列岛名义上的统一，但是利用此役削弱德川等大名，扶植自己亲信的目的并未达到。怀着愤愤不平的心理，丰臣秀吉要求德川家康吐出包括世代盘踞的三河国在内的大片领土，代之以昔日北条氏的领土。德川家康虽然心有不甘，却最终选择了忍让。

丰臣秀吉将德川家康移封关东，固然是怀着驱虎离山的念头。但是德川氏以三河、远江、骏河、甲斐、信浓五国交换武藏、伊豆、相模、上野、上总、下总、下野、常陆八国，经济实力由一百五十万石的领地陡增为二百五十万石，这笔生意怎么看都是稳赚不赔。

而站在丰臣秀吉的立场上来看，德川家康不仅是老相识，更是自己的妹夫，两人之间的关系并非后世所传说的那般不堪。更何况当时云集于丰臣秀吉身边的新贵大多为织田信长的部将出身，普遍缺乏可供分制各方的谱代家臣团。

如曾被织田信长信任的"黑母衣众笔头"（近卫军指挥官）佐佐成城，在参与丰臣秀吉的九州征伐后，一度受封肥后一国五十四万石的领地，但正是由于没有足够强大的家臣团辅佐，佐佐氏最终为当地"肥后国人一揆"所驱。

虽然事后有一些揣测，认为丰臣秀吉是故意将曾与自己为敌的佐佐成城派往豪强林立的肥后，最终导致其兵败之后被迫自刃。但客观地说，以丰臣秀吉当时的权势要处死佐佐成城，可谓易如反掌。而为了替佐佐成城收拾烂摊子，丰臣秀吉也不得不动员九州、四国等地诸多大名参战，不仅劳师糜饷，更可谓颜面扫地。

从这个角度来看，丰臣秀吉将关东八国交给德川家康，既是一种考验，更是一种信任。而放眼当时日本列岛的各方势力，也唯有德川氏有足够的力量迅速填补北条家灭亡之后在关东所留下的政治真空。

关东地区对今天的日本而言是首都东京的所在地，堪称是政治、经济和文化的中心。但是在公元 12 世纪之前，这里是刚从"虾夷人"手中夺来的不毛之地。面对群山环抱之下的有限耕地，以及不适宜水稻种植的水温条件，关东地区的武士们抱着何等"羡慕妒忌恨"的心态注视着"近畿"的公卿和豪族自然可想而知。是以源赖朝崛起于伊豆、足利尊氏龙兴于镰仓。北条早云以一介浪人的身份亦能开创后北条氏五代近百年之基业。

当然德川家康初到关东之时，日子也并不好过。一方面"小田原征讨"刚刚结束，北条氏残党和各地豪强依旧蠢蠢欲动；另一方面，丰臣秀吉此时势力如日中天，就在德川氏转封关东的当年，丰臣秀吉将领有尾张、伊势两国的织田信雄一撸到底。

加上此前领有若狭、越前、加贺三国一百二十三万石土地的丹羽长秀长子丹羽长重因几件小事而被不断减封，最后落得仅有加贺松任一城、四万三千石土地的前车之鉴，令德川家康不得不担心丰臣秀吉要求自己转封之后，会不会随即举起减封的屠刀。因此为了消弭丰臣秀吉对自己的猜忌，德川家康首先放弃了地处关东水陆要冲且工事完备的北条氏主城——小田原，选择了当时相对荒僻的江户作为根据地。

关于德川家康以江户为其在关东的统治中心，还有一个有趣的坊间传闻，说是在小田原开城前夕，丰臣秀吉在笠挂山本阵召集德川家康等人叙议军务，丰臣秀吉盛赞小田原城防坚固、町市繁荣之余，突然开口说自己不日便要返回大坂，劳烦德川家康代为守之。德川家康随即诚惶诚恐地表示小田原城是东国咽喉要塞，自古主君守之，哪有末臣代守之理，殿下决不可拱手送人！丰臣秀吉闻言甚喜，过两日又对德川家康说道此去往东有个江户的形胜之地，德川家康可居之以镇关东。

这则出自江户幕府官方史料《德川实记》的逸话，虽属孤证难立的范畴，却将丰臣秀吉的老辣和德川家康的隐忍刻画得入木三分。而后世学者更从地形、政治、军事、经济等多个角度系统地分析了江户之于关东和德川氏的诸多便利。但事实上在德川氏入主关东的前十年里，德川家康始终秉承着韬光养晦的政策，并未在江户地区大兴土木，其对关东的控制，主要依靠的是遍封家臣来实现的。

日本战国时代的"偶像派"大名武田信玄曾有云："人即城垣。"这句话固然有其片面性，但在纷乱的日本战国时代，拥有一个忠诚且强大的家臣团，却是掌控庞大领地、建造坚固城垣等一切的基础。当然这份忠诚绝不是一两句口号便能实现的。而在农耕时代唯有土地才是招揽一个家族为自己长久效命的物质基础。但与德川家康拿出新入手的关东近百万石领地，安置自己的谱代重臣，同时强化对新领地控制形成鲜明对比的是，丰臣秀吉的直属家臣团的经济地位并不高。

在平定四国、九州的过程中，丰臣秀吉麾下的"贱之岳七本枪"虽然各有封赏，其中福岛正则获得了四国岛伊予地区十一万石的领地，加藤清正则顶替佐佐成城，领有九州肥后北半国十九万五千石的领地。但此二人以下，其余五人领地均不足五万石。其中虽有血缘亲疏的成分，但更多地折射出丰臣政权内部"股权关系"的尴尬。

丰臣秀吉虽然名义上翦灭群雄、一统列岛，但其成功是建立在其昔日主公织田信长"天下布武"的基础之上的。因此从一开始丰臣政权便是一个丰臣秀吉主导下的庞大政治同盟，其最为核心的部分自然是以丰臣秀吉之弟丰臣秀长、丰臣秀吉养子（实为外甥）丰臣秀次为首的"一门众"，但丰臣秀吉出身农民，家族之中人丁单薄。丰臣秀长虽然被认为能力出众，受领大和国一百一十万石的领地，但九州征讨之后便长期卧病在床，不能理事。而以丰臣秀次为首的丰臣氏新生代虽然在战场上也有过人的表现，但毕竟太年轻，缺乏政治根基。

在冠以丰臣姓氏的"一门众"之外，丰臣秀吉一路走来也招揽、培养了如"贱之岳七本枪"、石田三成等一批年轻家臣。但更多的是织田信长时代便已跟随丰臣秀吉的老将，如蜂须贺正胜、黑田孝高、浅野长政、生驹亲正等人；以及"清须会议"之后织田系武将内战中陆续来投者，如前田利家、蒲生氏乡、堀秀政之辈。这两部分人中前者跟随丰臣秀吉共同发家，倒也休戚与共；但后者不免心怀异志、每每蠢蠢欲动，其中最为典型的例子莫过于蒲生氏乡。

蒲生氏乡本为近江中野城少主，十三岁时被送往织田信长所在的岐阜城为质。织田信长当时也在用人之际，在与蒲生氏乡接触了一段时间之后便招其为婿。在织田家中特殊地位加上领有近江中野城的祖业，使得蒲生氏乡在"本能寺之变"后虽然选择了从属于丰臣秀吉，但仍怀有问鼎天下的雄心。

"小田原征伐"之后丰臣秀吉便借口雄踞陆奥的伊达政宗参与围攻北条氏时首鼠两端、失期后至，令其吐出从芦名氏手中夺取的会津等地，转手册封给蒲生氏乡。受封会津一度虽然令蒲生氏乡一跃成为坐拥九十二万石的"天下第四强藩"，但恰如其本人所说："封地若在中原，虽小国足以图霸业。如今弃居边陬，根本做不成什么了。"丰臣秀吉对蒲生氏乡的这番处置，除了借其牵制伊达政宗之外，更是对蒲生氏乡本人的防备和控制。

在丰臣氏的"一门众"和家臣团之外，与一些昔日战国豪门名为君臣、实为同盟的战略协作，也是丰臣秀吉稳定天下局势的重要手段。自西向东，丰臣秀吉通过掌握龙造寺家的锅岛直茂、把持大友家的立花宗茂，配合就封于九州的丰臣系家臣小西行长、加藤清正钳制九州霸主岛津氏。

而在四国方向，丰臣秀吉以福岛正则领有伊予，以生驹亲正领有赞岐，蜂须贺正胜、蜂须贺家政父子领有阿波，对昔日一度统一四国的长宗我部氏三面合围。而在被日本称之为"中国"的本州岛西部，丰臣秀吉通过加封小早川隆景，完成了对毛利氏"两川体系"的分化，同时扶植从属于丰臣政权的宇喜多家牵制毛利氏。

近畿地区，利用加贺、越前、能登三国的前田利家构成了丰臣政权北部的屏障。领有北伊势及尾张的丰臣秀次保卫着大坂的南部。东边则有织田信长的嫡孙织田秀信守备美浓。继续向东则是北有上杉景胜控制的越后，南有堀尾吉晴、山内一丰等众多丰臣系家臣驻守的远江、三河和骏河，加上加藤光泰、真田昌幸等众多小诸侯瓜分的甲斐和信浓。丰臣政权对德川家康领有的关东可谓构成了层层防线。何况德川家康身后还有蒲生氏乡、佐竹义宣、伊达政宗、最上义光等众多豪强，在丰臣秀吉看来可谓高枕无忧。

但便如塞翁失马，失去了昔日富庶之地、几乎被困死在关东的德川家康，经过一番励精图治，不仅通过自身的努力迅速在关东聚集力量，而且以讨伐"北条残党"为由，获准不出兵参与次年丰臣秀吉对朝鲜所发动的倾国远征。

三、朝鲜

刚刚完成了国内统一的丰臣秀吉，缘何要在几乎没有休整的情况下，便急不可耐地在明万历二十年（1592）三月，动员三十余万兵力渡海远征日本的邻国朝鲜呢？关于其发动这场战争的动机，后世众说纷纭。

常见的有所谓"丧子移心说"，即丰臣秀吉因为其所深爱的嫡子鹤松于明万历十九年（1591）病丧，愤懑难当之余移心于征战攻伐；有所谓"信长豪言说"，认为织田信长曾在志得意满之时，放出豪言未来将远征朝鲜和大明，丰臣秀吉深以为然。

此外关于满足领土的扩张欲望、打通日本通往亚洲大陆的贸易网络、通过战争强化自身统治之类的分析更是不胜枚举。这些说法固然都不无道理。虽然作为日本列岛无可争议的"天下人"，在发动一场倾国远征的问题上，却绝非其个人的意志便能左右的。其背后必然是其所代表的整个利益集团共同的推动和反复算计。而其首先要计算的，自然是朝鲜此时国内的政治局面，及其军事力量与日本的强弱对比。

事实上早在镰仓幕府统治时期，就也不时有日本海盗袭扰朝鲜半岛。据《高丽史》记载：南宋嘉定十六年（1223）倭寇侵扰金州。不过当时的日本政府对这种跨境劫掠的行动并不支持。南宋宝庆三年（1227），九十名涉嫌从事海盗行动的日本人在九州岛被当着高丽使节的面斩首示众。

但随着镰仓幕府的崩溃和日本国内政局的动荡，日本国内破产武士及普通民众加入海盗集团，泛舟出海"捞生活"的热情逐渐走高。朝鲜半岛也随之成为倭寇劫掠的重灾区。

元至治三年（1323）至明永乐二十年（1422）的百年间，倭寇袭扰劫掠朝鲜三百八十二次。据《高丽史》所说，倭寇入侵朝鲜之时，所至"妇女婴孩，屠杀无遗"；"携我人民，焚荡我府库，千里肃然"。由于高丽王国的反击不利，倭寇不仅蹂躏了朝鲜半岛南部沿海各地，甚至开始深入高丽内地，成为高丽王朝的心腹大患。

在高丽恭愍王王颛执政时期，朝鲜半岛的"三南"（忠清道、全罗道和庆尚道）等沿海地区已经成了倭寇的自留地，几乎一日一警。高丽王朝因为倭寇潮水般无穷无尽地侵袭，财政极度困难，以至于不能支付官员的薪水，士兵也是军心全无。

"诸岛荒芜，王京震动"，无奈之下，高丽政府只好把全罗道等沿海地方的仓库迁移到内陆，海边几十里之内几乎没有人烟。高丽末代国王辛禑执政之时，得陇望蜀的倭寇已然在朝鲜沿海占据岛屿常驻。

面对这样的局面，辛禑曾经对大臣发火："（你们）只是占田土，占奴婢，享富贵快活，也合寻思教百姓安宁，至至诚诚地做些好勾当，密匝匝的似兀那罗州一带筑起城子，多造些军船，教倭子害不得便好。你却沿海每三五十里家无人烟耕种。又说倭子在恁那一个什么海岛子里经年家住，也不回去，恁却近不得他。这的有甚难处？着军船围了，困也困杀那厮！"对倭寇的恼怒和恨自己属下不力之情可谓跃然纸上。

当然，此时的高丽王国并非没有精兵强将。在南方各地饱受倭寇袭扰的同时，高丽王国北方边防部队却利用元末辽东地区群雄并起的态势，在不断击败来犯红巾军、元帝国政府军的同时，成功地跨过鸭绿江，一度杀到了辽阳城下。而这

早期的倭寇大多是单舰行动，人数不多

支北境雄师的统帅正是出身元帝国辽阳行省双城总管府的元帝国千户之子李成桂。

李成桂得势之后曾自称是新罗名臣李翰之后，但在其有史可查的家谱中，从其曾祖父李行里开始，李氏一族便长期依附于蒙元帝国，世袭元帝国斡东千户所千户，直到1356年高丽王国利用元帝国内乱北拓领土，李成桂的父亲李子春才"毅然反正"，协助高丽军队攻占元帝国双城总管府，从此开启了李氏一族在高丽王国的从政生涯。

今天韩国画家笔下利用元明交替之际向北扩张的李成桂所部

对于自幼从军的李成桂，恭愍王王颛对其颇为宠幸，一度任命其为相当于国防部的密直司副使，与老牌政客崔莹、曹敏修分庭抗礼。但新科国君辛禑对其并不信任。明洪武十年（1377）李成桂率军前往智异山和西海道击破倭寇，才第一次确立了其在高丽王国新一届政府内的位置。

明洪武十三年（1380）一支由500艘战船组成的倭寇舰队侵入云峰（今韩国全罗北道南原郡），占领引月驿。在前往当地清剿的高丽驻军大败而回的情况下，李成桂部再度出马，成功射杀了"乘白马舞槊驰突，所向披靡莫敢当，我（高丽）军争避之"的倭寇首领阿只拔都。

"阿只"是朝鲜语，意为年轻人，"拔都"是蒙古语，意为勇士。显然朝鲜官方并不清楚这位年轻的倭寇首领的名字，只是根据其年龄和战场表现随意给他起了一个代号。

而从日本方面的史料来看，此时的倭寇集团主要在盘踞壹岐岛的松浦氏领导之下。壹岐岛位于九州岛北部，北面通过对马海峡与对马隔海相望，南方通过壹岐水道与肥前国相离，这里不仅是由日本九州岛至中国大陆和朝鲜的一个中转站，也是防御外界入侵的一个重要前哨。

李成桂麾下部将李之兰成功射杀阿只拔都的举动，极大地挫伤了倭寇的斗志，高丽军队趁势取得大胜，俘获倭寇六百余人，杀敌无数，史称"荒山大捷"。此战之后壹岐岛方向的"松浦党"倭寇元气大伤，相当长一段时间无力骚扰高丽边境。但好不容易坐稳了江山的高丽国王辛禑选择了将矛头指向明元交战的辽东方向。

明洪武二十一年（1388），高丽国王辛禑、门下侍中崔莹密议进攻辽东，守门下侍中李成桂反对无效。是年四月，辛禑派左军都统使曹敏修、右军都统使李成桂出兵辽东。但李成桂率军渡过鸭绿江后，在威化岛选择倒戈一击，其部返回开京（今朝鲜开城）之后，随即流放崔莹，进而正式掌握了高丽政权。

以威化岛回军为契机，掌握实权的李成桂与新兴士大夫势力开始进行私田改革，主要以限制权门世族和佛教势力为目的，这种对经济基础的重新洗牌成为新王朝建立的前奏。

李成桂时代朝鲜拥有一支相对强大的职业军队

首先李成桂下令调查全国土地，明洪武二十三年（1390）将所有现存的公私田册档都予以焚毁。次年颁布了土地制度的新法令——科田法。规定科田只能取自京畿地区，按每人已有的官阶对官僚集团成员实行分配，其他郡县土地属于公田。高丽权门世族和寺庙势力的经济基础被彻底破坏，公田的增长使政府收入相应增加，也为朝鲜王朝开国奠定了经济基础。

作为朝鲜王朝的开国君主，李成桂一生拥有两个王妃。原配是承仁顺圣神懿王后安边韩氏，明洪武二十三年（1390）去世。继妃是顺元显敬神德王后谷山康氏。李成桂把神德王后所生的最小的儿子——八子李芳硕立为世子，把辅佐大任交给郑道传。郑道传当时掌握着军权和政权。创业中立下功劳的五子李芳远对此心怀不满，终于在明洪武三十一年（1398）八月发动政变。

雷同的人生境遇和相近的性格人品，使得李芳远和永乐帝朱棣长期保持着惺惺相惜的良好关系。不仅李芳远当年出使明廷，曾与朱棣私下会晤，相谈甚欢，更在彼此的成功道路上"守望相助"。朱棣发动"靖难之变"在南京登基后，李芳远第一时间发来贺信，而朱棣则回赠金印、诰命、冕服等物。

李成桂等人多次求而不得的明朝册封，终于在李芳远身上得偿所愿。除了大义名分之外，中朝贸易额也在永乐年间有了长足的发展。赚得盆满钵满的李芳远实在有些不好意思了，竟然在永乐六年（1408）提出恢复蒙元时代朝鲜向中国进贡侍女的旧例。

对于李芳远的"好意"，刚刚丧妻的朱棣自然是"心领"的，不过他在颁给朝鲜的诏书却说"进封朝鲜贡女权氏等人为妃，完全是看你朝鲜国王的面子"。最后还嫌这些朝鲜女孩长得实在寒碜：胖的胖，麻的麻，矮的矮，要李芳远下次要多用心一点。事实上挑选朝鲜贡女的工作完全由朱棣的"特派员"内使黄俨等人负责，李芳远为了配合这次"海选"还下令禁止国内婚姻嫁娶。朱棣这些话只能说是挪揄这位"小兄弟"的玩笑而已。

登基后的李成桂画像

四、对马

明永乐十七年（1419）五月，日本北九州和对马岛等地再度发生饥荒，在室町幕府的默许之下，对马岛豪强宗贞盛雄心勃勃地扬帆下海，劫掠了朝鲜半岛的忠清道与黄海道。此次行动宗贞盛胃口颇大，在骚扰完近邻朝鲜之后，一支由三十一艘战船组成的倭寇舰队继续西航，冲向更为富庶的中国辽东半岛。但此时的宗贞盛，或许都没有想到自己的流氓行径早已引发了中朝两国的极度不满，一场"联合军事行动"正悄然展开。

在得到了朝鲜官方遭遇倭寇袭扰的通报之后，大明辽东地区随即进入了一级战备。由于手中兵力有限，老于军旅的辽东总兵刘荣并没有采取正面接敌的常规战法，而是令指挥使徐刚率领步兵埋伏于山下，指挥使钱真等率领马军绕到倭寇背后，截其归路，百户姜隆则率领壮士绕道到海口，潜烧倭寇所乘寇船。

六月十五日凌晨，倭寇一千五百余人，乘着倭船三十一艘，停泊马雄岛，登岸直奔望海埚而来。对马岛的海盗显然骄横已久，尽管遭遇了明军诱敌分队的抵抗，仍大张旗鼓地冲向望海埚城，直到明军"炮举伏起"，倭寇才意识到落入了刘荣的陷阱，只能向海边废弃的樱桃园空堡撤退。

如果这些海盗负隅顽抗，缺乏重型火器的明军可能要承受巨大的伤亡。刘荣果断采取"围三阙一"的战略，空出樱桃园西侧的壁垒，引诱倭寇突围。慌不择路的海盗们果然中计，再度一头撞入了明军的包围圈。在随后的战斗之中，明军阵斩倭寇七百四十二人，生擒八百五十七人，一举全歼了对马岛海盗的主力。明成祖朱棣显然对这一战果颇为满意，随即给予"诏封广宁伯，禄千二百石，予世券"的封赏。

六月十九日正在对马岛等待部下满载而归的宗贞盛，突然接到浅茅湾的居民前来报告说海面上出现了重重帆影，对马岛全岛一时欣喜若狂，以为自此可以远离饥馑。等到对方登陆才发现竟是由朝鲜王族李从茂亲率的讨伐大军。精锐尽出的宗贞盛自然抵挡不住总数高达一万七千人的朝鲜军队。

仓皇之中，对马岛当地的武士只能召集五十几个人进行抵抗，海岸防线顷刻崩溃。不过朝鲜军队此次出征并非为了攻城略地，因此李从茂仅派出小股精锐部队登陆，沿途烧毁近两千户岛民的房屋，掠夺船只、烧毁庄稼，找到了一百三十一名被倭寇抢来的中国人。

朝鲜军队"入侵"对马岛的消息传入时任征夷大将军的足利义持耳中，日本上下顿时人心惶惶。甚至坊间有传闻说明帝国的大军也将随后抵达。心惊胆战的足利义持连忙命令九州各地的豪族派兵前往对马岛，支援宗贞盛。面对日本政府的大举增兵，朝鲜远征军显然有所托大。

六月二十六日，朝鲜军队再次在仁位郡附近登陆，遭遇了日军的伏击。左军节制使朴实麾下的编将朴弘信、朴茂阳、金该、金熹等战死。好在右军节制使李顺蒙、兵马使金孝诚的后续部队及时赶到，这场被日本方面称为"糠岳之战"的战争才以平手告终。此后朝鲜远征

中朝两国配合默契的"己亥东征"

军退守尾崎浦，战局陷入胶着状态。

尽管没有对对马岛全境实施占领，但是朝鲜舰队沿着该岛的海岸线一路烧杀，还是令宗贞盛品尝到了"以彼之道，还施彼身"的痛苦。不仅诸多良田、房屋被烧成了白地，甚至连当地居民出海"讨生活"的船只都付之一炬。无奈之下，宗贞盛只能向朝鲜请求停战，甚至自说自话地开出了称藩的条件。是以，在此后的很长时间里，朝鲜都宣称拥有对马岛的主权。

大明与朝鲜两国在清剿对马海盗集团中一守一攻可谓是配合默契，不禁给人以无限遐想的空间。而在结束了被朝鲜官方称为"己亥东征"的军事行动之后，朝鲜王国在处理善后的两个细节更是颇值得玩味。由于朝鲜军队在行动中表现拙劣，朝鲜国内有人提出要将被解救中国人质安置在朝鲜国内，以免丑事外传。不过身为"太上王"的李芳远还是坚持将他们礼送回国。而在与日本政府的交涉中，朝鲜政府刻意辟谣说朝鲜绝不是遵从明朝的命令进攻日本，更可谓是不打自招。

朝鲜王国虽然一度对日本保持着高压的进攻姿态，但其政治制度自身的问题令其很快便陷入一系列被称为"士祸"的朋党政治之中。自明洪武二十五年（1392）李成桂废黜高丽末代君主"恭让王"，建立朝鲜王国以来，为巩固自己的"僭主统治"，李成桂家族不得不通过以各种名目授予亲贵田地，以收买其忠诚，是为"科田制"。

而除了授予亲贵、重臣的"勋田"和"科田"之外，朝鲜王国还将大量的土地切割成小块授予地方豪强，由于这些受领者有义务为国征战，因此又被称为"军田"。而这些拥有世袭私田的既得利益集团在朝鲜王朝时期因其"文东武西"而合称"两班贵族"。

"科田制"和"两班贵族"这样的顶层制度设计，无疑是有利于最高统治者的。但朝鲜地狭民稠，在"蛋糕"无法持续做大的情况下，为了争夺"分蛋糕"的话语权，一系列"士祸"和"党争"也就在所难免了。

而日本发动侵朝战争之际，正值朝鲜"东、西党人"之争未平，"南、北党人"之争又起的节骨眼上。和多数东亚地区的朋党之争一样，朝鲜的东、西、南、北四人党也是拿儒学经典和最高统治者的血统说事。当然他们争来争去也不是为了辨明程朱理学的核心是"性"还是"气"，又或者李成桂有没有汉族或者蒙古的血统。核心的目标还是要以大义的名分将对方赶出朝堂。

明万历十九年（1591），朝鲜国内东、西两党为了国王李昖的继承者们又闹了起来。虽然这场"建储之争"以东人党的全面获胜而告终，但对"政治失足"的西人党究竟该赶尽杀绝还是怀柔吸收，东人党内部又产生了分歧，进而分裂成了以李山海为首的北人党和以柳成龙为首的南人党。而就在这连番朋党之争中场休息之时，一年前出使日本的"黄金组合"回来了。

"黄金组合"指的是"西人党"的黄允吉和"东人党"的金诚一。既然党派不同，那么给出的日本国情通报自然也不可能一样。黄允吉说日本"兵强马壮，武士当国"。金诚一就说不过是"色厉内荏，不足为患"。黄允吉说丰臣秀吉"深目星眸，闪闪射人"，金诚一就说那其实叫"目光如鼠"。

从事态的后续发展来看，黄允吉的说法显然更符合当时日本的国情，但此时的朝堂之上都是他的政敌，又怎么会有人替他帮腔。于是在"弹丸岛国不足为虑"的"东人党"大合唱中，朝鲜国王李昖也觉得没必要庸人自扰。

不过丰臣秀吉命对马大名宗义智通告朝鲜国王宣祖李昖，表示将于次年春天假道朝鲜进攻明朝，请予协助的国书还是引起了朝鲜政府的重视。因为在这封外交文件中丰臣秀吉这样写道：

"日本丰臣秀吉，谨答朝鲜国王足下。吾邦诸道，久处分离，废乱纲纪，格阻帝命。秀吉为之愤激，披坚执锐，西讨东伐，以数年间，而定六十余国。

"秀吉鄙人也，然当其在胎，母梦日入怀，占者曰："日光所临，莫不透彻，壮岁必耀武八表。"是故战必胜，攻必取。今海内既治，民富财足，帝京之盛，前古无比。

"夫人之居世，自古不满百岁，安能郁郁久居此乎？吾欲假道贵国，超越山海，直入于明，使其四百州尽化我俗，以施王政于亿万斯年，是秀吉宿志也。凡海外诸藩，役至者皆在所不释。贵国先修使币，帝甚嘉之。秀吉入明之日，其率士卒，会军营，以为我前导。"

今天朝鲜境内的权栗塑像

尽管朝鲜方面仍认为丰臣秀吉不过是虚言恫吓，但还是一方面向明政府报告，另一方面作书质问丰臣秀吉"辞旨张皇，欲超入上国，而望吾国为之党，不知此言悉为而至哉"。

金诚一在朝堂之上虽然有意摆了同团出使的黄允吉一道，但私下第一时间将日本备战的消息通知自己的同乡、身居"右议政"高位的柳成龙。柳成龙深知事态严重，于是第一时间开始选派得力的亲信武人前往朝鲜半岛南部备战。其中最为著名的莫过于出任光州牧使的权栗和全罗左道水军节度使的李舜臣。

权栗根红苗正，老爸是前领

议政权辙。权栗本人虽然早年参加武科考试，但并未投身军旅。此时无尺寸之功便成为一州军政长官，除了家族的荫庇之外，自然少不得同乡柳成龙的推荐。

与权栗相比，李舜臣的出身可谓贫寒。朝鲜史书上说他是德水李氏始祖李敦守的第十二代孙，这过于遥远的记载是否属实姑且不论，即便李舜臣真是那个高丽王国时代神虎卫中郎将的后代，在朝鲜王国统治时期也没什么好自豪的。而在李舜臣的直系亲属之中只有曾祖父李琚做过兵曹参议，到了李舜臣的祖父辈更是家道中落。不过李舜臣的老爸李贞虽然是个布衣平民，但给几个儿子起名字倒是霸气侧漏，李舜臣的哥哥叫羲臣、尧臣，弟弟叫禹臣。

和中国古代"穷文富武、饱吹饿唱"的说法不同，在朝鲜王国"两班贵族"的把持之下，文科、武科都是有产阶层的特权（勋田、科田、军田的所有者），平民百姓只能参与杂科考试（易、医、阴阳学、法律学等）。

李舜臣虽然有资格参与武科考试，但三十二岁才在屡试之下中举，也算是大器晚成。而与权栗这样的贵二代不喜为官的洒脱相比，李舜臣的前半生几乎都是在戍边的途中。明万历七年（1579），李舜臣被调往咸镜道抵抗女真部族的袭扰。这一待就是十年，其间还因兵败鹿屯岛而失罪革职，以白衣从军。

柳成龙无疑是李舜臣人生中的贵人，但对于两人的关系，朝鲜史料讳莫如深，只说两人是少年时的老相识。但成长于安东的柳成龙如何认识家住汉城的李舜臣，却实在令人难以信服，值得注意的是，早在被柳成龙的慧眼所发掘之前，李舜臣已经把金海都护府使李庆禄推荐给了"东人党"的另一大佬——李山海。

可以说早在柳成龙不拘一格用人才之前，李舜臣已经算是"东人党"的外围了。而几乎在同一时间，朝鲜王国南部三大水师指挥官悉数换人，

万历四大征

除了主持全罗左道的李舜臣之外，负责全罗右道的是王族旁支的李亿祺，接掌负责庆尚右道的是原咸镜道富宁都护府使元均。

而这两位和李舜臣最大的共同点便在于都曾在东北边境与女真族交战，属于有实战经验的军政复合型人才。由此可见，朝鲜王国对抵御日本侵略的相关战备工作的启动，最迟不远于明万历十九年（1591）。

所谓朝鲜"人不知兵二百余年""如同无预警入侵"的说法并不成立。而之所以造成"壬辰朝鲜战争"初期朝鲜军队一溃千里的局面完全是由朝鲜国内的政治体制和战略误判造成的。在朝鲜官方的概念中，日本对朝入侵的手段无非是海上袭扰加上小规模的两栖突击而已，只要自身加强水师建设便足以应对了。

日本入侵前期的朝鲜水师官兵

因此与朝鲜海军战备等级迅速提高形成鲜明对比的是朝鲜王国陆军方面的敷衍了事，派至南部三道备倭的金睟等三人，借修缮城池之机大肆搜刮，引起人民的强烈不满，怨声四起。而当时朝鲜所谓的"名将"申立和李溢，去各地视察武器，只重视弓、矢、刀、剑等，对新式武器如鸟铳却轻视地说："岂能尽中？"直到明万历二十年（1592）四月十四日，数万日军先锋于釜山一线卷海而来，朝鲜王国才知道自己错得有多离谱。

日本入侵前朝鲜王国军队的装备

五、水军

丰臣秀吉之所以敢于大举对朝鲜用兵，很大程度上源于对自身军事实力的高度自信。在丰臣秀吉看来经过日本战国时代的洗礼，日本海、陆军的战斗力均处于巅峰状态。

作为一个岛国，日本自古便不缺少统称"水军"的海盗集团。而随着日本战国争雄的愈演愈烈，本无统属的各地水军纷纷为豪门收购，成为各战国大名株式会社的"海上事业部"。一时间各地水军你方唱罢我登场，倒也非常的热闹，更促进了日本列岛造船工业和舰载武器的升级换代。

明万历四年（1576），从属于织田信长的纪州水军领袖九鬼嘉隆在织田氏的全力支持下，建造出了宽七间（约12米）、全长十二间（约21米），以两层漆木为橹楼，上覆铁板，内列火炮的"大安宅船"。

两年之后，九鬼嘉隆正是以六艘大安宅船击破称雄濑户内海三十余年的毛利、村上水军联合舰队的六百余艘木制战船。可谓一战便拉升了日本海战的档次。

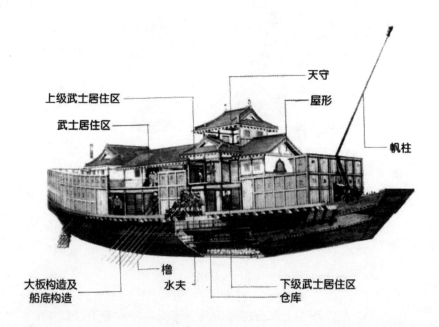

大安宅船透视图

作为织田信长政治遗产的继承者，丰臣秀吉并非不重视水军的建设。早在受织田信长之命攻略盘踞本州西部的毛利氏领地之时，丰臣秀吉便施展自己所擅长的招降纳叛手段，延揽以濑户内海芸予诸岛的村上水军。而此时本就是股权不清的村上水军内部也暗流汹涌。首先背离毛利氏投向村上水军来岛一系的是来岛通总和他的倒霉哥哥——得居通幸。

作为村上水军的一员，得居通幸和来岛通总两兄弟当然都本姓村上。不过明隆庆元年（1567）两人的老爸村上通康去世之时，村上通幸不幸被嫡出的弟弟村上通总挤掉了继承家业的权利。当时年仅十岁的通幸干脆自暴自弃，号称是土居氏和得能氏的子孙，给自己编了一个得居的姓氏。

明万历十年（1582），二十一岁的村上通总率先宣布背弃自己母亲所出的四国岛土豪河野氏，投靠丰臣秀吉之时，又遭到了村上水军其他几部的围攻。被打得一败涂地的村上通总只能逃往丰臣秀吉的军营避难。虽然村上通总能力一般，但出于千金买骨的目的，丰臣秀吉事后还是替他出头，不仅从毛利氏和村上水军手中要回了其根据地，更以其所盘踞的岛屿赐姓"来岛"。至此，原本相对齐心的"三岛村上"水军归于解体。

明万历十三年（1585），丰臣秀吉以与其结盟的毛利氏为前锋，大举侵入四国岛。

日本海盗集团水军之间也常年龃龉不断

得居通幸和来岛通总两兄弟亦负弩前驱。面对丰臣氏压倒性的优势，被称为"土佐之蝙蝠"的长宗我部元亲很快便宣布降服。得居通幸和来岛通总因此分别获得了三千石和一万三千石的封地，算是跻身入了战国大名的行列。

可不要小看这一万三千石，要知道日后以指挥水军参加对朝作战的其他几位日军将领，藤堂高虎此时也不过两万石的封地，加藤嘉明此时仅三千石，要到一年之后才加封淡路城一万五千石。胁坂安治山城、摄津两领相加亦不过一万三千石的封地。从这个角度来看来岛通总两兄弟可谓起点不低。

丰臣秀吉之所以肯给予来岛通总兄弟如此优厚的待遇，一方面固然是因为分割的是四国长宗我部家的地盘，属于慷他人之慨；另一方面也是考虑到收降四国之后即将要跨海远征九州，来岛通总兄弟麾下的水军可能会派上用场。

但在明万历十四年（1586）末丰臣秀吉所发动的第一次九州征讨战中，来岛兄弟根本没有发挥自己水军特长的机会，只能担任接应被岛津军诱引至户次川所败的丰臣系武将仙石秀久及长宗我部的残军撤回四国的任务而已。

第一次九州征讨的失败令丰臣秀吉颇为不爽。明万历十五年（1587）三月，他操控天皇宣布岛津氏为朝敌，一气动员二十二万大军杀奔九州。面对丰臣系压倒性的实力优势，岛津氏稍作抵抗便宣布降服。

第二次九州征讨的成功，令丰臣秀吉开始迷信于泰山压卵式的大兵团作战。两年之后，他故技重施，再度动员丰臣系本部人马及盟友大名所部二十五万大军，海陆并进，杀向盘踞关东相模、伊豆等地已近百年的战国北条氏。

来岛通总兄弟再度从军出征，但此时他们的风头不仅被曾经的织田系水军头领九鬼嘉隆盖住，甚至加藤嘉明、胁坂安治这些"半路出家"的水军将领也有所不如。毕竟加藤嘉明、胁坂安治两人自平定四国岛之后也受封于濑户内海沿海，造船募勇均有先天的便利。

声势浩大的北条氏讨伐战，最终以北条氏主城小田原在海陆包围下宣布开城投降而告终。至此丰臣秀吉不仅完成形式上对日本列岛的统一，而且令其形成了自己一整套对战争的看法。在丰臣秀吉看来日本列岛经历百年战国的历练，早已形成了一套行之有效的战争动员体制。

通过被称为"太阁检地"的日本全国经济大普查和土地所有制调整，丰臣秀吉基本掌握了日本全国年生产力的经济数据。随后再依照每个大名、家臣所领有的石高数，去分配兵员和战争物资采购数，数十万大军便可以迅速完成集结和调遣。正是缘于对自己所建立的这套原始"总体战"体系的自信，在丰臣秀吉眼中，远征朝鲜将成功复制九州、北条讨伐战的辉煌。

应该说丰臣秀吉的这套战争理论在陆战中确实行之有效。但丰臣秀吉将这套理论照搬到海战领域，不得不说有胶柱鼓瑟之嫌。从明万历十九年（1591）正月下达给各大名的水军征召动员令中，不难看出丰臣秀吉完全按照陆军的模式，进行着海战的动员："临海各国诸大名领地，每十万石准备大船两艘……各海港每百户出水手十人……秀吉本军所用船只，各国大名每十万石建大船三艘、中船五艘。所需建造费用，由秀吉拨给；各国大名将所需建造费用，以预算表呈报，先拨给一半，船建造完毕后，再行付清。"

以当时日本全国的石高约二千五百万石，沿海约占一半计算，在丰臣秀吉的指挥棒下，为远征朝鲜征调、新建的战船可达七百余艘，且自带水手。仅从数字上来看可谓不少，但是丰臣秀吉的征召令中并没有提及这些战船的武备问题。当时日本虽然已经实现了火绳枪的国产化，但大口径火炮几乎全部依赖进口。换而言之，集中到远征军手中的这七百艘战船上面连一门火炮都没有。

日本战国时代的战舰

从各地征调的水手可以满足战船的正常航行需要，但一旦发生海上战斗仍需专业的水军。相对于第一波次投入朝鲜战场的十五万八千陆军而言，首战朝鲜的日本水军仅有九千二百人，这个集合丰臣系所有水军人马的数字，甚至远远低于日本战国时代鼎盛时期的村上水军一家的兵力。那么织田信长手中仍船坚炮利的日本水军，缘何在远征朝鲜之时缺兵少炮呢？出现这样的局面，不得不归咎于丰臣秀吉于明万历十六年（1588）所颁布的《海贼停止令》。

仅从字面上看，天下已定，要求各地水军停止"海贼"行动无可厚非。但事实上日本各地的水军除了打家劫舍之外，更多的时候是扮演着海上收费站和镖局的角色。

正因如此，日本水军的主力舰被称为"关船"，意即在海上的航行要道设置关卡，以收取"帆别钱"。而客户如果愿意以"警固料"的名义出钱，各水军也不介意用小型的快船（小早）提供武装护送的物流服务。长远来看，"帆别钱""警固料"对日本国内贸易的发展都是有害的。但丰臣秀吉以行政手段将其"一刀切"，不免操之过急。

《海贼停止令》一出，各地的大小水军集团顿时星散，其中当然不乏好事者，加入藤堂高虎、加藤嘉明、胁坂安治等人的水军远征朝鲜，但更多的人选择了就此从良，过上了打渔经商的平和生活。从这一点来说被编入四国诸大名组成的第五番队（兵团）渡海犯朝的来岛通总所部，可以说是除九鬼嘉隆之外，唯一一支成建制参与远征朝鲜的战国水军余脉。

第十章：铁骑与火铳
——朝鲜王国军队的全面溃败及明军首次援朝的失利

一、遣将

相较于对日本战国水军失败的整合而言，丰臣秀吉在地面部队的编制上就显得专业得多。万历十九年（1591）三月，丰臣秀吉便颁布了陆军部队兵员的征召动员令，其中明确规定各国诸大名每万石应征召人数各地不同：

四国、九州六百人，中国、纪州五百人，畿内五国四百人，骏河、远江、三河、伊豆四国三百人，由此以东的各国每万石二百人，尾张、美浓、伊势、近江四国每万石三百五十人，若狭、越前、加贺、能登四国每万石三百人，越后、出羽两国每万石二百人。

虽说各国情况不同，但基本上来说以忠于丰臣系的各派人马总计千万石来计算，日本对朝远征军便可达三十万以上。因此在此后漫长的"壬辰朝鲜战争"中，日本远征军始终保持着充沛的兵员，而国力远胜于其的大明帝国在兵力上反倒处于劣势。

万历十九年（1591）八月二十三日，在下定征伐朝鲜的决心之后，丰臣秀吉亲自召集各方大名进行会商。曾为丰臣秀吉养子的宇喜多秀家首先表示赞成。由于较具影响力的德川家康人在关东没参加开会，其他人自然不敢当面违逆丰臣秀吉的意见，于是纷纷附和。丰臣秀吉大喜之下，当即便任命宇喜多秀家为征伐朝鲜的总大将。

客观地说，宇喜多秀家虽然年轻，但似乎并不缺乏政治和军事经验。早在明万历十年（1582），十岁的宇喜多秀家便因生父宇喜多直家病逝，而在织田信长的安排下，重回宇喜多家继承家督。此后，宇喜多秀家便以宇喜多家族的力量协助丰臣秀吉水淹高松城并全力支援丰臣秀吉返还京畿与明智光秀决战。但这一时期，年幼的宇喜多秀家更多地仰仗自己的叔父宇喜多忠家、户川秀安及长船贞亲等其父昔日旧臣辅佐。

在明万历十二年（1584）的"小牧·长久手之战"之中，宇喜多秀家被委任为大坂城守备。次年，又参加了纪州征伐、四国征伐。明万历十五年（1587），由于在"九州征伐"中担任先锋于日向地区奋战，宇喜多秀家正式获封备前国、美作国、播磨国西部和备中国东部五十七万四千石的领地。因此也被日本民间称为"备前宰相"。然而，宇喜多秀家看似颇高的政治威望和军事功绩并不足以压服丰臣秀吉麾下的众多骄兵悍将。因此，由其充当总大将的征朝大军从一开始便存在着指挥不动的问题。

总大将的人选确定之后，丰臣秀吉又公布了其早已拟定好的先锋大将人选。考虑到朝鲜半岛多为山地和高原分割，丰臣秀吉便钦点了小西行长和加藤清正分别为第一、第二军团，为征朝大军负弩前驱，依旧用两军交替冲击的方式，以最快速度打开局面。

两人之中，小西行长幼名弥九郎，为商人小西隆佐的次子。其自幼跟随父亲在堺经营药草生意，也由此与当时掌握备前地区的大名宇喜多直家发生了接触。有一次正逢宇喜多直家外出时，遇到三浦家遗臣的袭击，而当时宇喜多直家身边并没有亲信护卫。关键时刻，小西行长挺身而出击退了刺客，令宇喜多直家安全脱困，此事之后小西行长便受到宇喜多直家赏识，破格将其由商人之子拔擢为武士。

加入宇喜多家后，小西行长向家中武将远藤又次郎学习了火绳枪及水军的战术，并以青出于蓝而胜于蓝的成绩，被宇喜多直家任命为水军统领。而在此后宇喜多家与丰臣秀吉并肩作战的过程中，能言善道的小西行长多次作为特使觐见丰臣秀吉，也因此为丰臣秀吉所看重。

明万历十年（1582），丰臣秀吉正式任命小西行长为其麾下水军大将。而小西行长也以其在战场及后勤工作中的突出表现，获得了两万石的领地，并担任起了丰臣政府的行政工作。

明万历十五年（1587），小西行长跟随丰臣秀吉进行九州征伐，翌年由于肥后国主佐佐成政治理不力，领内引发一揆动乱，丰臣秀吉派出小西行长与加藤清正共同前往镇压。事后，小西行长因功得到肥后南半国宇土郡、益城郡、八代郡二十四万石领地。

虽然小西行长领有上述封地之后，便摆出一番励精图治的姿态，并利用肥后地处九州岛中部的贸易优势，积累了大量的财富。但其受封领地的时间终究较短。明万历十七年（1589）其领地发生了名为"天草之乱"的农民起义，小西行长虽然竭力进行了镇压，但终究极大地损耗了自身实力。此时全力动员之下也只能凑出七千兵马。

为了强化先锋军的力量，丰臣秀吉不得不将肥前国的三个小大名——松浦镇信（所部三千人）、有马晴信（所部二千人）、大村喜前（所部一千人）以及对马岛的宗义智（所部五千人）、五岛群岛的宇久纯玄（所部七百人）所部悉数归于小西行长的指挥之下，勉强为其凑足了一万八千人的军阵。

与小西行长所部的东拼西凑相比，第二军团统帅加藤清正麾下可谓兵强马壮。毕竟加藤清正可以算是丰臣秀吉最为宠信的武将。

加藤清正出生于明嘉靖四十一年（1562），父亲是尾张国爱知郡中村的锻治屋老板加藤五郎助。如无意外，身体强壮的加藤清正本应该继承其父的衣钵，成为一名铁匠。但奈何其父很早便去世，他也只能跟着母亲跑去堂姨家蹭饭，而他的堂姨父正是未来的丰臣秀吉。

鉴于自己家族人丁单薄，丰臣秀吉一度非常看重妻族的力量。是以，很早便将加藤清正提拔为自己的心腹爱将。而加藤清正也没有辜负丰臣秀吉的信任，临战之时皆是一往无前。最终获得肥后北半国十九万五千石的领地。此番更是亲率一万精锐与统率有肥前国三十余万石的龙造寺家权臣锅岛直茂所部一万二千部众组成联军。至于，该部之中的另一个大名相良赖房就只有八百人，属于聊胜于无的存在。

两支先锋军之后，是黑田长政所指挥的第三军团。作为丰臣秀吉的重要智囊——黑田孝高之子，黑田长政很早便跟随丰臣秀吉东征西讨，但其父子两人的军功相加也仅获得了丰前国中津郡十二万五千石的封地。是以，此番能动员的兵力仅有五千人。

为此，丰臣秀吉不得不将九州本地的传统豪门、领有丰后一国和丰前国宇佐郡半郡，总计三十七万石的大友义统配置在黑田长政的麾下。而加上了大友氏的六千兵马，黑田长政的第三军团也只有一万一千人，堪称丰臣秀吉此番"征朝大军"中兵力最为薄弱的一部。

客观地说，黑田长政麾下兵马虽然不多，却有众多跟随其父黑田孝高征战多年的中下层军官组成的所谓"黑田八虎""黑田二十四骑"为羽翼，多少还能做到进退从容。与之相比，反倒是毛利胜信所指挥的第四军团看似兵强马壮，内部情况却更加不堪。

毛利胜信本名森吉成，早先不过是丰臣秀吉身边的"黄母衣众"（近卫小校）中的一员。只是在机缘巧合之下，因立下了军功而被丰臣秀吉授予了丰前国小仓地区六万石的领地。

丰臣秀吉此举固然有"千金买骨"和培养自身势力的念头，但缺乏治理地方经验的毛利胜信显然并没有理解老领导的良苦用心，其抵达封地之后，便忙不迭地为自己及弟弟毛利吉雄修筑城堡，进而引发与当地豪族及宗教团体的严重对立。以至于，受命出征朝鲜之时所部兵马仅能动员二千人，而被编入第四军团，进而受毛利胜信指挥的九州南部霸主岛津义弘手中却有足足一万精兵。

显然，政治威信和军事实力都先天不足的毛利胜信，不仅不入岛津义弘的法眼，甚至连同样被编入第四军团的高桥元种、秋月种长、伊东祐兵、岛津忠丰等人也指挥不动。毕竟这些封地在日向国的小大名联起手来，麾下兵马不下二千之众足以与毛利胜信分庭抗礼。

按理说，黑田长政的第三军团和毛利胜信的第四军团所应该担负的使命，是在第一军团、第二军团快速推进的情况下，协助其扫除后方敌残存据点，而如果第一军团、第二军团进展不顺，那么第三军团、第四军团便必须迅速顶上，全力支援前线。可偏偏这两支部队在编制上分别存在着兵力不足和离心离德的巨大问题。如果不是丰臣秀吉利令智昏的话，那只能说丰臣秀吉一开始就没有把希望寄托在他们的身上。毕竟，在第三军团、第四军团的身后，还有更值得信任的第五军团。

第五军团的指挥官福岛正则同样是丰臣秀吉的远房亲戚，具体来说是福岛正则的母亲是丰臣秀吉的姨妈，福岛正则要叫丰臣秀吉表哥。福岛正则很早便与父亲福岛正信一道跟着丰臣秀吉东征西讨，并在丰臣秀吉完成四国征伐后被授予伊予国今治郡十一万石的土地。

以福岛正则所部四千八百人为核心，第五军团下辖了丰臣秀吉受封于四国岛的众多旧臣和故交。如领有岛伊予大州七万石的户田胜隆，也是丰臣秀吉身边的"黄母衣众"出身，此番便竭力动员了四千众前来参战。与丰臣秀吉一起出道的美浓土豪蜂须贺正胜此时虽已病逝，但领有四国岛阿波国十八万石领地的其子蜂须贺家政依旧动员出了七千二百人的军阵。

在动员方面不遗余力的还有与丰臣秀吉有着浓厚香火之情的生驹家，不顾此时手中领地不足十万石的现实情况，其家主生驹亲正足足调集了五千五百人的军队前往朝鲜。与之相比，领有土佐一国实际隐藏石高数可能达到二十万石的长宗我部元亲却只动员了三千人。至此，由丰臣秀吉受封在四国亲支故友组成的第五军团总兵力已达二万五千人。不过丰臣秀吉仍嫌不够，又将得居通幸和来岛通总两兄弟及其麾下七百水军也配属给了第五军团。

或许是对第五军团的战斗力有足够的自信，丰臣秀吉对其后的第六军团的组成便显得随意得多。仅以小早川隆景及其养子小早川秀包所部一万一千五百人为核心，粗略地配置了立花宗茂所部二千五百人、高桥统增所部八百人、筑紫广门所部九百人便令其草草成军了。

丰臣秀吉之所以对第六军团分配得如此草率，很大程度上是因为作为分成家的重要盟友，毛利家家主毛利辉元已经承诺将出动三万大军作为小早川隆景的后备队。而作为一个征战多年的老将，丰臣秀吉本人自然也非常清楚二线部队对于一场战争的重要性。因此在第一至第六军团之外，丰臣秀吉还组建了三个二线军团。

二、分兵

其中，第七军团为总大将宇喜多秀家的直属部队，除了宇喜多家所部一万兵马之外，还有担任全军后勤工作的总奉行石田三成及奉行众增田长盛、大谷吉继、加藤光泰、前野长康等人。作为各自领有数万石领地的丰臣秀吉近臣，石田三成等人各自也都招募了一两千兵马随行，导致第七军团的总兵力高达一万七千余众。

总兵力达一万五千人的第八军团看似兵强马壮，但由于领兵之人大多都是丰臣秀吉身边近臣，以至于整个军团宛如一盘散沙，甚至连一个实际意义上的总指挥都没有。仅有领有三千众的浅野长幸，靠着自己父亲浅野长胜与丰臣秀吉是连襟的关系，算是名义上统领全军。

第九军团的情况与第八军团有些类似，只是统领该部的丰臣秀胜不仅是丰臣秀吉血统上的外甥（丰臣秀胜之母为丰臣秀吉的姐姐），更因为很早便被丰臣秀吉收为养子，而在丰臣家中拥有超然的政治地位。此番丰臣秀胜以第九军团统帅的名义亲率八千来自美浓国的精锐部队，加上麾下又有细川忠兴、长谷川秀一、木村重兹等宿将及各部总计二万五千余兵马，一时倒也风头无两。

值得一提的是，除了上述十五万八千之众的九个兵团外，丰臣秀吉手中还留有一支兵力不下十万人的预备队，而丰臣秀吉组建这支部队的目的及此后的使用方向，长期以来都成为史学家争论不休的问题。

明万历十九年（1591）十二月二十七日，在基本确定了征伐朝鲜的相关事宜之后，丰臣秀吉突然宣布将自己所领受的关白官职及丰臣家督的位置一并传给自己的养子丰臣秀次，自己则依照日本的政治惯例，自称太阁。不过曾经的那些"太阁"只是一个关白退休之后的荣誉头衔，而丰臣秀吉依旧大权在握，是以很多日本人对太阁这个名词多有误解，以为这个政治名词便是丰臣秀吉独有，且高于关白的实际官职。之所以出现这样的局面，恐怕还要从丰臣秀吉与丰臣秀次的父子关系谈起。

丰臣秀次于明隆庆二年（1568）出生于尾张。其生父是一个有名无姓的普通农民，以至于与丰臣秀吉的姐姐丰臣智子成婚之后，便直接用老婆家的姓氏改叫木下弥助。不过木下弥助这个赘婿虽然当得有些窝囊，但婚后生活还算幸福，先后诞下了丰臣秀次、丰臣秀胜和丰臣秀保三个儿子。令始终膝下无子的丰臣秀吉看得颇为眼热。

不过，丰臣秀吉起初并没有打算收养自己的三个外甥，他曾先后将丰臣秀次过继给了为自己诱降的浅井家大将宫部继润和三好氏重臣三好康长。而这种行为与其说是为自己的外甥找一个好人家，不如说是将这个孩子作为人质，以令宫部继润和三好康长安心。直至"本能寺之变"后，已然大权在握的丰臣秀吉为了壮大自己的家族势力，才将丰臣秀次又招回麾下。

不过被丰臣秀吉委以重任的丰臣秀次初上战场却表现不佳。在"小牧·长久手之战"中，身为丰臣军队总指挥的丰臣秀次因德川军奇袭而狼狈败走，以至于遭到了丰臣秀吉严厉呵斥。好在此时的丰臣家正处于上升通道，丰臣秀次很快便在其他战场积累了足够的军功，最终获得近江国蒲生郡八幡山城（现今近江八幡市）四十三万石的领地。明万历十四年（1586）十一月秀次被赐姓丰臣，但即便到了此时丰臣秀吉依旧没有将其视为自己的接班人。

明万历十八年（1590），参与小田原征伐的丰臣秀次再度表现抢眼。而恰巧丰臣秀吉要处置拒绝移封的织田信雄，便大笔一挥将织田信雄原有的尾张国、伊势国北部五郡等合计一百万石的封地，直接交给了丰臣秀次管理。至此，除了领有大和、纪伊、和泉三国以及河内国部分地区、合计一百一十万石领地的丰臣秀吉之弟丰臣秀长外，丰臣秀次已然成为了丰臣家族中最有权势之人。

明万历十九年（1591），常年患病的丰臣秀长去世。由于生前无子，其领地悉数由养子兼女婿的丰臣秀保继承。这样一来，加上领有美浓岐阜城十三万石的丰臣秀胜，丰臣秀次三兄弟总计领有二百三十三万石以上的领地，足以占据丰臣家的半壁江山。

如此尾大不掉的局面，令痛失嫡子丰臣鹤丸的丰臣秀吉被迫于明万历十九年（1591）十一月，将丰臣秀次正式收为养子，并将其作为自己名义上的接班人。不过，丰臣秀吉并没有真正地让出权力，反而利用大举征伐朝鲜之际，将丰臣政权的兵权牢牢地掌握在了手中。

打着构筑前进要塞的名义，丰臣秀吉以黑田孝高出任主管测量与设计的"绳张"、浅野长政出任工程总负责人，动员九州岛各大名出动劳役，于肥前国的松浦郡的荒地之上，修筑起了一座可以容纳十万人、被称为"名护屋城"的大型军事要塞。

名护屋城建成之后，丰臣秀吉的亲信——富田一白率先带着六百五十人抵达。其后众多丰臣秀吉的直属武士分别带领所部兵马抵达。虽然这些人大多只领有万余石的封地，因此麾下兵马也不过数百，但还是聚沙成塔，最终汇集成一支五千七百余人的所谓"前卫军"。随后，长于弓术的大岛光义、长于铁炮的木下延重等人分别带领各自弓箭手和铁炮手部队抵达，组成了一千七百余人的丰臣秀吉直属远程打击部队。

由木下吉隆等人指挥的"马回众"等一万四千余丰臣氏近卫军保护着丰臣秀吉抵达名护屋城后，织田信长的第六子织田信秀等人才带着各自的兵马陆续汇聚过来，这些政治上的落魄公子同样兵微将寡，全部聚在一起也不过五千三百余人，因此只能充当后卫部队。

上述这些部队共同组成了总计二万七千众的所谓"旗本"部队。而在他们控制了名护屋城的中心地带之后，德川家康等外样大名才被允许陆续入驻。虽然德川家康颇为豪气地带来了一万五千人，丰臣秀保所部一万人也随后抵达。但其他外样大名却因路途遥远，而各自仅派出了数百到数千不等的部队。因此名护屋城下虽然云集了天下各路大名，但这些部队的总兵力合计不过七万三千人。这些外样大名的兵马与丰臣政权的"旗本"部队合计十万人马。

这些兵马集结完毕之后，丰臣秀吉象征性地在名护屋城召开军事会议，讨论征朝战略。会上，德川家康颇为积极地公开提案。丰臣秀吉则当即拍板，确定了"陆海并进""速战速决"的战略方针；以水军保证陆军的战略物资供应，陆军分三路齐头并进，计划一举占领朝鲜。

在一切工作准备就绪后，丰臣秀吉以朝鲜拒绝攻明为由，于四月正式开始了对朝鲜的战争。四月十二日日本远征军第一军团由小西行长率领所部先渡海至对马岛待命。四月十三日丰臣秀吉下达的"九军出发"之命传达军前，小西行长所部随即乘船驶抵釜山，次日天明攻城，由此揭开了侵朝战争的序幕。

三、破竹

小西行长作为北九州地区的新兴势力，显然比其他的武士集团更渴望战功。明万历二十年（1592）四月十四日清晨，由对马岛宗义智所率领日军前锋到达釜山浦。为了师出有名，宗义智还假惺惺地致书于釜山镇守将郑拨，要求"假道入明"，此举自然引来了郑拨的严词拒绝。

双方随即兵戎相见，日军使用装备先进的火绳枪，进行一轮又一轮的攻击，郑拨率军退守第二道防线，重新组织了弓箭手进行反击，但仍被日军击败，被迫退守第三道防线。数个时辰之后，郑拨中弹身亡，朝鲜方面随即军心涣散。翌日早晨，日军全面占领釜山城，并以此作为日后侵略朝鲜的兵员、粮草重要中转站。

宗义智率军攻打釜山镇的时候，小西行长也率本部七千兵马在釜山镇附近的多大浦登陆。朝鲜军队在多大浦金使尹兴信的率领下抵抗日军的进攻，其弟尹兴梯也参加了战斗。朝鲜军队登上城墙守卫，小西行长则率日军在城下挖掘战壕，以战壕为掩护，使用火绳枪对城上的守军发起一轮又一轮的攻击。朝鲜守军则用箭和投石进行反击。日军最后使用攻城塔和梯子，在火绳枪的掩护下登上了城楼。

尹兴信在第一道防线被攻破之后假装撤退，随即对入城的日军发起奇袭。激战过后，朝鲜军战败，尹兴信阵亡。日军占领多大镇，对城中的居民进行屠杀。随后日本军队陆陆续续上岸，驻守多大镇。小西行长以多大镇为据点，重组军队，全力向汉城方向进军。

复盘釜山镇和多大浦两场战役，不难看出大量武装火绳枪的日本军队，可以轻易用火力压制仍大量使用弓箭的朝鲜军队。而那些动辄贯穿人体，一枪伤数人，射程上千米的大型火绳枪，更被日本军队集中起来，用于射击朝鲜军官和精兵。

除了武器装备之外，朝鲜方面的防御工事也极其落后。毕竟整备城防耗资巨大，朝鲜王国虽然努力试图学习大明。但终究财力有限，只能本着够用就行的原则，将修筑城墙的资金和材料向南部地区、沿海地区和北方边境地区集中，而非边境一线的郡县地区，依旧是有城而无墙。经过近二百年的整修加筑，到了嘉靖年间，朝鲜有城墙包围的邑城，仅占全国郡县总数的一半。

朝鲜王国的这种做法，相当于在国家周边围了一圈由邑城组成的防线，大邑城作为朝鲜在财力限制下修筑的有限工事，城墙低矮，规划落后，很多没有与城墙配套的壕沟和城垛，更不提雉城敌台又或者马面等附属建筑。中式城墙为保证高耸的城墙稳定性，城墙横截面为稳定性较高的梯形结构，下宽上窄；而朝鲜只是堆砌一面近乎垂直的低矮狭窄石墙，然后直接在石墙后堆土，形成一道斜坡来提供士兵上下城墙。

朝鲜城墙不仅高度有限，还有相当部分没有城垛，有城垛的也仅有半人高，而以斜坡堆土修筑的城墙内侧，虽然说几乎没有成本，而且还不用整备登城通道，但是这种土坡内墙，敌方登上城头，就可顺势直入城内，并不需要与守军争夺城墙。这种城墙在敌方以冷兵器肉搏为主，远程投射武器也不如朝鲜的时候尚可以一用，而在日军装备各型火绳枪后，半身乃至全身裸露在这种低矮墙头上的朝鲜士兵，无疑就像一个个活靶。

稳固了对釜山镇的控制，日军决定攻取釜山镇以北数公里处的东莱城。而这座东莱城也是釜山镇通往汉城的必经之路。日军的第一军团在休息了一个晚上后，于十五日清晨从釜山镇出发，一个时辰后到达东莱城下。城内对日军的突然到来措手不及，东莱府使宋象贤急至街上召集民兵，登城抗击。梁山郡守赵英珪等人也纠集军队前来支援。

城内的朝鲜军得不到支援，使用长长的木板作为盾牌，抵御日本军队火绳枪的攻击。日军架起梯子攻城，朝鲜军则用弓箭和瓦砾迎战。日军奋力登城，并在一个时辰内完全控制了东莱城。宋象贤、赵英珪巷战而死。李珏得知东莱城陷落的消息后，率军逃离了战场。日军在东莱城进行大屠杀，并接收了城中的武器、兵粮、牛马。小西行长在城中休养两天，再度率兵北上。

四月二十四日，小西行长率日军到达尚州附近时，命足轻使用火绳枪对朝鲜军进行攻击，但随后发现弹药不足。此后又突袭朝鲜军的小山丘阵地。李镒据守山丘，下令射箭还击，但朝鲜军的弓箭射程太近，无法伤及日军。日军开始试图包围朝鲜军阵地，李镒自知必败，连忙上马，率部撤退。小西行长最终攻取尚州，向忠州方向进兵。

面对不断恶化的局势，朝鲜国王李昖急命左议政金命元为都元帅，坐镇王京汉城之内，节制全国兵马。李昖又增设三道巡边使，由曾经大破女真人的名将北道兵马节度使申砬担任，负责庆尚、全罗和忠清三道防务。在申砬离开汉城的时候，李昖把自己的佩剑赐予了他，授予他调动禁军并沿途招募弓手的全权。

背负名将之誉的申砬，在战场上却表现得刚愎自用。部下建议在庆尚道和忠清道交界的要塞鸟岭遏制日军的进兵，但申砬认为驻守鸟岭无法遏制日军，因此拒绝采纳这个建议，决定在忠州附近的平原上交战。在得知日军的迫近之后，申砬在忠州附近的弹琴台布置骑兵，背靠汉江，希望通过背水之阵来激励朝鲜骑兵的士气，而后使用骑兵迅速冲破日军的火绳枪阵地。

申砬的自负断送了朝鲜王国最为精锐的骑兵部队

常年驻守北方边境的朝鲜骑兵，大多在与当地女真部族的交战中训练出了娴熟的骑射技巧。但在面对拥有充分反骑兵准备的日本军队时，排列整齐的日本火绳枪手用一次次密集的齐射撂倒了大部分冲锋而来的朝鲜骑兵。少数冲到阵前的幸运儿，也很快便被手持长枪和大刀的日军步兵所围杀。

除了战术上被完全克制之外，战略上朝鲜军队也处于极端不利的位置。早在交战之前，小西行长便派出有马晴信、大村喜前、后藤纯玄等人率三千精锐偷袭了朝鲜军队的后方据地——忠州城。而在亲率七千主力，对弹琴台发起正面攻击的同时，小西行长还派出宗义智、松浦镇信两人分别率领本部兵马，沿着汉江江岸对朝鲜军进行夹击。

由于日军在进军的过程中偃旗息鼓，其行迹又被弹琴台的树木挡住，故而朝鲜军难以发现。等到朝鲜军发现为时已晚，三路日军已对朝鲜军完成包围。三面受敌的朝鲜军全线崩溃，许多朝鲜骑兵溃逃中落入汉江溺亡。申砬奋力杀出重围，逃往忠州城下，却发现忠州城已被日军占领，自感愧对国家，便自杀身亡。

得知朝鲜军在忠州弹琴台战败之后，朝鲜国王宣祖李昖对战事彻底失望，带着王族、大臣前往平壤避难。但其实此时除了小西行长所部之外，其余诸路日军进展并不顺利。面对日军的大举侵略，朝鲜各地的有力乡士自立组织义军，如庆尚道星州的郭再祐于四月二十一日组织义兵，屡次击败日军安国寺惠琼所部，使其无法顺利进入全罗道。

面对郭再祐的游击战术，日军方面很不适应。不仅后方不稳，甚至正面作战也颇受影响。为了攻取全罗道的门户晋州，同时也能有效打击隐藏在丛林中的郭再祐义军，日本方面投入了作为预备队的第八军团宇喜多秀家所部和第九军团细川忠兴所部，下达了先攻取昌原，再攻略晋州的指令。

朝鲜庆尚右兵使兼咸安郡守柳崇仁死战防卫咸安，被日军击败，出奔晋州，希望晋州牧使金时敏开城接纳。柳崇仁是金时敏的上司，金时敏得知日军迫近晋州的消息后，担心柳崇仁入城后会导致城中守军号令不一，便拒绝了这个要求。柳崇仁最终力战而死。金时敏研究了日军的火绳枪，并仿制了一百七十支分配给守城的朝鲜军。

当然，金时敏并不是什么天纵奇才，而是火绳枪在朝鲜其实并不是什么稀罕玩意。早在高丽末期至李成桂时代，朝鲜半岛引进了中国的火器制造和使用技术，也就是早期身管较短的火门枪和火炮。弹种也是早期学习中国的各种神枪类箭型弹和石弹，比较典型的就是发射复数箭矢的四箭铳筒、八箭铳筒等，射石炮则是臼炮型的碗口铳和将军火炮之类，使用火器的朝鲜士兵专设为铳筒卫，一开始为二千四百名，分为六番。

明正统十三年（1448）一月二十八日，朝鲜世宗加强了火器军队，将铳筒卫增至四千人，分为五番。铳筒军同样是要自备盔甲、武器，平常装备收于武库。然而早期火器的效能并不能完全替代弓箭，在国家转入反骑兵劫掠模式之后，昂贵且机动性不高的铳筒，沦为守城兵和水军使用为主，管理训练也松懈了下来。

明天顺元年（1457），朝鲜遣散"步兵中号最精强"的铳筒卫。在部队被解散后，火器的管理也变得混乱起来，比如天顺七年（1463）五月二十八日一晚，朝鲜武库中就被盗走铳筒六百三十八柄，管理上的松懈混乱程度可见一斑。

直到明嘉靖年间，朝鲜才在不断来犯的倭寇压力下，从中国引进了铅、铁球形弹以及后装速射炮佛郎机铳。明万历十五年（1587），日本悍然要求朝鲜入贡的前后，朝鲜方面便开始全面仿造火绳枪，加强身管长度，并加装瞄准具和火绳枪式枪托，来提高单兵火器威力，即小胜字铳筒、小小胜字铳筒，并参考中国的多管连发火器，制造了双字铳筒。在此阶段的巅峰之作，当属最迟万历十九年（1591）三月，也就是战争爆发前一个月，朝鲜制造出了与大铁炮枪管已无区别的火器——万历十九年铭别铳筒。

然而，战前朝鲜火药年产量低于一千斤，也就是只有半吨左右，而本就产量很少的火药，平时主要储藏于首都汉城火药库中，战时使用则要上报中央。若以千斤产量为准，不过一万六千两，仅配发中央直属的四千铳筒卫，人均也不过四两。这只是中央直属的单兵火器，若算上火炮、地方军队，人均就更为凄凉，李朝军队火器数量早已过万——"军器监火铳虽已至万余柄"，但火药的极端匮乏，极为严重地制约了朝鲜火器的训练和使用。

十月五日，细川忠兴率日军兵临晋州城下。当得知城中只有三千多名守军的时候，细川忠兴非常高兴，认为又将是一次轻而易举的胜利。日军架起梯子攻城时，朝鲜军使用大炮、弓箭、火绳枪对攻城日军发起猛烈攻击，使日军伤亡惨重。细川忠兴甚为震惊，下令使用火绳枪的火力掩护日军攻城。但守城的朝鲜军冒着弹雨，使用石块和斧头摧毁了攻城梯。攻城梯被摧毁后，朝鲜军在城楼上，使用火绳枪居高临下地对日军发起攻击，日军伤亡更加惨重。

除了郭再祐之外，此时朝鲜半岛南部还有郑仁弘、孙仁甲、金沔等人也组织义军令日本第七军团毛利辉元所部无法顺利占领庆尚道。全罗道光州的金千镒、全州高敬命、李基鲁、洪彦秀父子也于六月一日组织义兵，忠清道公州出身的赵宪、僧人灵圭则于七月三日组织义兵，联合抵抗小早川隆景、立花宗茂等日军第六军团。另外还有京畿道海州的李延馣对抗日本方面黑田长政所部第三军团，以上战事皆阻碍了日军的进军。

陆路进展不顺对于丰臣秀吉而言或许还能接受，但海路日军的连遭败绩却令其依赖海路提供陆军补给的计划归于泡影。最早与对手交锋于海上的朝鲜水军将领是庆尚右道水军节度使（朝鲜方面简称为右水使）元均。面对来势汹汹的日本海军主力，元均虽然接战不利，被迫放弃战略要冲巨济岛。

但毕竟也算是敢于亮剑，比起一炮未放便"敌前转进"的左水使朴泓已经算是不错的了。当然朴泓也并非全无贡献，他至少在跑路之前凿沉了自己麾下所有的战舰。毕竟当时朝鲜水师所使用的主力舰——板屋船，无论是吨位还是火力均强于日本方面大量使用的"关船"，即便面对十万石大名才能建造的安宅船也并非不能一战。

朝鲜海军的板屋船

　　元均兵败之际，首先想到的自然是呼叫支援。但近在丽水港的李舜臣却发挥了"友军有难，不动如山"的精神，不仅自己不出兵，还派人告诫元均"勿令妄动"。当然李舜臣的行为后来被朝鲜王国官方认定为属于"大将气度，伺机而动"。

　　可怜的元均带着庆尚道残存的四艘板屋船在巨济岛附近徘徊了近半个月，李舜臣的援军终于到了。此时距离日军登陆釜山已经过去了整整一个月的时间。不过在李舜臣看来自己的战机恰恰就在此时，毕竟日军主力已经北上汉城，巨济岛一线留下的不过是负责掩护后方兵站的少数警戒部队。在会合元均所部之后，明万历二十年（1592）五月七日，李舜臣集中二十四艘板屋船、五十七艘小型战舰（挟船、鲍作船）冲入藤堂高虎所部泊停的玉浦港。

　　必须指出的是初次出兵朝鲜之时的藤堂高虎领下不过两万石，因此全力动员也不过出兵二千人，根本不好意思在前线冲锋陷阵，只能以水军的身份在后方打打秋风。而正在他率部上岸扫讨（抢劫）之时，李舜臣的大军突然杀到。停泊于岸边的三十艘日军战舰根本来不及还手就被李舜臣以舰炮、火箭击毁了二十四艘。以几乎零伤亡的代价打了这样一场奇袭战固然是大捷。但事后朝鲜方面宣传毙伤日军四千人左右显然有些不厚道。

成功奇袭玉浦之后，李舜臣随即打算将舰队临时停泊在巨济岛的永登浦过夜，但侦察船又传来了有小股日军正从附近经过前往合浦的消息。李舜臣随即又率队前往截杀，又一气击沉了对方六艘战舰中的四艘（一说五艘）。连胜两阵的李舜臣显然有些亢奋，第二天又按照此前侦查所获的情况，率军突袭了巨济岛对面的固城赤珍浦，又故技重施击沉了十三艘处于停泊状态下的日军船只。不过此时汉城陷落的消息传来，一扫李舜臣、元均所部原本高昂的士气，于是在诸将放声痛哭的情况下，两道水师联合舰队宣布解散，各回本镇。

四、龟船

应该说李舜臣所在的丽水港此时远离日军的进攻轴线，相对安全。而元均所统率的庆尚右道水军不仅船少兵寡，而且防区内的大多数良港、锚地均已落入敌手，在一线与敌周旋的难度可想而知。但正是得益于元均所部始终活跃于前线，才能令李舜臣于丽水安心休整一个月，并根据战场需要建造了第一艘"龟船"。

根据李舜臣《乱中日记》的记载来看，朝鲜水师很早便已有过使用龟船的历史。而其更为古老的名字——艨艟则似乎暗示了这种战船有着中国血统。而结合中国古籍中关于艨艟的记载更不难发现两者之间的传承关系："此船（艨艟）以生牛皮蒙船覆背，两厢开掣棹孔，左右前后有弩窗矛穴，敌不得进，矢石不能败。"基本上与龟船的设计理念别无二致。

那么为什么这种战舰在中国战场被淘汰后会在朝鲜以龟船之名复活呢？这主要还是缘于自宋元以来，中国造船工业及火器运用日益发达。曾在冷兵器时代具有良好防护性的艨艟由于不利于架设多重帆橹，机动性不强，且在大口径火器面前生存能力堪忧而逐渐淡出一线。在朝鲜战场之上，由于日军缺乏火器且主战场集中于沿海港汊而重新给予了艨艟一展拳脚的机会。

龟船作战模式想象图

中远距离以弓矢、火绳枪射击，近距离投掷被称为"焙烙"的火药罐杀伤对手甲板的有生力量，最后以水手跳帮，白刃肉搏结束战斗的模式堪称日本战国时期水军的"三板斧"。但这些战术在李舜臣的龟船面前显然都很难奏效。龟船的上半部包覆的六角形的甲片，可以有效地抵御日方的中远程投射武器攻击，而甲片上林立的铁锥也能令对手英勇的跳帮成为一场可怜的自杀。不过和大众传统的理解相悖的是，事实上在抗击日本侵略的过程中，朝鲜水军所投入的龟船总数不过三到五艘。

　　李舜臣首次投入龟船的战斗是在明万历二十年（1592）五月二十九日的泗川浦海战之中。根据元均从前方传来的情报，李舜臣于当天率军突袭泗川浦的日军。不过日本方面显然吸取了此前的教训，始终将舰队停留在狭窄的港区之内。面对近两百挺铁炮（火绳枪）组成的日军火力网，初次上阵的龟船不负众望，突入港内一举击沉了对手大半的战舰。当然这种明显已经落后于时代的武器如果面对的是大明水师，可能还没靠近就被佛郎机炮打成了筛子。

　　泗川浦之战的胜利和龟船的实战表现，极大地增强了李舜臣的信心。何况此时全罗右道水军节度使李亿祺正率部赶来会师。兵强马壮的李舜臣决定以固城外海的蛇梁岛为基地对日军进行长期作战。农历六月初二，李舜臣率部进击固城唐浦，首次遭遇了日军主力战舰安宅船。而这艘战舰的主人正是颇受丰臣秀吉宠幸的龟井兹矩。

　　由于长期为丰臣氏经营银山，因此据说早年枪术过人的龟井兹矩在日本国内战功寥寥。可能是为了安慰其作为武士的面子，丰臣秀吉此时给他的官位有些吓人——琉球守、台州守（没错，就是中国浙江的台州）。可

日本海军的传统战术对龟船效果并不好

惜名号吓不死人，在朝鲜军的猛攻之下龟井兹矩所部兵败如山倒，他本人一把写着"龟井琉求守殿"的军配（扇子）也成为李舜臣的战利品。于是逃回国内一直活到江户时代的龟井兹矩便稀里糊涂地成为中朝两国眼中首个阵斩的日本大名了。

明万历二十年（1592）九月一日，李舜臣集结三道水师七十四艘板屋船辅以挟船九十二只，大举冲入釜山港。但此时釜山集结的日本水军的船舰已经超过四百只，且已做好防御的准备。朝鲜水军奇袭失败，遭遇日军的猛烈反击，朝鲜将领郑运被击杀，朝鲜水师损失惨重，甚至连李舜臣也险些被俘虏。

此战之后李舜臣不敢再轻言出击，而转为攻击没有战船防护的运输船团。当然这样的失败是不会出现在朝鲜史料之中的，于是釜山之战的经过被修正为："舜臣与元均悉舟师进攻，贼敛兵不战，登高放丸。水兵不能下陆，乃烧空船四百余艘而退。"而李舜臣反击釜山失败的同时，朝鲜王国也已经被逼到了退无可退的绝境之中。

朝鲜君臣仓皇北撤时，小西行长和加藤清正所率日军，一路未遭遇激烈抵抗，分别于五月二日和三日进入京城。七日，第三军团黑田长政军亦进入京城。从小西行长攻入釜山到京城陷落，为期不到二十天，朝鲜大半河山即被日军占领。日军在朝鲜首都汉城，大肆劫掠："焚宗庙宫厥、公私家舍，括索弩藏，日输其国。"

五月十六日丰臣秀吉得到占领京城的捷报后，认为战争的胜利已成定局，他的目的即将实现。为此，他踌躇满志地做了下述三件事：第一，厚赏小西行长、加藤清正并指示速遣使劝诱朝鲜投降，以减少进攻大明时的阻力。第二，决意亲征。命令小西行长迅速探明通往明朝的道路、里程及详细地图。丰臣秀吉狂妄地认为，用兵二十日已攻陷朝鲜京城，下一步攻入明朝的日期不会太久。第三，制定征服朝鲜及明朝的计划二十五条：高丽都城已于（五月）二日攻克，所以，近期内需迅速渡海。此次如能席卷大明，当以大唐（明）关白之职授汝（指养子丰臣秀次）。宜准备奉圣驾于大唐之京城，可于后年行幸，届时将以京城附近十国，作为圣上之领地。诸公卿之俸禄亦将增加，其中下位者将增加十倍，上位者将视其人物地位而增。

这是丰臣秀吉于五月十八日给其养子丰臣秀次的备忘录。丰臣秀吉已经被占领朝鲜京城的胜利冲昏了头脑，不仅把朝鲜看作他治下的领地，甚至连一兵一卒也未进入的明朝，仿佛也在他的统治之下了。他忙不迭地在那里任命统治明朝的官吏，授给功臣封地并把日本天皇安置在明朝北京，自己则坐镇宁波。可是没过多久，他就明白了其所谓的宏图大略不过是一场黄粱梦而已。

丰臣秀吉的犒赏极大地鼓舞了前线的日军诸将，其中最为激进的莫过于与丰臣秀吉沾亲带故的加藤清正。虽然民间有远亲不如近邻的说法，但比邻而居的小西行长与加藤清正关系并不融洽。加藤清正一向就瞧不起商家出身的小西行长，而远征朝鲜以来，两人更在汉城为了战利品和战功发生争吵，加藤清正还一刀劈碎了小西行长视若神明的天主圣像，两人大起争端。

五月十五日加藤清正率先出兵抵达临津江，因北岸江防较严，加之水深江阔而舟船皆为朝鲜军所收藏起来，难以渡江，遂在南岸待命。而小西行长因执行丰臣秀吉的诱降命令，没有迅速北上，但三次派使均未到达朝鲜国王李昖处。

丰臣秀吉在得到占领开城的捷报后，立即准备进入朝鲜。但在德川家康与前田利家的极力劝阻下，加之朝鲜方面又传来李舜臣率领的朝鲜海军击败了日本海军的消息，丰臣秀吉才停止出发。他对侵朝日军进行了重新部署，命八位将领分领朝鲜八道，以便征收税赋补充军用。自此以后，朝鲜各道的中心城市，相继落入日军之手。

小西行长进入平壤后，暂时没有继续向北推进。但日本开始在朝鲜八道的占领区以"四公六民制"向农民强行征收赋税和军粮，拟征数字达一千万石，这几乎等于朝鲜八道全年贡赋收入的总和。如果考虑到日军所占领的地方不过是朝鲜的一些主要城市，尚有大片领土来不及占领，而四处出现的义兵也使他们难以派出征收官吏。不难想象，在这些地方征收这样数目的赋税，其残酷性是不言而喻的。

与此同时，日本占领军还在所占领的各地强制推行日语，培养走狗，进行残酷的殖民统治。各路日军，在军事行动中，劫掠财物，奸淫妇女，焚烧村庄，镇压反抗者，甚至掘坟墓，剽府库，强征暴敛，不一而足，朝鲜人民恨之切齿。日本占领军的小股斥候、向导、零散兵卒，不断地失踪或被杀。

但此时朝鲜全国八道仅剩平安道以北，靠近辽东半岛的义州一带尚未被日军攻占，无论是以李昖为首的朝鲜政府还是活跃于各地的民间力量，都认为如果要收复国土，必须要仰赖明帝国的支援，因此便派几批使者去向明朝求救。朝鲜使臣们除向万历皇帝递交正式国书外，又分别游说了明朝的阁臣、尚书、侍郎、御史、宦官等，甚至表示愿内附，力图促使明帝国尽快出兵援朝。

朝鲜抗倭民兵

五、强援

由于朝鲜王国的崩溃速度实在太快，因此大明帝国起初对日本入侵一事诸多狐疑，甚至遣使询问说："贵国向为东国之强者，为什么突然失陷于倭贼？"倒是建州女真部首领努尔哈赤颇为积极地向朝鲜王国表示愿意出兵助战。不过出于对努尔哈赤所谓"建州马军三四万，步兵四五万，皆精勇惯战"这一夸张说法的怀疑，朝鲜王国最终还是拒绝了这位"急公尽义"的酋长，继续耐心地向大明帝国求援。

明帝国方面之所以迟迟没有做出援助朝鲜的举措，除了外交上的狐疑之外更多的是源于国内局势的无奈。此时"宁夏之乱"方兴未艾，辽东和北京一带明军主力被抽调往西北平叛，根本抽不出援朝兵力。明神宗朱翊钧对朝鲜方面的求援一直犹豫不决。而明廷的官吏也因之分为只加强辽东防务的主守派和主张立即出兵的主战派。对此主战派的兵部左侍郎宋应昌上疏说："关白之图朝鲜，意实在中国。我救朝鲜，非止为属国也。朝鲜固，则东保辽东，京师巩于泰山矣。"

明神宗朱翊钧和兵部尚书石星采纳了主战派的意见，决定援朝以巩固辽东和京师。庭议决策后，立即拨银二万两犒赏朝鲜将士，以鼓舞士气，并允许朝鲜国王李昖在危险时可以渡鸭绿江居于宽甸堡。六月下旬，辽东副总兵祖承训率领五千明军开赴朝鲜。

由于朝鲜政府此时仍处于流亡状态，因此得知明军来援之际，朝鲜君臣大喜之余，便是开始与宗主国争论是否由朝鲜提供援军粮草。反倒是日本方面在认认真真地备战。

明万历二十年（1592）六月三日，在一连串的军事胜利下的丰臣秀吉，向在朝鲜的各日本大名发布修筑城池的命令。在确保釜山—汉城一线交通的情况下，向大明国境方向，一路修筑城池，也就是其国内战争中擅长使用的阵城作战模式，以此加强对釜山—鸭绿江一线的控制能力，以及军事防御能力。小西行长在攻占平壤后，得知明军已经做好了军事干预朝鲜战争的准备，便未曾继续前进追赶李昑，而在平壤城中就地修筑要塞工事，以备可能到来的明朝军队。

七月，明军援兵抵达义州时，祖承训接到顺安郡郡守黄瑗的报告：平壤日军大部队调去京城，城中留守部队极少。祖承训对此情报未作认真调查，立即率军进逼平壤。祖承训素称辽东勇将，但对侵朝日军状况和武器特点不加以了解，也没有做任何研究，将倭寇的战斗力视作日军正规军的战斗力。轻举冒进乃兵家之所忌，这是祖承训与日军初战失利的主要原因。

而此时朝鲜方面也给出了"贼初入平壤，兵约六七千。平行长、平义智、平调信等，分领作土窟于五处，以备藏兵，招诱乱民，作兵为守城，更不出问西路，我人莫知其故。盖因列屯兵分，所领不多，畏为汉兵所薄也"的错误情报……"尔国初言，倭奴只用铁九长剑，无他技也，厥数亦不过一二千云"。于是，朝鲜向祖承训、史儒等明朝军队，隐瞒了日军武器装备和人员数量，将这支明朝援军骗向了平壤。

七月十日，副总兵祖承训率一千兵马，游击王守官率一千兵马，游击史儒率一千兵马，总兵杨元麾下千总所率家丁五百兵马，合三千五百兵马陆续渡江。斥候将顺安郡守黄瑗，骑马赶往义州，向祖承训通报平壤日军绝大多数已经撤往汉城，城中日军所剩无几，乘此良机，平壤一鼓可复。

祖承训信以为真，冒雨赶往平壤。十四日，明军遇敌，把总佟大纲等二人战死。祖承训抵达嘉山，询问当地人，平壤日军是否全部撤离，朝鲜人回答日军未走，祖承训大喜："贼犹在，必天使我成大功也。"遂连日赶往顺安，在水冷川斩杀日军毛利辉元部骑兵一名，并将其首级和马匹后送广宁。顺安距离平壤只剩三十一里，于是祖承训及史儒两军，连夜直扑平壤。

小西行长第一军团，仅抽调一部分人前往中和筑城，其在平壤犹有上万人，而祖承训以朝鲜提供的情报，以日军守城兵力为一两千人的规模，规划了平壤作战。祖承训在扫清了顺安毛利辉元的先手藩所，也就是交通前沿的警备机构后，以骑兵高速前往平壤，然后分别在雨夜黎明突袭日军据点。明军的迅速行动，使得日军措手不及，明军轻松突破平壤城墙，从七星门攻入城内，直扑日军据点大同馆。

当时驻守大同馆据点的是松浦镇信父子，措手不及的父子二人亲率近卫持刀与明军肉搏，松浦镇信脚部中箭。若日军真如朝鲜人所说一两千人，又或者仅有松浦镇信部三千人，祖承训此次突袭平壤当大获全胜。然而平壤城中日军得到明军入城消息后，向大同馆战场迅速集结，军监小野木重盛领兵七百人，率先赶到战场，用火绳枪向拥堵在大同馆街道上的明军骑兵攒击。

史儒冲锋在前，于城上高处指挥射箭，被日军发现，遭到火绳枪射击阵亡、戴朝弁及千总张国忠，亦中弹身亡。祖承训及马世隆受伤，在引军后撤途中，马世隆落马而死，殿后明军陷入泥泞中，不能快速离开的，被赶来的小西行长和宗义智部包围杀害。

祖承训自平壤败退，一路自顺安县、经肃川都护府，抵达安州城。在马上呼唤翻译官朴义俭说："吾今日多杀贼矣，不幸史游击伤死。天时不利，大雨泥泞，不能歼贼，当添兵更进耳，语汝宰相无动，浮桥亦不可撤。"说完，领军渡过清川江、大定江，进驻博川郡控江亭，在控江亭清点战损，"天将点兵于控江亭，则马失千匹，人亡三百，而追来者亦多"。祖承训在控江亭留驻两天，风雨日夜不停，而军队露宿于野外，衣甲器械尽湿，士兵大为不满，祖承训不得已退军辽东。二十日，兵曹参知沈喜寿奉命前往九连城，面见杨元请求不准祖承训退兵。

祖承训在平壤战后，向杨元报告朝鲜通敌，"朝鲜之兵，一小营投顺。"而且日军阵中并非朝鲜所谓"倭奴只用铁九长剑，无他技也"，也绝非人数一两千，而是"贼中多有善射者""其数过万"，朝鲜方并不配合明军作战，士兵畏惧不前。而朝鲜辩称"平壤射者或令我人被抢者发射也"，日军人数一概不知，同时拒绝承认有朝鲜人投敌。

朝鲜战前便在仿制火绳枪，到此时依旧对明军强称没有。日军第一批兵力从釜山登陆，朝鲜前线奏报便是日军万人，对杨元仍推说他们一概不知。朝鲜与日军投敌之时，朝鲜查明史儒阵亡，前军后退之时，祖承训在平壤西门列阵，看见李薲部士兵中，与日军有互相对话的，日军也因此而稍稍撤退。祖承训以为朝鲜军队与日军相通，事无可为，因而退兵。

朝鲜自然不会承认其国人投敌，"我国人与贼不共戴天"，然而六月二十八日，对李朝政府心怀不满之人，在肃州官府门柱上书写"大驾不向江界，而向义州"十个大字，向日军通报朝鲜政府中央机构动向。而此时日军在平壤向朝鲜民众发放名帖，以示长居。朝鲜各地平民大量投倭。

"近来赋役繁重，民不聊生，刑罚又从而大酷，军民怨气满腹，无路可诉，其心离散已久"。"沿海顽民，皆剃发易眼而从之，处处作贼者，倭奴无几，半是叛民，极可寒心"。而就在明军进攻前一天，朝鲜还在收到"平壤贼窟近处村氓，或有往来受章标，听其教唆者。金德福、刘希之者，远居昌城，往受章标"的报告。

为何朝鲜要用各种方法手段，让明军进城呢？这是因为在七月四日的时候，咸镜道沦陷的消息传来，李昖与大臣讨论后，忧虑咸镜、平安两道日军合兵西进，所以要乘小西行长所部"必于在平壤时，乘其未备而攻之可也"。而突袭平壤，连李昖都知道"大概入城中则不便于驰马"，而朝鲜大臣的建议是："乘夜放火，使贼惊乱，然后攻之则可矣。"这种几近送死之事，当即由李昖拍板议定"举事必待天兵而可为"。之所以不停催促明军急进平壤，不惜使用假情报来诱导祖承训，其本意只是"恐此贼（加藤清正）聚集，然后与西贼合势也"。

也就是说，其实在祖承训渡江之前，朝鲜上下已经制订好了夜袭平壤的军事计划，只是突袭难度极大，且"城中不便驰马"，所以，朝鲜就预定让祖承训的骑兵部队来做了。朝鲜人的如意算盘就是，风险大的留给宗主国做，夜袭平壤要是成功，则顺势追击，若平壤明军战败，那就是李昖亲口所说："既奉圣旨而来，若因一败，撤兵送去，则我国之事，固不足恤，而皇威亏损，不可使闻于四夷也。"于是，平壤之战就在朝鲜人的刻意误导蒙蔽之下，中国前往救援朝鲜的军队，用己方将领和士兵生命作为代价，被朝鲜人拖进了中日正面大规模军事对决里。

祖承训兵败之后，一日之内败退过大定江，朝鲜急派兵曹参知沈喜寿前往九连城，希望杨绍勋总兵能命令祖承训暂时留守在朝鲜境内，但祖承训撤退过速，已经渡过鸭绿江。对于自己的失败，祖承训在其后上呈给杨绍勋的报告里面，为自己找了以下几个理由：粮草不继，朝鲜无法提供足够的粮草供军队食用；军情不实，朝鲜情报指出平壤只有一千多名日军，实际交战后估计日军有上万人；指挥权不专，朝鲜群臣一直希望明军能由朝鲜将领指挥，并且压迫明军在天时不利的情况下出兵。

明军对朝鲜军缺乏信赖，祖承训副总兵指出同时去平壤的也有五百名朝鲜军，结果临交战时，四百名朝鲜军先溃逃，剩下的一百名则是与对方有所交谈。同时，明军多有遭弓箭射伤与射死，根据朝鲜的情报，日军只有铁炮与长枪，所以怀疑射箭的是朝鲜人。

祖承训的这番说辞可能有其客观依据，但极大地挫伤了当时仍相对脆弱的中朝同盟关系。朝鲜使臣不得不反复申辩：军情是由朝鲜的节度使提供的，可能侦察有误，关于射箭一事可能是因为朝鲜兵器落入倭军手中，或者是因为有朝鲜人遭到俘虏，才受到倭军指使。但明帝国的廷议中，议和派开始抬头，不知兵的兵部尚书石星转向议和派，并向明神宗朱翊钧推荐沈惟敬充当议和使。明神宗朱翊钧授沈惟敬以神机营游击将军军衔，令其赴朝鲜对日交涉。

关于嘉兴人沈惟敬的出身来历，中国史料上众说纷纭，但世人大多采信其"市中无赖"的说法。但通过福建巡抚许孚远在其奏折《请计处倭酋疏》，我们似乎看到了沈惟敬可能存在的另一种身份。自隆庆年间解除"海禁"以来，明帝国与日本的民间往来始终没有中断过。随着日本侵朝行动进入高峰，明帝国开始筹划向日本方面派遣间谍。而福建巡抚许孚远正是这一行动的具体负责人。

万历二十二年（1594）八月，往赴日本萨摩的琉球使者一行与两名遭遇海难的明朝间谍邂逅。关于当时的情形，琉球方面的报告书中如是描写："有中国二人，身服敝衣，蓬头跣足，称该使臣指挥史世用、承差郑士元，奉差日本侦探，遇汛，船幸免死，脱至琉球。"这两名间谍系明朝派往日本搜集情报的"指挥史世用"和"承差郑士元"。"指挥史世用"即是《请计处倭酋疏》中所记录的"名色指挥史世用"，"承差郑士元"当系随行史世用的一名明朝间谍。从内浦出发回帆明朝的途中，史世用一行遭遇暴风，船上的其他乘员似乎都已遇难，唯史世用和郑士元两人侥幸生还，在萨摩州过着"身服敝衣，蓬头跣足"的流浪生活。

为了帮助史世用如期回国汇报日本情报，明朝朝贡国琉球特意派遣使者，以朝贡船将史世用等人护送回国。但是，护送史世用回国的琉球使者一行在驶抵中国海岸时再次遭遇暴风，漂流到了福建泉州府的平湖山地区。史世用一行于万历二十一年（1593）六月自福建出航日本，次年一月完成在日本的侦察倭情任务，同月出帆归国，却不幸遭遇海难，在日本的萨摩州流浪长达七个月之久。他们最终在琉球的帮助之下，于万历二十二年（1594）十二月驶抵明朝。史世用潜入日本的间谍活动，费时一年半之久，总算大功告成。

史世用所带回的日本情报，虽然在明朝史籍中概无所见，但是在琉球和朝鲜的史料中都留下了部分记录。据上可知，史世用在其汇报中，极力强调邻接日本的琉球北山地方的地理重要性。他指出，倘琉球的北山地方被日本所据，其国土势必为日本所吞，如日本以琉球为据点，则其将会频繁侵犯明朝东南沿海地区。因此，史世用强烈建议明朝拉拢琉球中山王世子尚宁，迅速派遣使者册封其为国王，以确保琉球坚决倒向明朝，保证其东南翼的安全。

关于琉球北山地区的相关内容，可以说是史世用取道琉球回国时所获取的一份额外情报。他在逗留日本一年多时间内所从事的间谍活动成果，在明朝和琉球史籍中皆未得以记载。所幸的是，史世用后来赴朝鲜参战，将其所掌握的日本情报带入朝鲜。

在明日两国于朝鲜半岛交锋之际，史世用这样的间谍并非个案。参加明朝间谍活动的福建海商许豫、张一学等人便潜入丰臣秀吉所住城郭，调查当地的地理情况以及丰臣秀吉的相关情报，还以商人的身份与以幸侃（伊集院忠栋）为首的萨摩州高层进行了交涉。那么同样曾以商贾身份前往过日本的沈惟敬似乎也并非无赖那么简单。

沈惟敬于万历二十年（1592）九月初一抵平壤城外，在城北十里外的乾福山下与日军将领小西行长会谈。此时的战场态势是小西行长虽依旧驻军平壤，但加藤清正却率锅岛直茂、相良赖房在海汀仓打败朝鲜将领韩克诚所部，俘虏了朝鲜王子临海君与顺和君。

七月二十七日，加藤清正所部越过图们江，侵攻臣属于明朝的兀良哈建州女真的扈伦四部及海西女真各部落，加藤清正攻拔女真五营，女真余营皆遁去。八月，加藤清正再大破女真酋长卜占台，斩敌九百人，攻破其部。丰臣秀吉得知加藤清正战果后，写书状给加藤清正指示："今略明地。"如果此时小西行长所部同时于平壤一线发难，那么朝鲜流亡政府的处境自然将更为危急。

而恰在此时沈惟敬抵达前线，以商人谈交易的方式与小西行长漫天要价落地还钱。无独有偶，出身于界町商人家庭的小西行长，也同样擅长商业诈术，当时的谈判虽然并没有留下任何记录，综合沈惟敬回北京的汇报和小西行长对丰臣秀吉的汇报，其主要内容如下：一是以大同江为界，平壤以西属朝鲜，以东归日本；二是明朝准许日本封贡；三是要求与日本和亲；四是暂时双方于平壤城北十里处，立一界标，日本军、朝鲜军均不得越过此线；五是回国汇报以五十日为期。

单纯从这些条款来看，沈惟敬并未过多地出让明帝国主权，而小西行长也受制于后方补给不畅的压力，愿意接受目前日朝边境的战场态势。而正是由于小西行长的按兵不动，加藤清正放弃丰臣秀吉假道建州入侵中国之战略，令锅岛直茂前往支援小西行长。加藤清正自己率远征军返回朝鲜咸镜道。

小西行长将会谈内容向同僚宇喜多秀家和丰臣秀吉做了汇报，因原定不再向北推进，故会谈内容与日军行动无抵触。但是，由于朝鲜义兵的活跃以及天气逐渐转冷，国内运输困难，供应紧张，严重影响了日军的士气。高级将领毛利辉元生病回国，士卒病、死和开小差者不断出现，军马也多有饿死。在平壤的日军几乎人人盼望沈惟敬早日回到平壤实现和平，以便早点回家。有的日军士卒甚至登上平壤城头北望，希望能早些发现沈惟敬。

十一月下旬，沈惟敬来到平壤，与小西行长举行第二次会谈。沈惟敬向小西行长提出宋应昌的三项议和条件：

一、日军撤退至釜山。

二、丰臣秀吉递降表称臣。

三、返还占领的土地、城池以及被俘虏的朝鲜国二王子。

只有履行了以上条款后，方才准许封贡。

而小西行长提出的修正案是：二王子在咸镜道加藤清正部日军手中，交回肯定有困难；平壤可以交回明国，但大同江以南的庆尚、全罗、忠清、京畿四道，暂时由日本辖属；封贡后从日商船到达浙江之日起，日本开始总撤军。沈惟敬便带着小西行长的修正案回辽东，向宋应昌作汇报。

李如松对沈惟敬带回这样一个丧失原则的条约极度不满，欲斩之，被随军参谋李应试劝阻，并说利用日军奢望和谈之际，予以偷袭，是一奇计。李如松方才留沈惟敬于军中，并开始调度各路大军，准备进击日军。